障がい青年の学校から
社会への移行期の学び

Ryozo Tanaka
Shingo Kunimoto
Kousaku Kobata
Toshiaki Adachi
ZENSENKEN

学校・福祉事業型専攻科
ガイドブック
GUIDE BOOK

田中良三・國本真吾
小畑耕作・安達俊昭
全国専攻科(特別ニーズ教育)研究会 ○編著

クリエイツかもがわ
CREATES KAMOGAWA

発刊にあたって

　知的障がい児を対象とする高校・高等部専攻科の取り組みが始まって30年以上になります。また、全国専攻科（特別ニーズ教育）研究会［略称：全専研（ぜんせんけん）］が発足して15年以上経ちます。

　この間、全専研の運動・実践によって、「学校型専攻科」はNPO法人立フリースクール１校→学校法人立特別支援学校８校→学校法人立高等専修学校１校→国立大学法人立附属特別支援学校１校に設置されましたが、それ以上は増えていません。また、都道府県市町村・組合立の公立特別支援学校・高等学校には一校も設置されていません。

　これとは対照的に、「福祉（事業）型専攻科」数はかなりの勢いで増え、「学校型専攻科」数を遥かに上回っているという状況があります。

　このような中で、文部科学省は2017年度から学校卒業後の障害者生涯学習支援政策に着手し、私たち全専研が取り組んでいる「福祉（事業）型専攻科」実践等を位置づけるようになりました。文部科学省は政策化にあたって、初代の障害者学習支援推進室長は、私や全専研関係者の学校や事業所を精力的に訪問し、また問い合わせや相談などを通して実態把握に努めました。

　そして私は、全専研を代表するかたちで文部科学省の「学校卒業後における障害者の学び促進に関する有識者会議」委員に選ばれました。また、私が学長を務める見晴台学園大学の設置母体で全専研の生みの親ともいうべき「NPO法人学習障害児・者の教育と自立の保障をすすめる会」は、文部科学省が2018年度から開始した「学校卒業後における障害者の学びの支援に関する実践研究事業」の委託を受けて３年目になります。

　全専研では今後、これまでの実践的理論的成果をたくさんの関係者に知ってもらい広めていくとともに実践の質をさらに高めていくこと、また全国の国公立をはじめとする特別支援学校高等部および高校に専攻科設置を要求する運動を展開していくことが求められています。

　本書では、全専研のこれまでの取り組みや実践を、Part 1 の「学校型専攻科」について創設順に８校を紹介、Part 2 では「福祉（事業）型専攻科」も同じく創設順に９校を紹介、そして、それぞれの「まとめ」で評価、課題を示しました。また、専攻科卒業後の"なまか"の取り組みはそのいずれでもなく「学校から卒業後の移行期」の後に続く「ライフステージに添う生涯にわたる学び」の取り組みですが、Part 2・010としました

2020年度、私たちはもちろん世界中が新型コロナウイルス感染症の脅威に晒され、教育・福祉の現場で働く教職員たちも障害者・家族と自らの命と健康を守るために日々身を削るような緊張を強いられてきました。

　コロナ禍とのたたかいは、少なくともここしばらくは続くだけでなく、アフターコロナといわれるコロナが終息した後も、また、ウイズコロナといわれる生活様式にあっても、いずれにしても、かつての元のままの生活に戻ることはなく、世の中は大きく変わっていくと言われています。ここでは、私たち全専研の運動・実践のあり方もまた問われてくるでしょう。

　このような困難と創造の時代に、私たち全専研は、長年にわたって取り組んできた専攻科づくり運動・実践を一冊の本にまとめて出版することによって、新たな時代の運動・実践を切り開いていく糧にしていきたいと思います。

　本書では、執筆者によって、「障害」「障がい」「障碍」とそれぞれの使い方をしています。今日、地方自治体では国の法制度である「障害」という表記とは異なる使い方をしているところが少なくありません。個々人にいたってはさらにいろいろな使い方をしています。また、特別支援学校は、和歌山県、京都府、大阪府は通称で支援学校、奈良、茨城県、滋賀県は現在でも養護学校です。本書では、執筆者の表記を尊重しそのままとしました。

　本書は、障がい青年を対象とした学び支援についての実践記録ですが、Part 1の学校とPart 2の福祉事業所では、用語の使い方に違いが見られます。例えば前者では、「教員」「1年生」「教育課程」「卒業旅行」という用語が、後者では、「支援員」「1年次」「プログラム」「修了旅行」と言っています。活動内容は、両者ともほぼ共通しているものの、それぞれ教育用語と福祉用語を使っているために「用語」に違いが生じます。また、福祉事業所の場合は、学び支援の取り組みが従来の福祉の枠組みをはみ出る創造的な活動ということもあって、用語の使い方はさらにさまざまです。なお、各実践報告に登場する青年の名前は仮名です。

　みなさんには、これらのことについてご理解いただきますよう、前もってお断りをさせていただきます。

　2021年2月

　　　　　　　全国専攻科（特別ニーズ教育）研究会会長　　田中良三

CONTENTS

● 発刊にあたって　　　　　　　　　　　　　　　　　　　　　　　　　003

● PROLOGUE　全専研は、大いに期待されている　　田中良三　　　007
　　　　　　　　　　　　　　　　　　　　（全国専攻科（特別ニーズ教育）研究会会長）

Part 1　「学校型」専攻科の取り組みと実践　　017

001　「私だけじゃないんだ」心動かす仲間の存在が一番のエンジン
　　　──研究論文と専攻科フードコートの実践を通して　　　　　018
　　　愛知県／特定非営利活動法人 学習障害児・者の教育と自立の保障をすすめる会 見晴台学園

002　「心が育った」専攻科の存在
　　　──私立特別支援学校が切り拓いてきた歴史　　　　　　　026
　　　群馬県／学校法人大出学園　支援学校 若葉高等学園

003　仲間の中で自分らしさを発揮
　　　──4年制の専攻科での姿から　　　　　　　　　　　　　034
　　　三重県／学校法人 特別支援学校 聖母の家学園

004　仲間との「対話の学習」で、新たな"自分づくり"を！　　　041
　　　岩手県／学校法人カナン学園 三愛学舎

005　「生徒」から「学生」への移行期の学び──高等専修学校での専攻科の挑戦　　048
　　　大阪府／学校法人八洲学園 やしま学園高等専修学校

006　「七転び八起きの自分づくり」を通して「自己実現の主体者」へ　　056
　　　鳥取県／国立大学法人鳥取大学 鳥取大学附属特別支援学校

007　"大学"での学びとは何か
　　　──いわきボランティア研修で学生たちが学ぶこと　　　　063
　　　愛知県／特定非営利活動法人 学習障害児・者の教育と自立の保障をすすめる会 見晴台学園大学

008　ウエブでつなぐ新しい学びと3つのかたち
　　　──情報弱者をつくらない「人間の拡張」の実践　　　　　071
　　　東京都／一般社団法人みんなの大学校

〈Part 1のまとめ〉「学校型」専攻科の学びが示すもの　　　　079
　　　　　　　　　國本真吾（鳥取短期大学教授）

〈COLUMN〉障害者権利条約と全専研の研究運動　　　　　　086
　　　　　　　　　高橋翔吾（大阪府内小学校教員）

Part 2　「福祉事業型」専攻科の取り組みと実践　　087

001　全国初の「学びの作業所」物語
　　　──これまでのフォレスクールとこれから　　　　　　　088
　　　和歌山県／社会福祉法人ふたば福祉会 たなかの杜 フォレスクール

002 青年のやりたいことを大切に
　　──輝く青年期を求めて
　　和歌山県／社会福祉法人きのかわ福祉会 自立訓練事業「シャイン」　095

003 コロナ感染禍における学園の対応と学生の見せた成長
　　兵庫県／株式会社 WAP コーポレーション 福祉事業型「専攻科」エコール KOBE　102

004 仲間づくりの取り組み
　　──豊かなコミュニケーションを目指して
　　北海道／一般社団法人にじいろ福祉会 チャレンジキャンパスさっぽろ　109

005 素敵で幸せな人生、暮らしをつくる
　　──「グッドライフ」の実践を中心に
　　大阪府／特定非営利活動法人 大阪障害者センター ぽぽろスクエア　116

006 いつもの合い言葉「バカげたことを全力で」
　　奈良県／一般社団法人みやこいち福祉会 ジョイアススクールつなぎ　124

007 障害の重い人でも通える学びの場を目指して
　　大阪府／社会福祉法人いずみ野福祉会 シュレオーテ　131

008 青年期集団の中で育まれる自制心
　　広島県／特定非営利活動法人まなびや まなびキャンパスひろしま　139

009 海を渡った日韓専攻科同士の交流
　　茨城県／特定非営利活動法人 茨城の専攻科を考える会 福祉型専攻科シャンティつくば　146

010 専攻科卒業後の青年たち
　　──青年と母親の生涯教育の場
　　和歌山県／特定非営利活動法人 障害者の豊かな青年期を考える会 愛称 " なまか "　152

〈Part 2 のまとめ〉「福祉事業型」専攻科の学びが示すもの
　　　　　　　小畑耕作（大和大学教授）　159

〈COLUMN〉障害者差別解消法と教育年限延長
　　　　　　　高橋翔吾（大阪府内小学校教員）　168

●エピローグ　豊かな青年期と学びの場を創る　　安達俊昭（やしま学園高等専修学校専攻科）　169

●全国専攻科（特別ニーズ教育）研究会　会則　174

●あとがき　176

全専研は、大いに期待されている

田中良三（全国専攻科（特別ニーズ教育）研究会　会長）

はじめに

　この章のタイトルを「全専研は、大いに期待されている」としました。いったい誰に、何を期待されているのでしょうか。

　全専研とはどういう組織なのか、いつ生まれたのか、どんな活動をしてきたのか、専攻科づくり運動の理論的成果は、そして、これからどう取り組むのか、ということを明らかにすることで、この問いに答えていきたいと思います。

1　全専研とは？

　全専研とは、「全国専攻科（特別ニーズ教育）研究会」の略称です。「ぜんせんけん」と言います。この会の目的について、「会則」の第2条で「この会は特別なニーズ教育を必要とする青年達の専攻科、大学や生涯にわたる学習・教育の充実、発展をめざす」と述べています。

　ところで、会の目的はわかりますが、いま少しこの会の趣旨がつかめません。このことに答えるのは、以下の呼びかけ文です。

第三の学びの扉を開けよう！
〜ともに学びあう喜びをすべての子ども・青年に〜

　1960年代から70年代の障害児の不就学をなくす運動は、1979年度養護学校教育の義務制実施を実現させました。この障害児の最初の教育権保障運動を土台に、1980年代から90年代にかけて、希望する全ての障害児に18歳までの高等部教育をめざす運動が繰り広げられました。

　そして、21世紀の今日、私たちはこの第二の教育権保障運動の上に、さらに20歳までの専攻科教育の保障をめざして取り組みを始めました。

　第三の学びの扉の向こうには、人生の学びへの自由な道が大きく開かれます。私たちは、このような歴史的な挑戦に確信と展望をもち、すべての子ども・青年に生涯にわたるハッピーな学びの実現を目指して取り組んでいきましょう。

2004年11月

全国専攻科（特別ニーズ教育）研究会　会長　田中 良三

2　いつ、始まったか

　全専研は、2004年11月6日、堺市で「第1回設立総会」が開かれ、あわせて「第1回全国専攻科研究集会」が開催されました。全専研の誕生です。もちろん、それまでに長い道のりがありました。

　1990年4月、発達障がい児の親たちを中心に、名古屋市内に無認可5年制高校（本科3年＋専攻科2年）「見晴台学園」が誕生しました。1995年4月には、見晴台学園と交流のあった三重県四日市市の私立特別支援学校聖母の家学園に専攻科が設置されました。2001年10月、「どんなに障害があっても、高等部で終わらせることなく、もっと学びたい！もっと自分探しや、友だちとのかかわりを通して、失敗したり、悩んだりしながら青年期を豊かに膨らませたい！」と、見晴台学園や聖母の家学園から学んだ和歌山県内のきのかわ、紀北、紀伊コスモス、和歌山大学附属の4養護学校の保護者6人が『専攻科を考える会』を結成しました。そして、2003年4月、見晴台学園から長年学んできた大阪府堺市のやしま学園専修学校が専攻科を設置しました。そして2003年11月大阪で、上記の3校と和歌山の親の会による「専攻科実践交流集会」が開催され、私が「全国専攻科（特別ニーズ教育）研究会」結成を「呼びかけ」ました。参加者一同の賛同を得て、それからおよそ1年間の準備期間を経て翌年の2004年11月に結成の運びとなりました。設立総会で私は、専攻科づくりの課題として、1）教育年限の延長、2）青年期教育の充実、3）就労・社会参加に向けたトランジッション（移行）教育、4）生涯の学びに向けた準備教育、5）大学教育への展望を図っていくことを提起し、同意を得ました。

3　どんな活動をしてきたか

　全専研では、年1回研究集会を開催しています。下記は、これまでの開催年月と開催地です。

開催年月		会　場
第1回集会	大　阪・2004.11	堺市ウェスティホール・やしま学園高等専修学校
第2回集会	三　重・2005.10	三重県四日市市勤労者総合福祉センター
第3回集会	愛　知・2006.11	愛知県立大学
第4回集会	和歌山・2007.11	和歌山市民会館市民ホール
第5回集会	鳥　取・2008.12	鳥取市総合福祉センター・障害者福祉センター
第6回集会	大　阪・2009.12	大阪府立羽衣青少年センター
第7回集会	滋　賀・2010.12	近江八幡市男女共同参画センター

第8回集会	愛　知・2011.12	愛知県立大学
第9回集会	兵　庫・2012.12	神戸市立地域人材センター
第10回集会	福　岡・2013.12	JR九州ホール・カレッジ福岡
第11回集会	茨　城・2014.12	土浦市亀城プラザ
第12回集会	三　重・2015.12	特別支援学校聖母の家学園
第13回集会	大　阪・2016.12	阿倍野区民センター・やしま学園高等専修学校
第14回集会	愛　知・2017.12	愛知県立大学
第15回集会	和歌山・2018.12	田辺市 県立情報交流センター Big・U
第16回集会	奈　良・2019.12	橿原市　奈良県社会福祉総合センター・橿原市立かしはら万葉ホール

＊2020年度　新型コロナ感染防止のため中止

　2020年度第17回集会は、新型コロナウイルス感染防止対策のため中止となりました。その他の活動も自粛を余儀なくされ、インターネットによる遠隔の活動になりました。以下は、2019年度の活動内容です。

　第16回研究集会は、12月7日〜8日、奈良県橿原市で開かれ、約400名が参加しました。下記は集会プログラムです。

第16回研究集会
奈良県社会福祉総合センター（橿原市）・橿原市立かしはら万葉ホール

1日目　12月7日　奈良県社会福祉総合センター	
13:30	開会：劇と歌（ジョイアススクールつなぎ・学生） 挨拶：全国専攻科（特別ニーズ教育）研究会　会長 田中良三 基調報告：國本真吾（全専研副会長）
14:45	対談：『特別支援学校高等部に専攻科の設置を考える』 前川喜平 氏（元文部科学事務次官） 田中良三 氏（全専研会長）
15:30	シンポジウム『特別支援学校専攻科の実践』
16:30	各校専攻科の青年達によるリレーインタビュー
15:30〜17:00	青年映画鑑賞会（研修室）　定員：40名
〈会場移動〉橿原市立かしはら万葉ホール（5F・レセプションホール）	
18:00	オプション企画　歓迎交流レセプション　　会費：￥3,500 ※今年もやります『マイスクール総選挙！』（ポスター展示）

2日目　12月8日　橿原市立かしはら万葉ホール	
9:15〜11:45	分科会　＊（　）は定員
第1分科会	専攻科の教育実践「授業・学習づくり」「研究活動」：研修室2（108名） ※昨年の第1と第2を合わせて行う予定です。
第2分科会	青年期の発達をさらに充実させる大学・生涯学習：視聴覚室（50名）
第3分科会	保護者と語り合う分科会：和室（70名）

第4分科会	青年たちが語り合う分科会（先着20名：10分発表）：研修室1（30名）

◎青年講座「見たい！知りたい！発見したい！」	
講座①	『ダンス』で盛り上がろう！：音楽練習室：40名：500円
講座②	『子ども科学館』で、おもしろ科学を体験しよう！：50名：手帳持参200円
講座③	『昆虫館』へ行こう：20名：手帳持参260円
講座④	『橿原・明日香の名所めぐり』：30名：手帳持参：500円

　全専研では、毎年、関係する諸学会で発表しています。

　日本特殊教育学会第57回大会（9月21日〜23日、広島大学）では2つの自主シンポジウムで発表しました。一つは、「青年期の学びの効果3——高等部専攻科実践を分析する」と題して、企画者・司会者：小畑耕作（大和大学）、話題提供者：安達俊昭（やしま学園高等専修学校）・岡本正（エコールKOBE）、指定討論者：國本真吾（鳥取短期大学）のメンバーによる発表です。もう一つは「知的障害者等の生涯学習の推進と大学教育」と題して、企画者：田中良三（愛知県立大学名誉教授）、司会者：杉山章（東海学院大学）、話題提供者：小林美保（文部科学省）・大竹みちよ（NPO法人見晴台学園大学）・引地達也（シャローム大学校）、指定討論者：湯浅恭正（中部大学）による発表です。

　日本特別ニーズ教育学会第25回大会（10月19日〜20日、長崎大学）のラウンドテーブルでは、「知的・発達障害児の大学教育の保障」と題して、企画・司会者：田中良三（愛知みずほ短期大学・愛知県立大学名誉教授）、話題提供者：山田清文（NPO法人見晴台学園大学）・寺谷直輝（愛知県立大学大学院博士後期課程）・猪狩恵美子（九州産業大学人間科学部）、指定討論：田部絢子（立命館大学産業社会学部）による発表です。

　日本LD学会第28回大会（11月9日〜10日、パシフィコ横浜）の自主シンポでは、「障がい者の学習を遠隔で結ぶ授業の可能性——広くつながり強めるためのプログラム充実に向けて」と題して、企画者：田中良三（愛知県立大学名誉教授）、司会者：引地達也（法定外シャローム大学校）、話題提供者：久保田健（福祉型専攻科KINGOカレッジ新潟）・平子輝美（法定外見晴台学園大学）・大槻一敬（法定外シャローム大学校）・指定討論者：田中良三による発表です。

　また、研修事業に取り組んでいます。8月24日〜25日「実践研修講座・2019」（名古屋・愛知県立大学サテライトキャンパス）が開催されました。プログラムは次のようです。

全専研「実践研修講座・2019」プログラム
会場：愛知県立大学サテライトキャンパス（ウインクあいち15F）

1日目　8月24日（土）　＊開場　9：30〜	
10：00〜10：10	開講式　〈進行役〉安達　俊昭（事務局長）
10：10〜11：40	〈講演①〉「文科省『報告書』と専攻科づくり運動——専攻科づくり運動飛躍の契機に」　田中良三（会長）

11：40〜12：50	（昼食・休憩）
13：00〜14：00	〈講演①を受けて―ワークショップ〉 ＊5グループ編成。世話人は司会を務めまとめる。グループで選出した受講生が発表する。 グループ世話人：①小畑耕作、②岡本正、③徳田佳弘、④清時忠吉、⑤伊藤修毅
14：10〜14：50	〈実践報告①〉「仲間づくり――メンズクラブの実践」 中山雄太（札幌市・チャレンジキャンパスさっぽろ）
14：50〜15：40	〈実践報告①のワークショップ〉 グループ世話人：①、②、③、④、⑤
16：00〜16：40	〈実践報告②〉「KINGOカレッジの取り組み」 久保田健　（新潟市・KINGOカレッジ学園長）
16：40〜17：30	〈実践報告②とワークショップ〉 グループ世話人：①、②、③、④、⑤
18：00〜20：00	懇親会　　〈世話人〉加藤 哲

2日目　8月25日（日）	＊開場　8：30〜　〈進行役〉安達俊昭
9：10〜9：50	〈講演②〉「芸術家から見た障害者の内面」 豆塚 猛（写真家）
10：00〜11：00	〈講演③〉「学校卒業後における障害青年の学びについて」 阪東俊忠（奈良市・ジョイアスクールつなぎ所長）
11：10〜12：00	〈講演③を受けて――ワークショップ〉 グループ世話人：⑥坂井清泰、⑦宮里千晴、⑧薮一之、⑨小澤正人、⑩安達俊昭
12：00〜13：00	（昼食・休憩）
13：10〜15：10	〈シンポジウム〉「専攻科後を考える」 コーディネーター：岡山英次 シンポジスト：辻 正、松下喜美代、大竹みちよ、澤谷常清
15：15〜16：00	〈シンポジウムを受けて――ワークショップ〉 グループ世話人：⑥、⑦、⑧、⑨、⑩
16：05〜16：20	総括　　國本真吾（副会長）
16：20〜16：30	閉校式「修了証」授与

　他にも、ブックレット『もっと勉強したい！――障がい青年の生活を豊かにする学びと「専攻科」』（クリエイツかもがわ、2008年9月）を出版しました。

　このように全専研は、研究運動として実践交流、学会発表、自主研修、出版活動などに取り組んできました。

4 専攻科づくり運動の理論的成果は

　この点については、毎回の研究集会における「基調報告」はじめ、全専研関係者が論文や著書でそれぞれ論述していますが、ここでは私が、公の場で発言し、議事録にも収録されている内容を紹介します。これは、文部科学省が障害者生涯学習支援政策を推進するにあたって、有識者会議が設置され論議が重ねられました（2019年3月『報告書』）。

　委員の私は第4回有識者会議（2018年5月23日）において、特に補足説明の機会が与えられました。「自立訓練事業等を活用した『学校から社会への移行期』における学びのプログラム及び支援について（メモ）」と題し、「福祉（事業）型専攻科」について次のように述べました。

【成果＝問題提起】

① 学校から社会への移行支援に、「学び」を中心においている。学び活動は、1日午前一つ（90分）、午後一つ（90分）など、障害者一人一人の多様な個性や持ち味を引き出し生かすことができるように、大枠の時間設定をしている。

② 学校で身につけた資質・能力をさらに維持・開発するために、作業による技能の取得や就業体験・職場実習など職業に必要なスキルや、多様な生活体験・ボランティア活動などの社会体験によるライフスキルとともに、文化・教養・スポーツなど青年期にふさわしい多様な学習内容で構成している。

③ 子どもから大人への青年期教育として、障害青年たち自ら主体的・協働的に調べ・まとめ・発表し、自分たちで学習や交流を企画するなどのスキルを身につけさせる学習によって、人と関わる力（コミュニケーション能力や社会性）を身につけ、自ら判断・行動し自立できるように支援している。

④ 就業し自立した生活を送る基盤となる力を身につけるための多様な学び活動においては、ありのままの自分が出せ、安心して学びあうことができる仲間やスタッフのもとで、満更でもない自分を発見するなど自己肯定感や自信が持てるように取り組まれている。

⑤ 学校から社会への移行期の学び支援は、修了後の就労率も極めて高く、就労を継続し、また、就労後の相談活動などによって生活も安定するなど、十分な効果を発揮している。いっぽう、障害青年の学びのニーズが多様化し、「学校から社会への移行期」における学び期間は、当初の2年間から、3〜4年間と長期化する傾向にある。

　この補足説明では、当時の全国の「福祉（事業）型専攻科」41か所の一覧表と、「福祉（事業型）専攻科」といわれる自立訓練事業所等5か所についての資料等を添付しました。

5 これから、どう取り組むのか

　全専研は、学校教育における後期中等教育の年限延長の保障を目的として出発しました。しかし、当面する高等部生徒の激増に追われる現状では実現は難しく、「教育で間に合わなければ福祉で」と紀南養護専攻科を考える会が準備を進め、2008年3月に「フォーレスクール」（和歌山県田辺市）の開設を皮切りに、学校教育よりは、むしろ福祉分野において、障害者総合支援法による自立訓練（生活訓練）事業や就労移行支援事業を活用した「福祉（事業）型専攻科」の設置が全国各地で広がっていきました。

　また近年では、2年間の専攻科をさらに延長して4年間に、また、専攻科修了後も「大学」として教育年限の延長を図るなど、生涯にわたっての学び・発達支援に向けた取り組みが広がっています。

　このような状況の中で、文部科学省は2018年度から「特別支援教育の生涯学習化」を図る障害者生涯学習支援政策に着手しました。新規に「学校卒業後における障害者の学びの支援に関する実践研究事業」を予算化し、「障害者の多様な学習活動を総合的に支援するための実践研究」委託事業を開始しました。文科省の障害者生涯学習支援政策の大きな特徴は、（ア）学校から社会への移行期、（イ）生涯の各ライフステージ の2つに区分して捉えていることにあります。

　私たちの専攻科づくり運動では、正規の学校以外の専攻科等の取り組みは（ア）学校から社会への移行期にあたります。私たちの専攻科づくり運動で取り組まれている福祉（事業）型専攻科は、国の障害者生涯学習支援政策に位置づくことになりました。

　私たちはこれまで、学校専攻科か福祉（事業）型専攻科を問わず、ゆっくりと時間をかけて豊かな学びを保障する青年期教育が、障がい青年の人間的成長と社会的参加・自立にとって非常に大切であると確信をもって取り組んできました。そして、厚生労働省所管の障害者福祉事業においても、生涯にわたる学びの取り組みが正当に位置づけられることを願ってきました。

　このような私たちの長年にわたる専攻科づくりの取り組みが、文科省によって正当に評価されたと言えます。また、福祉（事業）型専攻科やフリースクール版ともいうべき高校・大学の取り組みが、障害者生涯学習支援政策における「学校から社会への移行期」の取り組みとして明確に位置づけられたことも、わが国の教育・福祉の歴史において画期的なことだと言えます。

　このようななかで私たちには、これからの専攻科づくりに向けて、新たな運動理論の再構築が求められています。そのためにまず、現在の専攻科（その発展形態を含む）の設置状況を「〈専攻科（発展）の類型〉と生涯の学び支援」として図式化してみました。

　専攻科づくり運動の発展は、当初のⅠ型（学校専攻科）から、Ⅱ型（福祉型専攻科）へ、

そして、III型（福祉型専攻科年限延長タイプ）へ、最近では、IV型（学校専攻科年限延長タイプ）、V型（大学タイプ）、VI型（専攻科修了後タイプ）へと多様化してきています。

〈専攻科（発展）の類型〉と生涯の学び支援

●**I型（学校専攻科）**：見晴台学園、やしま学園高等専修学校、三愛学舎など

高等部・高校 3年	専攻科2年	→ （生涯にわたる学び支援）

●**II型（福祉型専攻科）**：フォレスクール、シャイン、エコールKOBEなど

高等部・高校 3年	専攻科2年	→ （生涯にわたる学び支援）

●**III型（福祉型専攻科年限延長タイプ）**：ゆたかカレッジ（福祉型大学）など

高等部・高校 3年	＋4年	→ （生涯にわたる学び支援）

●**IV型（学校専攻科年限延長タイプ）**：聖母の家学園「専攻科NEXT」

高等部・高校 3年	専攻科2年	＋2年	→ （生涯にわたる学び支援）

●**V型（大学タイプ）**：NPO法人見晴台学園大学

高等部・高校 3年	専攻科2年	＋4年	→ （生涯にわたる学び支援）

●**VI型（専攻科修了後タイプ）**：NPO法人なまか、NPO法人やしま研究科

高等部・高校 3年	専攻科2年	→ （生涯にわたる学び支援）

　これらを、国の障害者生涯学習支援政策とも関連づけながら、全専研の今後の専攻科づくり運動・実践の課題を提起してみることにします。

① 専攻科づくりの取り組みは、高等部・高校卒業後に継続する「学校から社会への移行」の生涯学習支援として、青年期の学びの充実を図っていく。

② 学校専攻科を、後期中等教育の年限延長として、特別支援教育制度の充実として専攻科設置を要求していく。

③ 専攻科づくり運動は、専攻科や「大学」修了後も、継続して、生涯にわたるライフステージの場で必要とされる学び支援に発展させる。

④ 全専研は、「全国障がい者生涯学習支援研究会」など障がい者の生涯の学び支援に取り組む諸団体・組織と連携・協働して取り組む。

⑤　新たな専攻科づくり運動は、さらにいっそう、障がい者の生涯にわたる学び支援と発達の可能性を拓く実践・研究に挑み、理論的構築を目指す。

おわりに

　この章の命題は「全専研は、大いに期待されている」ということですが、いったい誰に、何を期待されているのでしょうか。

　全専研は、障がい児に高等部（高校）３年間だけで終わらせたくない、もっとゆっくりと学ばせ、青年期を花開かせたいという願いから出発しました。これは次第に関係者に共感をもって迎えられ、自分たちで取り組む人たちも出てきました。これらの人たちは、全専研を拠り所に全国的な「専攻科づくり」の運動・実践に大いに期待する人たちであると言えます。

　また近年、文部科学省は学校卒業後の障害者生涯学習支援推進政策において、全専研の「福祉（事業）型専攻科」の実践に着目し、政策に位置づけるようになりました。国が全専研の取り組みに大いに期待するという新たな構図ができたのです。

　全専研の「専攻科づくり」運動・実践は、今日、官民共に「大いに期待される」ようになりました。

　国による障害者生涯学習支援政策によって、今後、全国各地に、多様な障がい者の学びの場が広がっていくでしょう。

　そのなかにあって、「学校から社会への移行期の学び」の先駆者として長年歩んできた全専研は、不断に実践の質の向上に努め、関係者・国民の信頼を深め運動・実践の輪を大きく広げていくことが期待されています。

Part 1

「学校型」専攻科の取り組みと実践

岩手県
三愛学舎
P.041

大阪府
やしま学園高等専修学校
P.048

群馬県
若葉高等学園
P.026

鳥取県
鳥取大学附属特別支援学校
P.056

東京都
みんなの大学校
P.071

愛知県
見晴台学園　　　　P.018
見晴台学園大学　P.063

三重県
聖母の家学園
P.034

特定非営利活動法人
学習障害児・者の教育と自立の保障をすすめる会
見晴台学園

「私だけじゃないんだ」心動かす 仲間の存在が一番のエンジン

研究論文と専攻科フードコートの実践を通して

"私は、昔のことを思い出すのが苦手です。でも、学園での5年間は、たくさん楽しいことがあったので、旅立ちの詩で何を話すか、すごく迷いながら書きました。"

摩美さんが卒業式で披露した『旅立ちの詩』はこんな文章から始まります。卒業まであと1か月という頃、卒業生たちは学園で過ごした日々を振り返り、懐かしさと別れが近づく寂しさを感じながら、じっくりと時間をかけて制作に取りかかります。

私と摩美さんたち卒業生との出会いは5年前に遡ります。その年に見晴台学園の教員になったばかりの私にとって、初めて担任を受け持った生徒たちでした。互いに期待と不安が入り混じった、言わば"ピカピカの1年生"状態。毎日、先輩教員のことを見て真似したり、アドバイスを受けたりしながら、その日のプログラムをこなすだけで必死だった頃が、つい最近のように思い出されます。幸い彼らを5年連続で担当することができ、一緒に成長させてもらったような形です。

辞書で「エンジン、エンジンとなる」という言葉の意味を調べると〈励みになる、背中を押す、パワーの源、原動力〉とありますが、摩美さんには学園生活を共にした仲間の存在が、どんなエールやご褒美よりも心突き動かす一番のエンジンでした。

見晴台学園の高等部は、専攻科から入学できるカリキュラムはなく、どの生徒も本科で3年間を過ごしたあと専攻科に進みます。専攻科の実践には本科時代の学びや経験、生徒同士や私たちとの関係性といった土台が必要不可欠です。

自分のペースでゆっくりと。「みんなで楽しく」の本科時代

『スイートパンプキンドーナツ』の実践は、「みはらしだいまつり（学園祭）」で高等部本科1年生の時に出店した店の名前で、5年間の思い出を尋ねると必ず全員が答える大切な時間で

した。個性豊かで発達課題もさまざまな彼らが、この取り組みをきっかけに、それぞれが自分の得意な分野で力を発揮し、仲間の苦手や不安なことを補い合うことで集団を作っていきました。納得のいくおいしいドーナツが作れたことも相まって、一人では成し得ないことも「みんなとならできる」と実感した出来事でした。

彼らの本科時代は、こうした日々の生活や行事を通して、他学年とも交流関係を深め、刺激を受けたり視野を広めながら、自分のペースでゆっくりと学ぶことのできる、ゆったりとした時間でした。

いよいよ専攻科。摩美さんと私の葛藤

専攻科への期待や不安を聞き取るアンケートに摩美さんは「いろいろがんばってみたいです。一番がんばりたいことは陶芸です」と書きました。何を尋ねても「わかりません」「考え中です」という答えの多かった彼女が、具体的な意見を書いたことに驚きました。しかし、喜びも束の間、一番がんばりたいという陶芸の授業に彼女の姿はなく、隠れてゲームやマンガに夢中になっている始末。これは、陶芸の授業に限ったことではなく、私が思い描いた通りにはいかないことが続きました。

今から思えば、生徒と同じくらい"いよいよ専攻科だ"と張り切っていた私は、これまで見てきた専攻科の先輩たちの姿を理想に、そこにどうにか追いつかないと、と焦っていたように思います。本科の頃より彼らに求めたいことが増えている、けれどいきなり何かにつけて"専攻科だから"ではハードルが高すぎるのではないか…と葛藤していた時

みはらしだいまつり：「スイートパンプキンドーナツ」完売記念に笑顔でピース

期でした。

職場見学の時、みな緊張した面持ちで話を聞き質問する中、摩美さんだけが配布された資料を即、鞄にしまい身体を伏せて座り込んでしまいました。あまりのやる気のない態度に思わず「専攻科なんだから我慢しなさい」と言ってしまったのです。彼女は口を固く結び、少しの間じっと考えるとこれまで溜めてきた気持ちを絞り出すかのように「先生もママも専攻科、専攻科って。ウチにはまだ無理なの！」と言いました。

「自分はもう専攻科だからね！」と魔法の言葉のように自分に言い聞かせ、さまざまなことに挑戦し、ステップアップの意欲を掻き立てる生徒ばかりでなく、彼女のように「まだ無理」と感じている人もいる、誰もが専攻科になったからといって、すぐにステップが踏めるわけではないのだと気づかされました。

大学時代恩師に「助走が長いほうが高く飛べる」と言われたことがあります。助走の時間と距離は人それぞれですが、思い通りにいかないもどかしい時間こそ、より高く飛ぶための大切な時間なのです。まるで、その時の私たちに向けた言葉のような感じ

がしました。

　専攻科1年生は、2年生さらにはその先への助走期間。そう捉え、焦らず彼らのことを信じジャンプの瞬間までとことん、それぞれの助走に付き合っていこうと心に決めました。

心動かす仲間の存在が一番の "エンジン"

　自分の好きなものをテーマに取り組む見晴台学園の「研究論文」。この論文の難しさは、どうして好きになったのか、なぜこんなにもハマっているのかを考え、その気持ちを形にするために自分自身と向き合い、解き明かそうと悩む過程にあります。もともと「個人情報なので」が口癖で、自己紹介も避けたい摩美さんは、内緒にしたいからとテーマが決まらずにいました。

　そんな時、たまたま聞こえてきたのが "歌い手さん"（動画投稿サイトに「歌ってみた」を投稿する人たち）という言葉でした。目

TKD53（東海道53次ＷＡＬＫ）：東京日本橋から京都の三条大橋を目指し、旧東海道を専攻科生たちが歩きつないできた

を輝かせて話すので「これをテーマにしてみてはどう？」と尋ねると、これだったら書けそうとのことでした。

　なんとかテーマを『私の好きな「歌い手」について』に決めることができましたが、いざ書き出すと "おしゃべり" しながら伝えることと "文章にして" 伝えることとでは大きな違いがあったようです。「どうして、私だけこんなに大変なことをしないといけないんだ」「もうやめた、やめたー！」と投げ出すこともありました。情けないことに、そのころの私は彼女を励まし、やる気にさせるような働きかけがうまくできずに困っていました。

　転機になったのは8月に行われた「中間発表会」です。教員や後輩の前でこの間、書いたものを発表し、質問やアドバイスをもらいます。摩美さんは前年度、先輩の発表を遅くまで残って聞くことに堪えられず、途中で帰ってしまいました。この日も朝からふてくされて文句ばかり。でも、小さな声で顔を終始隠しながらではありましたが、なんとか自分の発表ができました。

　するとその後は、私の心配をよそに仲間の発表にも耳を傾け、自分から質問するなど、態度ががらりと変わりました。みんなもすごくがんばっている、大変な思いをしているのは自分だけじゃないんだ、とわかり、息苦しいプレッシャーから解放された様子です。

　これまで4年間、力を合わせて一緒に過ごしてきたみんなが発表する姿や、ずっしりと重い資料に詰まった、それぞれの想いが彼女の心を動かしたように思います。それ以来、彼女は目標を決めて終わるまでがんばる、先に帰る時は「みんなも無理しな

研究論文発表会
製本した論文集を手に取り全員で写真撮影

いでね」と声をかけてから、とこれまでにはない姿を見せるようになりました。

そういう変化が、他の生徒も変えていきました。ある朝、教室に行くと卯音さんが「じゃあ、まずは11時30分まで集中して書こうね！　よーいスタート！」と言うと、すかさず坂くんが「先生に質問のときは手を挙げるんだよ！」いつも笑い声（時にはケンカ…）で、にぎやかな教室の空気感が一瞬で変わり、シーンとなりました。聞こえるのはカチカチカチというパソコンを操作する音のみ。その様子を写真に収めるのも躊躇するほどの雰囲気でした。11時30分になると潤くんが「達成です！」とみんなを励ますと拍手が起きました。摩美さんは「みんな甘いね〜！授業は12時15分までなんだからまだ終わらないよ！」とみんなを笑わせました。

このやりとりを見て、ずっと「個」の課題だと捉えていた研究論文が、実はテーマや内容が違ってもあくまでみんなで取り組む「集団」の課題なのだと考え方が変わりまし

た。大変なことをしているのに、なんだか楽しそう。彼らのよい雰囲気が私の気持ちも前向きにさせてくれたのです。

迎えた発表会当日、摩美さんはトップバッター。この日は原稿で顔を隠すことなく演台に立ち、しっかりと前を見ていました。4人が堂々と、そして活き活きと自分らしい言葉で「大好き」を表現する間、会場中が彼らの世界観に引き込まれているようでした。発表を終えて会場に鳴り響く拍手に緊張が解け、ふっと笑顔が戻った時の表情、物怖じしない態度で質問に答えていく姿は自信に満ちていました。大変な思いをして高い山を登りきったあとにしか味わえない、清々しい気持ちや達成感に似ているかもしれません。

最後に一人ひとりに製本した論文集を手渡しました。普段、私物も大事なプリントも机の上にテキトーに広げている摩美さんが、受け取った論文集を大切そうにぎゅっと抱きしめながら話を聞いていました。抱きしめ

ながら、きっと彼女なりに半年間のがんばりを噛み締め、「大好き」が詰まった論文集に愛着を持ってくれていたのでしょう。

続けて会場で発表を聞いた保護者の感想を聞きました。彼女はこれまで家族からなかなか自分のがんばりを認めてもらえず、また、彼女自身「そんなのできて当たり前」「いちいち拍手しないで」というようにほめられても素直に喜ぶことができずにきました。しかし、本人曰く人生で一番がんばったという研究論文を大好きなママが涙を流しながら、みんなの前で褒めてくれたことは、何ものにも代え難い喜びと自信に繋がったと思います。

彼女は研究論文の「おわりに」をこう綴っています。「自分の好きなものをテーマに書くことがはじめは嫌でした。だけど、好きなものをいっぱい調べられるのはラッキーだと思いました。」改めて、好きなものがあるって、どんなに素敵なことなのだろうと思います。これからも「好き」を大切に、自分らしく豊かな人生を送ってほしいと願っています。

「私にだってできる」
自信がやる気を加速させる

研究論文発表会から2日後。すでに専攻科は次の大きな山を見上げていました。論文発表会を終えたばかりの専攻科生たちは、やりきった感に酔いしれており「みはらしだいまつり」を1か月後に控えているというのに、話し合いでは自分が出店するという真剣さがなく、「誰かがやってくれるでしょ」という感じでした。

春先の職場見学や実習から論文発表会まで、取り組みのたびに期待や不安を出し合い、乗り越えたい課題をそれぞれが目標に置いてやり遂げてきました。そこをもう一歩押し進めるために、「他人任せでは専攻科が取り組む店としてふさわしくない、一人ひとり責任を持って考えてほしい」と生徒たちに率直に伝えました。

働きかけの手段として店名や材料、販売数や価格を記した「企画書」を全員に求めました。自分が出店するとしたら?と自由な発想のきっかけをもらった生徒たちは、こういう店がやりたいという希望とこれならできそうという経験値を上手く掛け合わせて、それぞれに企画を持ち寄りました。

当初は、この企画書をもとに専攻科として一つの店に集約していくつもりでしたが、一生懸命に考えてきたどの案も無駄にはできず、全員の意欲を活かす方法として考え着いたのがすべての企画を「フードコート」的なスタイルで出店するというものでした。

発案者が店長、同じ案の人がいたら協力してよい、使えるスペースは限られているので、時間交代の限定ショップを出すというルール。また、事前に各店舗に「運営費」を渡し、そこから試作・本番にかかる材料費や包装代を購入して、おつりの管理もし

レシピ探しをしているところ：パソコンやタブレットで必要な情報を自分たちで得る時間も大切にしている

てもらう。その代わり、収益が出たらすべて「あげます！」と伝えました。

これを聞いてやる気を見せたのは、チョコバナナを企画した1年生の祐人くんです。彼は、器用で大抵のことは難なくこなすことができますが、自分のペースで黙々と取り組みたいタイプ。さっそく、バナナを安く仕入れたら儲かるな、チョコをバナナ全体にかけるために深い鍋を使ったほうがいいな、立ててディスプレイするとバナナが下がってきてしまうので、一番下にマシュマロをストッパー代わりに刺そうか…と試行錯誤の連続。当日は、子どもから大人まで訪れる人気店でした。

いつも穏やかで心優しい坂くんと、のんびり屋さんで控えめな1年生の美奈子さんの企画案は共通してフランクフルトでした。坂くんは細かい作業が苦手で周りより時間がかかってしまうのですが、人一倍の努力と持ち前のやる気で、これまでは挫折することなく乗り越えてきました。その彼がカセットコンロの火をつけるのが怖いからと欠席してしまいました。「今回のまつりは責任を持って、自分たちで考えて取り組んでほしい」という私の言葉に「困っても先生たちを頼ってはだめなのだ」と責任感の強い坂くんは悩んだのでした。

そこで私は各店舗に困った時に助けてもらえるイエローカードを2枚ずつ配りました。坂くんたちはカセットコンロに着火する場面にそのカードを使い支援を受けた以外は、今まで縁の下の力持ち的役割だった二人だけでフランクフルト20本を焼いて完売させました。実質利益は200円、二人で分けるとたったの100円です。でも、"初めて自分で稼いだ"100円は、ものすごく価値のあ

アットホームで心温まる見晴台学園の成人を祝う会にて：後輩から新成人へ記念品を贈っているところ

るもので、100円を握りしめて、うれしそうに喜び合っていた二人の姿が忘れられません。

さて、摩美さんはというと自発的にまつりの準備をしたのは、本科時代を通じてこの時が初めてでした。調理することは好きですが準備や片付けは人任せ、まつりに限っては看板作りやリハーサル、当日の接客、どれも消極的で、そのすべてを自分でやらなければならない今回の取り組みは、以前の彼女には難しかったかもしれません。しかし、今回の彼女には「私にだってできる」という自信があります。それがやる気を加速させました。

彼女が企画したクレープは保冷方法が課題で、冷蔵庫から出して時間が経つとフニャフニャになってしまう欠点がありました。彼女はお客さんに喜んでもらえるように必死に考え、スーパーで見かけた冷凍のホイップクリームにヒントを得ると「出来上がったクレープごと凍らせてみようと思うんだけど、どう思いますか？」と言いに来ました。何度か試作し30分前に解凍し始めると食べごろになることがわかり、当日は前日に仕込んだクレープの解凍のタイミングが最重要

課題でした。

　まつり当日、準備に追われていた私は摩美さんに「解凍はじめた？」と聞くのをうっかり忘れてしまいました。開店まであと20分、急いで彼女に声をかけると「ちゃんと出してありますよ」と余裕な表情です。5年前、みんなで力を合わせて作った『スイートパンプキンドーナツ』は1から10まで私が段取りしていました。「もっとウチのこと信用してよね。もう何でも自分でできるよ！」と言わんばかりのその表情に、初めて彼女の「卒業」という二文字が頭をよぎり、素直に成長を喜べず寂しくなる自分がいました。その後、見事クレープも完売し彼女も専攻科の一員として専攻科フードコートに貢献することができました。

　彼らにとって『専攻科フードコート』は、「少しだけ上手くいかない」課題がそれぞれにあったことに意味がありました。順調に事が進み一発目から試作がうまくいっていたら、教員が手取り足取りフォローしてうまくいくよう仕向けていたら、繰り返し考え、悩んだあの試行錯誤の時間はなかったし、解決策を見出せた喜びや売り上げを手にした喜びを感じることもなかったでしょう。研究論文と同様、各店舗（個）の課題が専攻科フードコートを成立、成功させたいという（集団）の課題となり、彼らの原動力となっていきました。泣いたり笑ったり、時には真剣に作戦を練ったりしながら一生懸命になれた時間が、なんて青年期らしいのだろうと、見ていて感じました。専攻科だからこそ与えることができた少しの負荷が、彼らの底力を引き出したのかもしれません。

おわりに

　おそらく、彼らは見晴台学園に来ていなければすでに就労していたと思います。学園は5年一貫のカリキュラムを大切にしていますが、少なくとも彼らが過ごした専攻科の2年間は、ほとんどの障がいのある青年たちが経験できない贅沢な時間です。

　本科3年生のとき、潤くんの母親が「この子たちは、この先ずっと就労と訓練の繰り返しだから、せめて学園での5年間は楽しませてあげたい」とおっしゃったことが私の心に突き刺さりました。学園を卒業したあとは、楽しくない人生がずっと続くなんてことには、絶対になってほしくないと強く思いました。そして、いつかは誰もが学生から社会人へとなっていきますが、学びを終えたあとも自分とじっくりと向き合った時間、仲間とさまざまなことを乗り越えた経験を誇りに思い、それを社会に出たときの糧にしてほしい、そういう学びを残りの2年間にさせてあげたいと思ってから専攻科の担当をはじめました。

　あれから2年。「みはらしだいサイコー！」そう言って潤くんは胸を張って卒業式の会場を後にしました。摩美さんは冒頭で紹介した通りです。卯音さんは「もっと学びたい」ということで、見晴台学園大学への進学を決めました。

　卒業してまだ半年足らずですが、3人とも時間を見つけては学園に顔を見せに来てくれます。「また、遊びに来ますね」と摩美さん。初めて卒業生を送り出した今、また少し成長した彼らに会える幸せが、私の新たなやりがいにつながっています。

（青木美香）

学校・事業所名	見晴台学園
所在地住所	〒454-0871　愛知県名古屋市中川区柳森町1911
設置主体（法人名）	特定非営利活動法人 学習障害児・者の教育と自立の保障をすすめる会
設置年月日	1990年4月8日
定員数（2020年度）	中等部（複式学級）8人、高等部（五年制）40人
ホームページ	http://miharashidai.com
利用制度	□ 学校教育法「一条校」　　☑ 自立訓練（生活訓練）事業　　□ 生活介護事業 ☑ 就労移行支援事業　　　　☑ 地域活動支援事業 ☑ その他（福祉制度を利用しない場合授業料実負担）

沿革（主だったもの）

1990年　"学習障害児の高校教育をもとめる会"発足。名古屋市南区扇田町に見晴台学園開校。
1995年　"学習障害児・者の教育と自立の保障をすすめる会"に改称。刈谷市に校舎を建設・移転。
　　　　　中等部や土曜教室を開設。
1996年2月　『飛び立つ――ＬＤ（学習障害）児の学校を拓いて』（かもがわ出版）。
2004年2月　『LD・ADHDが輝く授業づくり』（クリエイツかもがわ）。
2000年　特定非営利活動（NPO）法人取得。
2005年　名古屋市中川区に校舎を建設・移転（現校舎）。
2010年　第41回博報賞「特別支援教育部門」、文部科学大臣奨励賞受賞。
2013年　見晴台学園大学開校。
2016年12月　『発達障がい児をうけとめ続けて26年　みはらしだいパレット～こどもたち一人ひとりの願いに応
　　　　　　える父母立の学園～』（ギャラクシーブックス）。
2018年　文部科学省「障害者の多様な学習活動を総合的に支援するための実践研究」委託事業実施（～2020）。
2020年　開校30周年。

趣旨・目的

　発達障害に対する理解や制度がなかった1990年、行き場のない学習や発達に困難を抱える子どもたちの高校段階の教育を求めた親の運動から5年制フリースクールとして開校。その後、不登校など学校に適応できない中学生のための中等部も開設。理念は①一人ひとりの子どもの必要に応じ、真の学力を高め、わかる喜びを知り、学ぶ楽しさを知ることができる教育、②互いの人格を認め合い、障がいを理解しあい、より高い人間性をめざす教育、③子ども、父母、教職員が手をつなぎ、みんなで運営する学園。

特徴：（高等部　本科3年＋専攻科2年）

　カリキュラムは「言語と数量」「自然と社会」「芸術と文化」「技術と人間」「運動文化とからだ」の五領域で構成され、授業時間は午前午後それぞれ90分授業が1コマずつ設定されるなど生徒が「ゆっくり・じっくり」学ぶことを大切にしている。高等部前半の本科課程は、みんなで一つの目的に向かっていくキャンプの取り組みや、個々の課題や特性を踏まえた小集団の授業、自己表現への一歩となる生徒自主企画や学園祭『みはらしだいまつり』に一人ひとりが役割を担って参加するなど、多様な活動場面を通して経験を膨らませ、人との関わりをていねいに構築しながら「授業って楽しい」「わかることやできることが嬉しい」と意欲を膨らませていくことを大切にする3年間である。
　専攻科課程は、本科で培った意欲と自分らしさを基礎に、卒業後の進路や自立につながる課題に取り組む。カリキュラムは『職業人教育』と『生活者教育』で構成。『職業人教育』は文字通り働きたい、自分に合った進路にすすみたいと自ら考え、行動する"人"に育つことを目指し、職場見学や実習など、学習と体験を通して自分らしく生きることを考える学びである。もう一つの柱『生活者教育』は、興味関心のあるテーマを決め、自分自身と向き合う研究論文制作と発表、豊かに生活するための趣味や資格への挑戦、日本橋から三条大橋の旧東海道を散策や宿泊の計画をつくり、自分の足で歩いて旅するTKD53などに取り組んでいる。
　こうした青年期らしい学びを通して、卒業後の自分を支えていく友だちや人とのつながり、そして、自分への自信の源をゆっくり育むことが5年制高等部の特徴である。

「心が育った」専攻科の存在

私立特別支援学校が切り拓いてきた歴史

食品製造コース「心を込めてお客様に届けます」

専攻科設置の経緯──学校設置の歩みから

　本校は1994年4月に開校した、私立による高等部本科と専攻科を設置した特別支援学校です。私の母方の祖父・阿久沢質郎は教師を途中で辞め、障がい者更生援護施設長として福祉の立場にありました。当時は、養護学校を卒業後に施設入所する利用者は、基本的生活習慣が未確立の人が多い状況でした。そのような利用者を受け入れる中、後期中等教育の必要性を訴え、1984年頃に群馬県に公立養護学校高等部の設置要望を申し出ました。

　県は太田地区に1987年4月に県立の高等養護学校を開校させました。県下初の高等部単独校で、県はこの1校の設置で充足できているとしましたが、職業学科のみの設置でした。対象生徒の能力も高く、希望しても入学できない生徒は、地域から遠い高等部普通科を併置する養護学校への進学を余儀なくされていました。

　祖父は行政に学校設置を求めましたが、養護学校高等部の設置計画は当面なしとの回答でした。そこで、桐生地区に学校設置のための土地約5,000坪を取得し、学校法人認可申請に向けて動き出しました。しかし、祖父は以前、喉頭がんで声を失い、他にも転移し、入退院を繰り返していました。

　私は1984年4月以降に、県内の養護学校、生徒の状況を把握したいと県に相談をしたところ、東京渋谷に「日障研[1]」があるとの情報をもらい、早速母と二人で尋ねました。そこで能村藤一先生（前青鳥養護学校校長、前全特長[2]会長、前全知長[3]

---

*1　「日障研」：日本障がい研究協会
*2　全特長：1963年に全国特殊学校長会を設立、現在は全国特別支援学校長会
*3　全知長：1957年に知的障害・肢体不自由・病虚弱の三種別の養護学校が連合養護学校長会を設立、現在は全国特別支援学校知的障害教育校長会

会長、IAU永田事務所設立、東京都スポーツ協会設立）、安江末雄先生（前墨田養護学校校長）との関係が築け、両先生には学校母体ともなった養護教育塾杜の子ファームの設立に深く関与していただくことになりました。

　桐生地区における養護学校設立は、主要道路から学校まで数百メートルの距離があり、消防法適合には4〜5メートル幅を必要とし、拡幅する土地の買収は地権者からの地上げで計画を断念、県私学審議委員会より申請が却下されました。その後も、学校法人の設置は難を極め、県からは専修学校または、各種学校の設置を目的とする準学校法人を勧められました。

　祖父の病が日に日に悪化する中、祖父のたっての願いで無理やり病院を連れ出し、赤城山南麓に車を走らせ、学校の母体となる杜の子ファームの建設予定地を見せました。その数日後に祖父は逝ってしまいました。

　1986年4月に開設した杜の子ファームでは、5名の知的障がいの子どもたちと、私たち家族が寝食を共にする生活が始まりました。祖父の遺言となった私立養護学校高等部単独校の設立への思いは、私の頭から離れず、あきらめきれずに学校設立計画も同時に進行させました。

　私の反骨精神は、杜の子ファームの開墾を通して培われたものです。この時期に能村先生を通して知り合った当時の文部省の調査官であった大南英明先生、後任の吉田昌義先生の協力で、本校の教育課程が築かれ、今に残っています。

　県の私学の窓口は「障がいのある子どもたちには学校教育ではなく、卒業後の受入れ先となる施設が必要ではないか」と否定的でし

マラソン大会「ゴールを切るまで負けない！」

た。2,500名もの署名を集めては窓口へ出向きました。そして、群馬県私立学校審議会委員長だった北爪銀象先生（前群馬県県学事文書課長、地方課長、秘書課長、前橋赤十字病院事務局長等歴任）が、「群馬県にはない学校であるが、こういった学校をつくるべきであり、また育てなければいけない」と審議会で答弁されました。心強い言葉に背中を押されました。私費を投じても十分とは言えない資金計画でしたが、学校教育法第一条に規定される学校として1993年に学校法人並びに設置許可を群馬県知事より受け、翌年4月に赤城南麓旧宮城村（現前橋市）に学校を開校することができました。

本校の専攻科の趣旨

　2020年度現在、全国の知的障がい特別支援学校のうち私立8校、国立1校のわずかに9校のみに設置されている希少な存在が「高等部専攻科」です。本校が他の8校と異なるところは、学校認可時に高等部本科と専攻科を同時に設置したことです。しかし、専攻科がどんなところか、行政担当者の理解を得るには時間がかかりました。

　専攻科の修業年限の2か年は、県内の専門

学校を基に定めたものです。本科の上に位置する専攻科は、知的能力の高い生徒にさらに専門的な知識・技能を習得させる内容を盛り込む指導がありました。

第1期生17名のうち、本科生7名、専攻科生10名と、専攻科生が本科生を上回っていましたが、専攻科の生徒の実態は、本科生より障がいの程度は重く、社会に出るのに少し時間を必要とされる生徒でした。また、保護者からも「社会に出るには早すぎる」といった意見が多く聞かれたことや、緩やかに伸びゆく子どもたちへの教育の機会、期間を必要とし、障がいのない子どもたちが高校卒業後も専門学校、大学、大学院に進学している中、障がいのある子どもたちこそに「学びの場」は必要であると考えていました。

県立高等特別支援学校では、産業学科（県内初の高等養護学校の開校では保護者からの要望により、後付けで数年後に普通科が設置された経緯がある）を設けており、希望しても能力によっては普通科を勧められる場合があります。本校は普通科のみの設置で、能力を問わず受け入れています。障がいの程度が幅広く混在する生徒間で互いに刺激を受け、認め合い、協力し合うことで成長できる良さが普通科にはあります。

交流会「上手に寄せ植えができたね」

本校には入学選定の基準はありません。また、入学試験は一斉に行わず、毎年7月に募集要項を発送し、随時受付けています。授業および各作業コースを3〜5日間で実際に体験をしてもらい、最終日に本人・保護者と面接を行います。「若葉で学びたい！」と自身の意志を確認できたら合格です。本人の学びたい意思を最優先に、倍率はないに等しく、希望する生徒は入学できています。入学は本科から専攻科に内部進学する生徒と、他校の高等部等に在籍し、専攻科から入学する形の二通りですが、外部からの入学者より内部進学者が若干多いのが現状です。

入学の面接で「この学校でやってみたいことは何ですか？」「将来はどんなことをしたいですか？」といった質問をすると、「まだわかりません。決まっていません」と生徒から同じように答えが戻ってきます。中には「電車の運転手になりたい」「声優になりたい」「パティシエになりたい」と夢や希望を語ってくれる生徒もいます。私自身、何をしたいかと聞かれれば、「今はよくわかりません」と同じように返すと思います。進学して自分のやりたいこと、できることをこれから探すのだから、わからないのは当然であり愚問です。

入学する生徒からは、「前籍校ではほとんど学校に行けなかった」「学校規模が大きく、生徒が多くて自分を出せなかった」「途中で退学した」「別の学校は受からなかった」「行くところがなかった」と話を聞きますが、これまで楽しかった思い出や充実した学校生活が送れていなかった様子がうかがえます。

生き生きフェア「この商品を自信をもってお勧めします」

本校高等部（本科）から専攻科へ
内部進学した生徒の変化と成長

　赤城太郎君は、京都府にある小学校の普通学級に６年間在籍しました。６年生の時、自身の身だしなみがもとで、クラスの仲間から無視をされ続けていました。地元の中学校に進学しますが、早いうちから全授業についていけなくなりました。また、身だしなみを言われたことが理由で、１年生の出席日数の半数を欠席しました。２年生は中間・期末テスト日以外は欠席、３年生は試験日・修学旅行以外はほとんど欠席でした。中学を卒業したら、これまでの仲間と顔を合わせたくない、家（京都）から出たいとの理由で新潟市内の私立高校を受験しましたが、不合格でした。

　12月に中学校の担任が探してくれた学校を見学するものの、自分には合わないとの理由で蹴りました。１月に入り、もう１校紹介された本校の体験入学に申し込みました。杜の子ファーム（現在の寄宿舎）を利用し、５日間の学校体験を行いました。学校からの質問には「自立したい」と答え、本校の第一印象は良かったようで、自分に向いているとも語りました。入学後、高等部本科３年間は農園芸に所属し、作業中はよく動いていました。「若葉には自分が目標とする仲間、手本になる先輩、後輩もいて、誰もが分け隔てなく接してくれた」などを挙げていました。

　本人は「自分が出せるようになった。自分から行動を取って、周りに考えや思いを伝えることができるようになった」「身近に共感できる仲間がいたことは大きく、またかけがえのない宝であり、今の自分がある」と言います。

　なぜ、本科で卒業しなかったのかの問いに「まだ社会に出る時ではなかった」「自分をもう少し見直す期間として２年間が必要だった」と答え、その他に対人関係、趣味をつくる、自己感情の抑制（セルフコントロール）を挙

げました。類型別学習では、自分から思った ことを発言、発表でき、楽しく社会に必要な ことを学べ、専攻科で「心が育った」と語り ます。それは、私が最も聴きたかった言葉で あり、心から嬉しく思いました。

　ゆっくりと心が育って、やがて身体と均衡 が取れるようになり、自身の理解と社会を意 識できるようになり、より成長が加速します。 在籍中の就業体験のうち、老人ホームでの実 習評価は高かったのですが、生協での実習内 容が自分に向いていたようです。人と接しな がら動き回る仕事が、自分には向いていると 気づきました。若葉に入学して「わかば生き 生きフェア」（大型ショッピングセンター内 での会社の見立てた組織で、年3回行われる 販売活動）の行事をきっかけに、現在勤務す るホームセンターの面接試験では、このこと に触れて、自分に向いていることを話したそ うです。

　今年で勤務5年目を迎え、グループホーム を利用して毎日、自転車で片道30分の道のり を休まずに通っています。職場からも信頼さ れ、残業もこなしています。職場内の人間関 係で悩む時もありますが、休みにストレスを 発散させて気持ちを切り替えています。これ までに職場への相談は、自身からは全くあり

染色デザインコース「製品つくりは一つひとつ丁寧に」

ません。この先の希望を聴くと、「運転免許 を取得して、車で通勤、グループホームを卒 業して一人で、将来は若葉の元クラスメイト と二人でアパート生活をしたい」そうです。 私は、太郎君と他の卒業生4人のグループ ホームの世話に入っています。卒業後の生活 がどのように変わっていくかを見られること はありがたく、これまでの校長と生徒という 関係から家族的な存在となり、私自身の生活 にも浸透しています。

　高等部3年間、専攻科2年間の計5年間を 同じ学校で過ごした生徒は、ゆっくりと時間 をかけて手立てを探りながら、より具体的な 支援によって自身の目標に近づけ、繋げるこ とができるようになります。特別支援学校に 通うほとんどの生徒が高等部に進学し、3年 後はほとんどの生徒が社会に出ています。公 立学校の卒業生が専攻科に進学する数は少な い状況です。

　人生80年とするならば、障がいのある生徒 にとって個人差はあるものの、18歳までの教 育では十分とは言えません。障がいのない者 が高等学校の3年間を終えても、多くの者が 学びの欲求を備えており、自己を獲得するた めの手段として進学しています。障がいのあ る者にとってもそれは全く同じことが言え、 自身の学びに対する意欲は尽きません。この ことは、専攻科に進学する生徒の姿勢によっ て証明されています。ゆえに、私は高等部の 義務化は必然であると考える一人です。

国の有識者会議での議論から

　文部科学省の「新しい時代の特別支援教育 の在り方に関わる有識者会議」の委員として、 私立特別支援学校連合会（私特連）を代表し

て出席してきました。その場で、学校による専攻科、福祉型専攻科について何度か発言しました。

有識者会議では、これからの特別支援教育の方向性として、インクルーシブ教育システムの理念を構築し、特別支援教育を進展させていくために、特別支援教育を巡る状況の変化も踏まえた上で、「①障がいのある子どもと障がいのない子どもが可能な限り共に教育を受けられる条件整備」「②障がいのある子どもの自立と社会参加を見据え、一人一人の教育的ニーズに最も的確に応える指導を提供できるよう、通常の学級、通級による指導、特別支援学級、特別支援学校といった、連続性のある多様な学びの場の整理」が挙げられました。

これを着実に進めていくとともに、これらをさらに推進するため、「障がいのある子どもと障がいのない子どもが年間を通じて計画的・継続的に共に学ぶ活動の更なる充実」「障がいのある子どもの教育的ニーズの変化に応じ、学びの場を変えられるよう、多様な学びの場の間で教育課程が円滑に接続することによる学びの連続性の実現」が示されました。

個々の子どもの自立、社会参加を考えた時、多様な学びを保障する場として「専攻科」が挙げられます。

また、有識者会議の議論整理に関する意見に、高校入学の問題として、障がいのある生徒が十分な後期中等教育を他の者と平等に差別されることなく受ける機会を保障するため、後期中等教育の義務教育化の検討、障がい特性による修業年限の延長を可能とする制度について検討が必要との意見が他の委員から出ていました。この修業年限の延長の取り組みの一つに、「専攻科」があると理解する

農園芸コース「販売活動に向けてたくさん移植します」

ことはできなくはありません。

2020年6月30日の第8回有識者会議では、「これまでの議論の整理（案）」をもとに検討が行われました。整理案には「専攻科」の文字は存在しませんでしたが、文章自体に含みをもたせてあるという理解でした。ところが、7月17日の中教審特別部会で「案」の字が取れた「これまでの議論の整理」が示されましたが、そこで「専攻科」の文字が含まれているではありませんか。その後、2020年12月22日の第13回をもって有識者会議も終わりました。本稿の執筆時点で成案に近い、第13回の有識者会議資料における「報告（案）」から引用します。

「Ⅱ．障害のある子供の学びの場の整備・連携強化」の「3．特別支援学校における教育環境の整備」に「専攻科の活性化」という項で、次のようにまとめられています。

特別支援学校においては、精深な程度において、特別の事項を教授し、その研究を指導することを目的として専攻科が置かれている学校があり、資格の取得などに向けた様々な取組が行われている。高等部普通科の在学期間では深めきれない専門教育の内容について、更に専攻科における学びを通して、生徒一人一人の教育的

ニーズに応じた学習を深めることが期待されており、その活性化が重要である。

この文から、高等部3年間の上に位置する専攻科は、知識、技術の専門的な習得は、軽度の知的障がい生徒のみならず、広い範囲で専攻科での学習の機会をつくることが肝要であると読み取れます。これは、別枠にある「関係機関の連携強化による切れ目ない支援の充実」の中の、在学中の連携、卒業後の連携にも繋がるものです。

有識者会議報告は、少数派と言われる専攻科の活動や存在を世に広く周知させるという大きな可能性があり、全国の特別支援学校の専攻科、または福祉型専攻科の設置が加速することを強く願うところです。

専攻科設置校同士のつながりから

全国専攻科（特別ニーズ教育）研究会の研究大会に何回か参加し、「在学中に専攻科で学びたかったけれど、通う学校に専攻科がなかった」という話を聞きました。そして、生徒自身にもっと学ばせたいとの現場の教師の思いが、卒業後に福祉の場で専攻科をつくるきっかけになったことを知りました。今では関西地区に数十か所が存在し、さらに全国に増える福祉型専攻科。それに比べて、学校段階における専攻科は、今のところ9校しか存在していません。

これまで、他県のいくつかの教育委員会から専攻科の問い合わせや、学校法人の役員、大学関係者等が来校しては、私立特別支援学校の設置を検討している旨の情報提供がありました。以前、和歌山県の公立養護学校で専攻科設置の運動があったことが記憶にあります。特別支援学校に専攻科の設置が鈍いのは、国の財政上の理由と理解したいところですが、高等部3年間で完結させるための職業教育の充実が優先したことも要因の一つであるとも思えてなりません。

私立特別支援学校連合会（私特連）でも、専攻科実践交流会の開催を始めました。2018年に東京都練馬区の旭出学園を会場に第1回目を開催しました。それまでは、各校での専攻科の取り組みは、年1回開催される私特連教職員研修会が各校の輪番で行われる際に、紹介される程度でした。新たに設けられた実践交流会を通して、自校・他校の特色を確認・共感し、お互いの教育について学ぶ機会ができるようになりました。

高等部本科3年間に加え、専攻科に2年〜4年間在籍することで、ゆっくり、しっかり子どもたちの伸びしろが確実に育つことは間違いありません。また、本科と専攻科の差異化を打ち出すことで、子どもたちの具体像がはっきり見えてきます。専攻科設置校が取り組んできたこの部分が明らかになることで、専攻科は多くの人の目に留まることでしょう。2020年度から、専攻科に国からの修学費補助が付いたことで、より拍車がかかることでしょう。今後も、私特連の専攻科教育の動向に着目していただきたいと思います。

（大出浩司）

学校・事業所名	支援学校 若葉高等学園
所在地住所	〒371-0241　群馬県前橋市苗ケ島町2258番地4
設置主体(法人名)	学校法人大出学園
設置年月日	1994年4月1日
定員数(2020年度)	50人（本科30人、専攻科20人）
ホームページ	http://www.wakaba-y.jp
利用制度	☑ 学校教育法「一条校」　　□ 自立訓練（生活訓練）事業　　□ 生活介護事業 □ 就労移行支援事業　　　　□ 地域活動支援事業 □ その他

沿革（主だったもの）

1994年4月　　開校（本科・専攻科同時）
1999年2月〜　交流及び共同学習を行う
2000年3月〜　同窓会を行う
　　　　3月〜　地域企業と提携しての作業学習を行う
　　　　10月　シドニーパラリンピック女子走り高跳びで銀メダル獲得する
2006年3月　　体育館完成　2008年11月後援会発足
2011年4月　　養護学校から特別支援学校へ名称変更する
2012年4月　　外部評価委員会発足
2016年5月　　新校舎完成

趣旨・目的

後期中等教育（青年期）の充実を私学で行うため設立に至る。

特　徴

　群馬県で約200校もの幼稚園〜大学、専門学校がある中、唯一の私立特別支援学校高等部単独校（本科3か年・専攻科2か年）、附帯教育事業として研修科(2か年)を設置。赤城南麓の恵まれた自然環境の中、地場を生かした作業学習に重点を置いた教育課程の編成。地域企業・福祉施設等との連携した取り組み。

仲間の中で自分らしさを発揮

４年制の専攻科での姿から

専攻科３、４年生（NEXT）と小学部との交流活動。16年間の教育課程をもつ本校ならではの取り組み。

はじめに

　特別支援学校聖母の家学園は、養護学校義務制以前の1971年、小学部・中学部課程のみの施設内養護学校として設立されました。1987年高等部設置。その後、保護者・理事会・教職員の三者からなる専攻科設置検討委員会を発足させて1995年高等部に２年間の専攻科課程を置き、2017年には、３・４年課程（専攻科NEXT）を開講しました。

　ここでは、小学部１年生で本校に入学し、現在専攻科３年生となった梨子さんと、三重大学附属支援学校高等部から本校の専攻科に進学し、４年間を過ごした卒業生の彩央さんの姿を通して、青年期の学びについて考えていきます。

聖母の家学園専攻科〜４年間の学び

　彩央さんと梨子さんの話をする前に、専攻科の学習内容と、その中で大切にしていることについて紹介します。

　まず、１・２年生。資本金１万円を元手（材料費）に、焼き菓子や農作物、ふりかけ等を作って販売し、１年間の収益を使ってグループの仲間と楽しむ「経済」。日常の身近な事柄に、環境、健康、伝統、文化などの切り口で迫り、科学的・文化的な知識を得ることで暮らしの質を豊かにする「生活講座」。好きなことや興味のあるテーマについて調べ、まとめ、年度末にみんなの前で発表する「研究ゼミ」。ここまでは、１年生・２年生混合のグループで、年度ごとに編成が変わります。

　そして、同学年の仲間と２年間同じグループで、模擬喫茶店や宿泊体験等の活動を創り上げる「演習」。まさに「同じ釜の飯を食う」間柄となり、絆も深まります。専攻科に入学した仲間たちの多くは、これまでのさまざまな体験を通して「できること」が増え、自信と自己肯定感をもち始めています。そんな彼らだからこそ、心も身体も大きく変化・成長する専攻科１・２年の

時期に、「活動の場」「学ぶ時間」「共に過ごす仲間」が、学校教育として保障されることに大きな意味があると考えます。

3・4年生は、卒後の進路をイメージして「生活支援コース」と「就労支援コース」の二つのカリキュラムを準備していますが、「できること」の一つひとつが、「わかってできる」という確かな力へと発展するために、コースを超えた集団での学びを大切にしつつ、その成果をもう一度、自分にフィードバックしていきます。また、社会から求められるものに応えていくことを大切にしており、学外の人々との関わりのなかで学びを深めるべく、実社会との接点を増やしたカリキュラムを設定しています。主要教科は次の4つです。

「生活の自立と自律」では、自分や友だちの生活を見つめ直し、生活の幅を広げていきます。レクリエーションやコグニサイズを通して仲間と楽しく活動する中で、場を共有する心地よさを再確認し、「自分の時間」と称して一人で時間を過ごすための楽しみを見つけることに取り組みます。音楽療法で気持ちを発散させることも楽しみの一つです。

「スキルアップ」では、今の生活から一歩向上する機会として時事や暮らしのスキルに着目したり、近隣の事業所やお店のご理解を得て、インターンシップ（職業体験）に取り組んだりします。

「社会参加」の目標は社会に貢献できる自分を見つけることです。と言っても、決して大げさなことではなく、地域の大学や高齢者施設、子育て支援サークル、あるいは本校の小学部・中学部との交流が主な活動です。

「ワークトレーニング」は、実体験を重ねて、卒後の働く生活に対する具体的なイメージをもち、社会へ出るための気持ちを高めた

り、社会で通用するマナーや常識を身につけたりすることを目的に、仕事の体験を行います。ミニコンビニ（企業や事業所の休憩室などに置くお菓子などの無人販売コーナー）の商品準備や納品・返品に関する作業、就労継続支援A型事業所での作業体験、教会の清掃など、学内だけでなく、多くの皆さまのご厚意でさまざまな社会資源を活用させていただきながら、本物の仕事にふれる機会を得ています。

化学変化が生まれる主体性
——彩央さんの青春

（1）「ライライちゃんに会える？」

専攻科3・4年（NEXT）では、「社会参加」の授業で、特別支援教育を専攻している三重大学の学生さんと年3回の交流活動を実施しています。交流に向かうバスのなかで、当時専攻科3年生だった彩央さんが「ライライちゃん、おる？」「ライライちゃんに会える？」と隣に座っていた人に尋ねました。そう言えば前日にも、そのようなことを言っていたような気がします。私は、キラキラネームのお友だちか、なにかのキャラクターのことを指しているのかと思って見当外れな返事をしてしまい、会話はそこでストップしたのですが、彩央さんは納得できる答えが返ってくるまで、いろいろな人に何度も何度も確認していたようです。

バスが大学に到着し、学生さんたちが出迎えてくれました。そのなかに「ライライちゃん」はいました。前回の交流のときに同じグループだった平井さん。仲間たちから「ライライ」と呼ばれている、さわやかな笑顔の青年でした。

（2）彩央さんのプロフィール

彩央さんは、地域の小学校、三重大学附属特別支援学校中学部・高等部を経て、聖母の家学園高等部専攻科に入学。動画（80年代から現代までのアイドル）を見ることと美味しいものを食べることが大好き。趣味はカラオケ。特技は、子どものころから習っているピアノです。4年生の学園祭では、みんなで歌った「Lemon」の伴奏をしてくれました。中高時代は、ご家族の支えのもと、自主通学の練習等、いろいろなことにチャレンジしていましたが、生活リズムを整えにくい一面があり、学校に行こうとするモチベーションが低くなった時期もあったようです。

本校にはスクールバスを利用して毎日元気に登校し、友だちとなにかをする楽しさをいっぱい味わうなかで、活躍の場面も次第に増えていきました。反面、ややマイペースなところがあり、ときには活躍しないこともありましたが、それも含めて周りが彼女を受け入れていました。特に2年間、同じメンバーで行動する学年別編成の「演習」グループには、仲間の言動を否定せず、うまく折り合いをつけて、みんなの意見を活動に反映しようとする雰囲気があり、彩央さんにとって居心地よく過ごせる集団となりました。

このころ、お母さんにお話をうかがう機会がありましたが、「この子にもキャンパスライフをエンジョイする時がきた」と大変喜んでおられたことを記憶しています。二十歳になって専攻科の仲間たちから成人のお祝いをしてもらい、3年生で専攻科NEXTに進級。同じ学年のK君が気になるなど、学生らしく恋もしました。卒業アルバムには、笑顔満面の彩央さんと、少し照れている孝行君のツーショット写真がたくさん残っています。

（3）専攻科NEXTでの飛躍

専攻科3・4年課程（NEXT）では、先述したように学習の柱が4つあり、社会へ出て行くこと、地域と関わることを大切にしています。彩央さんもミニコンビニの商品を揃えて仲間とともに企業を回ったり、地域のお年寄りや子どもたちと交流したりしながら、NEXTライフを楽しみました。交流では、キーボードで童謡を弾くこともあり、グループにとって、なくてはならない存在でした。また、彩央さん自身の好きなこと（得意な分野）で活躍できたことも、「まんざらでもない自分」を感じて、楽しかったのではないかと思います。

話を「ライライちゃん」に戻しましょう。好きな人や楽しいと思える活動はあっても、やや受け身的に過ごしているかに見えた彩央さんが、自ら学習予定を意識し、活動内容をイメージして期待感をもち、その楽しい気持ちを周りの人に伝え、共感してもらえたことを喜ぶ。このすばらしい循環こそが「青年期の学び」の醍醐味です。彩央さんを取り巻く集団の力であり、その集団の一員として活動する彼女自身の力であり、加えて、心惹かれる人との出会いが、「主体的に行動する」と

大好きなライライちゃん、そしてNEXTの仲間に囲まれて笑顔満面の彩央さん

いう化学変化を起こさせました。学校の中だけで学んでいたら、このような主体性は育まれなかったのではないでしょうか。

NEXTならではの学習活動のなかで、彩央さんはライライちゃんと出会い、それによって新たな自分とも出会いました。学校にできることは少ないかもしれません。しかし、4年間という時間があることで、仲間や社会と出会い、青春を謳歌することができたように思います。

（4）卒後の活躍

彼女は今、本校の協働創造のパートナーであるNPO法人聖母の家学園福祉会が立ち上げた生活介護事業所「かしの木」で、自分らしく働いています。筆者が先日訪問した時、気になるワードは「ライライちゃん」から「かしの木周辺地図」に変わっていました。

かしの木では、毎週月曜日に避難訓練と運動を兼ねて事業所付近の散策を行い、地域のお店、公共施設、避難所となっている高台や地区市民センター等の写真を添えたオリジナル地図を作っています。地図は日に日に長く、大きくなっていくので、現在は、その活動に注目しているようです。「彩央ちゃん、新たな居場所を見つけたんだな〜」と嬉しくなりました。

もちろん、余暇の楽しみとしてピアノのレッスンも続けています。今年度は、残念ながら新型コロナウイルスの関係で発表会が中止になりましたが、コロナ禍が収束したら、彩央さんの素敵な演奏を聴きに行きたいと思っています。

※この項は、『みんなのねがい』（全障研出版部）2020年2月号に掲載された原稿を加筆修正したものです

小学部から学び続けて専攻科へ
——梨子さんに寄り添って

（1）15年目スタート！

新型コロナウイルスが猛威を振るう2020年4月、梨子さんは専攻科3年生に進級しました。長年なじんできた教育環境と、信頼できる仲間や先生に囲まれ、15年目となる聖母の家学園でNEXTライフの始まりです。ただ、コロナ禍の影響で学習活動には大きな制約がありました。4月は休校、5月中旬からは分散登校。毎日登校できるようになっても、彩央さんが経験したような、大学生や地域の方々との関わりはもとより、小学部・中学部との交流もできず、ミニコンビニ商品の準備はしても企業への納品はできないといった状態でした。しかし、これが、「詰め込みすぎない」スロースタートとなり、逆によかったのかもしれません。

タイトル「寄り添って」は、梨子さんを小学部で最初に担任した教員の言葉から借りました。そのころの様子をひもときつつ、学校の紀要や文集に登場する梨子さんのエピソードと現在の姿を紹介したいと思います。

（2）入学当初の梨子さん

小学部1年生の梨子さんについて、紀要には「新しい環境や大人・友だちのなか、笑顔を見せつつも、不安がいっぱいで慣れるまでに時間が必要である。知らない人は嫌がり、興味のある物だけ（長い紐、揺れる物、アンパンマン、ドラえもんなど）を好み、場所や大きな音に敏感で、人とのかかわり方やコミュニケーションが難しい場合が多く見られる」「入学した頃はまず一対一の人との関係づくりから始まった」（長谷川2008）と記さ

れています。「一本橋こちょこちょ」等の手あそびを通して気持ちを通わせるなか、大好きで安心できる存在となった担任に対し、次第に梨子さんの方から関わりを求めるようになっていきました。

　2年生になると、身体を動かすことが大好きな梨子さんは、昼休みにトランポリンの部屋へ行くようになります。「この時間帯はたくさんの人たちが集まっているが、一人でも楽しんで過ごすことができる（中略）まだまだ集団への意識を持つことは難しいが、なかまと一緒にいて通じ合う楽しさを体験できて良かったと思う」（長谷川2008）。この姿が、現在の梨子さんにつながっているような気がしてなりません。

　高学年になった梨子さんは、コミュニケーションをさらに豊かにしていきます。「多くの大人や友だちと関わりを持ち、一緒に過ごす中で、楽しい気持ちを共感することができた」「"○○したい！　○○さん・先生と一緒にいたい！"などの思いを前面に出して、自ら学校生活を楽しもうとする姿も見受けられるようになった」（榊2012）。このように、少しずつ成長を重ねて中学部へ、そして高等部本科へと進学していきました。

ワークトレーニングの授業でミニコンビニの商品を準備する真伊さん（左）と梨子さん（右）

（3）いよいよ専攻科へ

　先述したように、専攻科1・2年生の学習のひとつに、2年間同じメンバーで活動する「演習」があります。以下は、仲間と一緒に宿泊体験（ライフステイ）をした時の梨子さんの様子です。「梨子さんは、お肉が大好きです。冷蔵庫からお肉のパックを出してきて用意すると、玉ねぎを煮込んでいる鍋の様子を何度も確認しに行き、いつ入れるのかを楽しみにしていました」「2日目の朝はみんなすっきりと目覚め、それぞれ自分が寝ていた布団を片付けます。梨子さんは職員の声かけでシーツをはがしていきました。そして、少し重い敷布団や枕、掛布団を隣の部屋まで運びました。自分の布団を運び終わると、友だちの分も手伝って運んであげ、助け合うことができました」（伊藤2019）。これは、2年間で3回実施するライフステイの2回目にあたりました。

　伊藤は、「2回目のライフステイは、それぞれ見通しがあるので、自分の役割を理解して動くことができました。日程や内容に大きな変化はないので、次は何をするのか、みんなしっかりとイメージすることができています。分かってできるということは、気持ちに余裕も生まれ、活動を楽しむことにつながります」と続けています。梨子さんが見通しをもって活動していたこと、そして何よりも楽しい気持ちで過ごしていたことが伝わってきます。

　また、その次の年度の学園祭では、演習グループで"それゆけ！ピラフちゃん"という模擬店を企画・実践しています。「梨子さんは、なかまのみんなが認める"それゆけ！ピラフちゃん"の看板娘でした。お店のカウンターの中から、絶えずお客さんに笑顔をサービス

します。普段はつまみ食いも愛嬌の梨子さんですが、模擬喫茶店マリアハウスの経験からか『今は、お店の人だから、違う！』という意識がしっかりと育っているようでした」（金井2020）。彼女のなかで、ONとOFFの切り替えがきちんとできていることがわかります。学園祭が特別な行事であることをわきまえつつ、イレギュラーを楽しむ余裕もある二十歳の梨子さんの姿です。

このころ、何人かの生徒に「専攻科に来てよかったことは何ですか？」という質問をしたことがあります。当時2年生だった真伊さんの答えは「梨子ちゃんに会えたこと」でした。真伊さんは、寄宿舎を利用して他県から通っている生徒で、専攻科では梨子さんの1年先輩にあたります。お姉さんらしく関わっているうちに梨子さんの方も真伊さんに心を許し、言葉のやりとりはなくても通じ合っている2人の姿が、いろいろな場面で見られるようになりました。梨子さんに寄り添う存在は、15年かけて教職員から仲間へと広がっていったのです。

（4）NEXTでも、仲間とともに自分らしく

さて、スロースタートを切った2020年度のNEXTライフも折り返し地点に到達しました。先述したように、専攻科の1・2年課程と3・4年課程では、学びの内容が大きく異なります。加えて、コロナ禍のために、年度の区切りが曖昧なまま新学期を迎えてしまったことで、梨子さんに大きな負担を強いることになるのではないかと、少し心配していました。確かに、「あれ？　何か違うぞ」という表情を見せなかったわけではありません。しかし、仲間のサポートもあって、少々のイレギュラーであれば、それなりに受けとめ、新しい学校生活になじんでいきました。

例えば、ワークトレーニングで、ミニコンビニの納品準備作業をした時のこと。たくさんのお菓子が棚いっぱいに並んでいる部屋に入っても、大好きなポテトチップスやキャンディを気にすることなく、写真カードと実物をマッチングさせて、職員と一緒に必要な品を揃えることができました。

梨子さんのなかで、お菓子は「おやつ」ではなく「商品」として認識され、食べるのでなく箱に入れることが自分の役割だと理解していたのです。使った写真カードをファイルに戻す時も、写真と写真を自分で照らし合わせながら確実に戻していくことができます。小学部からずっと続けてきた学びの成果が、「お仕事」「働く」という場面で発揮されました。

ミニコンビニの活動に限らず、梨子さんは、自分に求められていること、求められているものが何なのか、よくわかっています。そして、自ら関わろうとします。仲間のなかで自分らしさを発揮する青年の姿が、そこにはあります。

（辻　和美）

【参考文献】
・長谷川敬子（2008）「小学部自閉症女児における個々の対応と集団活動への働きかけ」『2007年度聖母の家学園研究紀要』
・榊順一郎（2012）「みんなの輪の中で楽しい学校生活を送れるように」『2011年度聖母の家学園研究紀要』
・伊藤裕美（2019）「みんなと一緒だから楽しいライフステイ」『college第17号』聖母の家学園
・金井辰也（2020）「ようこそ"それゆけ！ピラフちゃん"へ！」『college第18号』聖母の家学園
・辻 和美（2020）「彩央さんの青春」『みんなのねがい』2020年2月号、全国障害者問題研究会

学校・事業所名	特別支援学校 聖母の家学園
所在地住所	〒510-0961　三重県四日市市波木町330-5
設置主体(法人名)	学校法人 特別支援学校 聖母の家学園
設置年月日	1971年学校設立。1995年（2年課程設置）、2017年（3・4年課程開講）
定員数(2020年度)	学校全体の定員140人、2020年度専攻科（4学年）在籍者数33人
ホームページ	http://www.seibonoie-gakuen.ac.jp/
利用制度	☑ 学校教育法「一条校」　　□ 自立訓練（生活訓練）事業　　□ 生活介護事業 □ 就労移行支援事業　　　　□ 地域活動支援事業 □ その他

沿革（主だったもの）

1971年	4月	精神薄弱児施設（当時）「聖母の家」内に養護学校（義務教育課程）を設立
1987年	3月	高等部設置　4月　一期生入学
1988年	7月	聖母の家学園援護促進協議会発足
1991年	5月	小規模授産施設「わかたけ萩の里」開所
	11月	創立20周年記念式典と記念誌発刊
1992年		専攻科設置検討委員会発足
1995年	4月	高等部専攻科設置
1999年	7月	『養護学校専攻科の挑戦──高等部5年教育の試み』（かもがわ出版）発刊
2005年	10月	公開研究会開催、第2回 全国専攻科（特別ニーズ教育）研究集会
2008年	4月	支援センターを設置
2016年	12月	NPO法人聖母の家学園福祉会発足（2020年 生活介護事業所「かしの木」開所）
2017年	4月	専攻科3・4年課程(NEXT)開講
2021年	11月	創立50周年記念式典と記念誌発刊予定

趣旨・目的

障害のある人たちの役割を創造し、共生社会の実現をめざす学校づくり

1. カトリック精神に基づく学校……人を大切にし、感謝の生活ができる人格形成
2. 専攻科を含む16年間の教育課程……一人ひとりの育ちや個性を重視し、小学校から専攻科までの学校生活を大切に、途切れない教育
3. 卒業後の自立と社会参加……一人ひとりの可能性を広げ、安心して学び続けられるように卒業後の雇用の場の創設
4. 連携　開かれた学校……地域・教育・福祉・行政・医療・企業などの関係者が連携し、学校づくりを通した共生社会の形成

特　　徴

専攻科に入学した仲間たちの多くは、これまでのさまざまな体験を通して「できること」が増え、自信と自己肯定感を持ち始めています。そんな彼らだからこそ、思春期後期から青年期に向かって心も身体も大きく変化・成長するこの時期に、活動の場と、学ぶ時間と、共に過ごす仲間のあることが大きな意味をもちます。専攻科の初めの2年間では、集団の中で自分らしさを発揮できるような学びを大切にしています。

3・4年課程(NEXT)では、「できること」の一つひとつが、本当に自分の血肉となり、「わかってできる」という確かな力へと発展するために、集団で学びつつ、その成果を、もう一度、自分にフィードバックしていきます。また、学外の人々との関わりの中で学びを深めるべく、実社会との接点を増やしたカリキュラムを設定しています。2年＋2年＝4年間の充実した学生生活が、生徒たちにとって修了後の社会生活を支え、彩りを添える経験となるように、日々の実践を大切にしていきたいと考えています。

学校法人カナン学園
三愛学舎（特別支援学校）

仲間との「対話の学習」で新たな"自分づくり"を！

18歳で世に出ました…。
しかし、それはとても難しいことでした

　1978年に三愛学舎が開校しました。養護学校義務化のちょうど1年前です。そのころ、全国のあちこちに養護学校高等部が設置されています。

　1981年から98年ごろは好景気で、大量生産・大量消費で経済が目まぐるしくうごめいているころです。当時の文部省から養護学校高等部は、社会自立のために職業教育に力を入れるようにとの通達（1982年）がありました。

　本校も学校運営の重点課題に職業教育を掲げ、「高等部教育の中心は作業学習です。卒業後の進路の基本は働く習慣を身につけることです」と謳い、生徒も教師も一緒になって作業学習に取り組んできました。

　1981年から10年間で、全国の知的障害養護学校高等部の平均就職率が約41％と示されています。本校も卒業時点の平均就職率が34.8％と高い率でした。しかし、数年のうちに離職・退職する者が次々と現れ、その離職率は70％を超えました。働く意欲が減退し無断欠勤する、上司の指示に従うことができないなどの理由でした。その背景には同僚とうまくやれない、周囲から理解されない等、人間関係に難しさを抱えていました。中には心的要因で引きこもる者も出てしまいました。

　就職はしました。しかし、それで幸せになれたのだろうか？

　今までの環境と違う高等部に胸を膨らませて入学してきました。明るくなり、目的をもった行動ができ、自信もつき、3年間で大きく成長します。しかし、過去15年の育ちの中で負ってきたハンディを高等部3年間で軽減し、社会に出ていくことはとても難しいことでした。人格形成が未成熟だったのかもしれません。

　学校から社会への移行は、成人生活への準備期間です。人格形成にもっと時間をかけ、ゆっくり、じっくり学ぶことが必要

古くなったヤギ小屋の解体に臨む
専攻科の青年たちと教員（左端）

だったのです。

　開校後18年を経た1996年に専攻科を設置し、本科3年、専攻科2年、計5年間の青年期教育に取り組むことになりました。

カリキュラムに「ゼミ」を加える

　学校から社会への移行の学びの一つとして、専攻科カリキュラムの中に「ゼミ」を設けました。

　カリキュラムは、学校全体の教育目標をもとに構成されています。それは、①「生徒、教職員が共に生き方を考え、学び合う」、②「生徒の個性、個々の教育ニーズに応じた教育を行う」、③「青年期の調和的な成長を図る」という3つの目標をベースに、専攻科教育のねらいである「社会について学び、自分を試し『自分らしさ』を確認する」ことを加えました。

　カリキュラムでは週2回のゼミを設け、火曜日はAグループ、木曜日はBグループに分かれて行います。時間は10時から11時半までの90分間で、自主的に応募してきた専攻科1、2年の合同でグループを編成します。話題を共有するためにテーマを設け、少人数で対話の学習をします。お互いの表情や動きが見えるように向かい合って座ります。

　ゼミは「ことば」を媒介として成り立ちます。同年代の仲間と対話による相互作用を通して、「ことば」で思考を凝らし、内面世界を膨らませます。お互いに働きかけ、影響しあう中で新たな自分を発見し、他者を理解するのです。

　ゼミの「ねらい」は、今までの自分を振り返り、新たな"自分づくり"を図り、自己肯定感を高めることです。

　仲間との関係性の中で、苦手なことや得意なことなど自分自身を丸ごと出しあい、「楽しかったこと」や「苦しかったこと」「思いつき」「ひらめき」などの感性を大事にします。

仲間の発言で、
私の意見も変わりました！

　ゼミの参加者は、専攻科1年、2年の計6人で構成しました。

　「個別の教育支援計画」から生徒の特徴を引き出してみると、「自分の意見をもっているが、大勢の前では緊張して話せない」「言葉でのやり取りはできるが、要点を捉えることが難しい」「集団行動から逸脱して自分のやりたいことを優先することがあるが、疎外感を感じ不安感をもつ」「自分の気持ちを言葉で表現することが苦手である」「集団行動が苦手で、突発的な言動がある」「気持ちが高ぶると言動が荒々しくなる」など、どのメンバーもコミュニケーションの面で何らかの課題を抱えています。

　今回の学習内容は、NHKの放送番組である昔話法廷『さるかに合戦』のVTRを鑑賞して仲間同士で意見交換をしました。

（内容の概略）
「さるかに合戦」裁判　事件の争点
（NHKインターネットサービスより）

> 　カニの親子が体を粉々に砕かれて殺害された事件。逮捕されたのは、猿。まだ青くてかたい柿を執拗に投げつけたのだ。
> 　罪を認める猿に、検察官は「残虐極まりない」と極刑を求める。

　一方弁護人は、猿が十分に改悛していること、衝動的な犯行であり計画性がないことを主張。「猿は生きて償うべきだ」と訴える。

　猿を死刑にするか？　死刑にしないか？

　司会者から「昔話法廷『さるかに合戦』を鑑賞してどう思いましたか？」という質問が出されました。

里子：私は（猿を）許すことができない。柿を投げつけた。ひどいと思う。

瀧江：猿の子どもが同じことをされたら（柿を投げつけられたら）、同じことを思うだろう。…猿の親に責任がある。

心音：私も許すことはできないけど理由は違う。もし、カニも猿を殺したら死刑になると思う。

桃子：カニには何の罪もないというところが瀧江さん、心音さんと違う。

心音：里子さんと瀧江さんは柿のことを話しているけど、私は（柿のことについて）話していない。

桃子：（もし）カニも猿を殺したら死刑になると思うところが違う。

勝敏：猿は、母のカニと妹のカニを殺したのは事実、…猿は「ひとでなし」と言われただけでなぜカニを殺したのか？

心音：わかるような気がします…。

桃子：話を聞いて（猿を）『許すことができない』から『どちらでもない』に変わりました。カニも仕返しをしている。臼とかでドンとやられて…。
　　　猿の子どもが見たら同じことになるんじゃないかな。

里子：カニもやり返しているから、どちらで

もないってのも確かにあると思います。

　参加者5人（欠席1人）のほとんどが、猿を許すことはできないと発言します。しかし、勝敏は「猿が『ひとでなし』と言われただけでなぜカニを殺したのか？」と疑問を投げかけます。ビデオの中で情状酌量を訴える弁護士が語っていた言葉に注目していたのです。

　それは、「過去に父親の猿が生活が荒れ、家族に暴力を振るっていた。暴力にあえぐ母親の猿が夫に向かって『このひとでなし』と罵声を浴びせた。その様子を子どもの猿が見ていた。その子猿が木にのぼって柿を食べているところにカニから発せられた『このひとでなし』が過去の出来事を思い出させてしまった。」というのです。

　弁護士の説明を聞いた勝敏は「このひとでなし」の言葉がトラウマになっているというのです。だれでもトラウマに触れられたら「カッ」となるだろうというのです。

　勝敏の意見に仲間たちも同意します。「わかるような気がする」という意見や、「『許すことができない』から『どちらでもない』に変わりました」とか、「どちらでもないというのも確かにある」と、カニを殺害したという事実を認めながらも、事件の背景にある猿の心情に心を向けたのです。

　他者の心情に心を寄せるということは、他者理解にもつながります。それを契機に自分の考えが変わる時もあります。

　対話による相互作用によってお互いに影響しあいながら、自分の内面も膨らみ、新たな自分を発見します。

　また、勝敏にとって、自分の意見が仲間から認められるということは大きな自信につな

がります。大勢の前で話すことが苦手で、いぶかしい表情で学習に臨んでいた勝敏が、ニコニコ笑顔で積極的に対話の学習に臨むようになりました。自己肯定感の高まりを感じます。

あなたは、嫌なことをされたら許すことができますか?

対話の中で「許す」という言葉が出てきました。偶発的に出てきた意見でもそれを排除することなく、次の話題に転化することは大事なことです。仲間たちの心の動きをリアルタイムで感じ取り、拾い集めるのです。

司会者が「あなた方は、今まで誰かを許せなかったことがありますか?」と問いかけたところ、すかさず「ある、ある」という声があがりました。

瀧江：友だちでもない人に、「友だちだよね」としつこく言ってくる人に対して…。あなた(桃子さん)のことじゃないよ。

里子：私もそう、しつこい人と思う。あなた(桃子さん)のこととは違うよ。

心音：私だったら、「うん友だちだよ」っていう。(しつこいことを)何回言われても許せる。

桃子：私は周りからどう思われているか心配だから、確認してしまう。やきもちを焼くことがあります。

勝敏：クラスで小さい花を買ってきて、隣のクラスにつぶされた(遊びでわざと)。イライラし1日たっても忘れられなかった。(でも)もういいかなと…。

里子：小学校の時、仲のいい友だちに「あんたの友だち、だれもいないから」という手紙を渡された。授業後にそれを先生に渡した。先生は、キレてもいいんだよと言ってくれた。友だちとの仲が戻った。

「さるかに合戦」の対話から派生した「許し」について、自らの体験を振り返り、「あまり気にしないで許してしまう」というタイプ、「時間の経過と共に許せるようになる」というタイプ、「第三者の介入で許せるようになる」というタイプの3通りあることを共有することができました。自分だったらどのタイプになるのかを考えるきっかけにもなります。

「あまり気にしない」とか「時間の経過で…」等の「間」を置いてから考え直すことができ、「まあ、いいか」と思い直せるようになります。そして、他者を許せるようになると、今までネガティブであった感情がポジティブなものに変わります。他者に対する心配りにもつながります。

対話の中で瀧江、里子は桃子を気遣い、(しつこい人は)「あなたのことじゃないよ」「あなたのこととは違うよ」と繰り返して言っています。桃子は仲間から逸脱して自分を優先しがちなところがあり、また疎外感を感じやすい生徒です。普段の会話でも必要以上に他者の発言を気にします。その桃子が不安感を抱かないように配慮しているのです。

自由度のある対話の学習ですが、仲間に対して「気分を害さないかな?」とか、「何かありそうだよ…」というような兆しを感じとりながらすすめることが大事です。

相手の気持ちを汲むこと、折り合いをつけることは、コミュニケーションを図るうえで大切なことです。

お互いの感性を大事にし、配慮し合うこと

で一人ひとりの存在意義が高まり、自己肯定感も高まります。

　対話による相互作用は、他者との関係性の中で自己の内面が育まれます。互いに働きかけ、影響を及ぼし合いながら他者理解へとつながります。そして新たな"自分づくり"を形成するのです。

うまくしゃべれないけど、ぼくも「対話の学習」に入りたい！

　前年度のゼミの様子を見ていた龍介が、ゼミに入りたそうにしているところを担任が捉え、参加を申し出てきました。龍介のことを知る仲間たちは、最初は「えっ？」とびっくりしていました。

　龍介はダウン症で重度の知的障がいがあります。発語は極めて少なく「ウヌ（犬）」「エコ（猫）」「ショーテー（笑点）」「エーエーケー（NHK）」等、自分の興味のある単語を発することはできますが、自分の意見をことばで言うことは難しいのです。

　龍介はゼミに参加したものの、窓側の離れた席に仲間たちに背を向けて座り、ひたすら絵を描いています。しかし、仲間の対話に耳をそばだてています。「テレビ」「アニメ」等、自分の興味のありそうな言葉が飛び交うと顔を持ち上げて振り向いています。

　ある日、カナン祭（文化祭）の喫茶店運営についての話し合いの時です。仲間たちは、喫茶室の机・イスの配置について「車いすのお客が来たらどうしようか」「家族連れのお客が来た場合は？」「人と関わりたくなさそうな若者の場合は？」等々で盛り上がっています。その様子を見ていた龍介が突然立ち上がって、「ア〜」と言って指さし、仲間たちの輪の中に加わりたいと言うのです。

　カナン祭と言えば、創作ダンスの出し物があります。龍介はダンスが大好きで、毎年のカナン祭で仮装してダンスに加わっています。大事な場面をおどけ顔で決めるところがお客さんの喝さいを浴びていました。「カナン祭」と言えば「創作ダンス」、それが龍介の心に火をつけたのです。何も言わず立ち上がって仲間と同じテーブルにつきました。

　仲間たちは前年の写真を参考にして喫茶室のレイアウトを書いています。龍介は文字や図の見本があれば、それを真似て書くことができます。真剣になってレイアウトを書きました。

中央に座って喫茶室のイス、机の配置図を描いている龍介

自分の図面についてプレゼンをする龍介

仲間たちは自分で書いたレイアウトをホワイトボードに掲示してプレゼンテーション（発表）します。その様子を見て自分もプレゼンをするというのです。席を立ちあがって、自分で書いた図面をホワイトボードにはり「ウ〜」「ウン〜」と言いながら堂々と説明し始めました。判読は難しかったが、仲間たちはきちんと龍介のプレゼンを受けとめていました。

自分の主張が認められ、わかってくれる仲間がいることに龍介は満足し、自信満々の様相で席につきました。

「ことば」による会話が難しい龍介が、仲間たちに受け入れられ「対話の学習」に参加したことは、今後のゼミのあり方に新しい風を吹かせてくれました。

対話の学習から

どの生徒にとっても仲間と一緒の体験は大事です。仲間との学び合いを通して「不思議がったり」「ふざけあったり」「認めあったり」「笑いあったり」することがいいのです。

自分を認めてくれる仲間がいて、自分の存在意義をきちんと証明できることによって自己肯定感が高まります。

学校から社会への移行で大切なことは、自己肯定感をもって巣立っていくことです。

専攻科を設置して20余年が過ぎ、卒業生も269人になりました。卒業時点での一般就労者（A型事業所除く）は43人でその平均就職率は16％ほどです。専攻科設置前と比べるとかなり少ない数です。また20年間で一般企業を離職し福祉就労に移った者が11人、結婚して離職した者が2人います。逆に福祉就労から一般就労に就いた者が6人います。福祉就労から一般就労に移った事例は専攻科設置前には見られなかったことです。

「学校から社会への移行」は、学校卒業後に向けての生き方支援につながります。「働く力」と同時に「働き続ける力」が大事です。

それと並行して「子どもから大人への移行」を図ることが大事です。自己の内面に働きかけ、今までの自分を振り返り、新たな"自分づくり"を行います。

自己肯定感が高まり、自信・意欲をもって社会に巣立ちます。しかし、まだ足らないものがあります。自己肯定感や自信・意欲を検証する必要があります。

実際の生活・労働を通してさまざまな人に受け入れられたり、拒まれたりする中で、自己のプラス面を確認したり、マイナス面を修正するということが大切です。実体験を検証するためには、もう少しの「学びの時間」が必要になります。

（澤谷常清）

【参考文献】
・藤本文朗監修、坂井清泰・小畑耕作編（1999）『青年期の進路を拓く』かもがわ出版
・小畑耕作（2015）「知的障害青年の自己形成を育む」『生活教育』日本生活教育連盟
・文部省（1982）「心身障害児に係る早期教育及び後期中等教育の在り方（報告）」
・三愛学舎（1995）「専攻科のしおり」（私家版）
・清水満（1996）『生のための学校〜デンマークで生まれたフリースクール「フォルケホイスコーレ」の世界〜』新評論
・田中良三・大竹みちよ・平子輝美編（2016）『障がい青年の大学を拓く』クリエイツかもがわ
・鳥取大学附属特別支援学校著・三木裕和監修（2017）『七転び八起きの「自分づくり」』今井出版
・渡部昭男（2009）『障がい青年の自分づくり』日本標準
・全国障害者問題研究会兵庫支部編著（2017）『実践、楽しんでますか？』クリエイツかもがわ

学校・事業所名	三愛学舎
所在地住所	〒028-5133　岩手県二戸郡一戸町中山字軽井沢49番の33
設置主体（法人名）	学校法人カナン学園
設置年月日	1978年4月1日
定員数（2020年度）	本科1年〜3年、専攻科1年〜2年　各15人　計75人
ホームページ	http://www.sanaigakusha.net
利用制度	☑ 学校教育法「一条校」　　□ 自立訓練（生活訓練）事業　　□ 生活介護事業 □ 就労移行支援事業　　　　□ 地域活動支援事業 □ その他

沿革（主だったもの）

　1973年に社会福祉法人カナンの園児童施設「奥中山学園」が開園され、1974年に学園内に私設の高等部を設置。その後、学校設立準備にはいる。

1978年　学校法人カナン学園 三愛学舎養護（高等）学校開校
1995年　専攻科教室増築、ガラス温室、ビニールハウス新設
1996年　専攻科設置（5年間の青年期教育開始）
1999年　専攻科プレハブ作業棟新築
2004年　本科、専攻科定員増（各学年10人→15人）
2008年　校名変更（三愛学舎養護（高等）学校→三愛学舎）
2011年　芸術・造形棟新築（通称：「さんあい美術館」）
2018年　学校創立40周年記念誌発行

趣旨・目的

　本校の使命は、知的障がい等を有する生徒が学ぶ高等部だけの特別支援学校として、本科3年と専攻科2年、通年5年間の青年期教育を行います。

特　徴

　キリスト教の「神を愛し、人を愛し、土を愛す」の三つ愛を建学の精神としています。三愛精神を通して、生徒・教職員が共に生き方を考え、学び合い、実践することをねらいに、人と人とのつながりに礎を築き、労働、生活などすべての活動の源をしっかりと学び合います。また、人間が共に生き、生かし合える社会のあり方を考え、探し求めます。さらに、卒業後は自らの手で働き、生活していくことをめざして、生きがいと喜びのある労働・生活のあり方を学びます。

　本科の特徴は、毎日の昼食を自分たちで作り、食べます。そこで、生活に根ざした「言葉・文字・数」の学習を実際的に学びます。学習全体を通して、「自分くずし」から「自分づくり」を図ります。

　専攻科の目標は、社会について学び、自分を試し「自分らしさ」を確認することであり、「主体的に生きる力の習得」「自己理解と他者受容」「成人生活への移行、望む暮らしの実現」「長期間の社会体験（職場実習）に学ぶ」を掲げています。

学校法人八洲学園
やしま学園高等専修学校

「生徒」から「学生」への移行期の学び
高等専修学校での専攻科の挑戦

　知的障がいや発達障がいのある人たちの高等部卒業後の学びの場は、1990年代の私立養護学校を中心に始まった「専攻科」から、現在においては福祉事業を活用した自立訓練事業を中心に「福祉型専攻科」と呼ばれる場へと広がり、多様な活動や実践が全国的に報告されています。

　この「専攻科」と呼ばれる高等部以降の学びの場を広げた教育年限の延長運動の源流をたどれば、私立特別支援学校高等部の上位課程として、19〜20歳を対象とした専攻科や制度的には公立の視覚障害・聴覚障害特別支援学校に高等部専攻科が設置されてきた経緯があります。

　本校もそのような諸学校の実践を知ったきっかけで、本校高等課程に別科「専攻科」を2003年に設置しています。併せて2004年に発足した全専研とほぼ同時期に、足並みを同じくして教育年限の延長を一つの運動として進めてきました。本校が専攻科を設置するに至った背景、変革期の取り組み、現状と今後の課題を報告し、19歳以降の学びに必要な青年期の自分づくりに焦点を当てて語っていきます。それに必要なものとして、「それまでの学び」がどうだったかということも大切で、そこも含めて青年期の学びについて深めていきたいと思います。

入学者像の変化

　1997年、高等課程のカリキュラム変更を始める少し前から、本校では中学校の特別支援学級で学んでいた知的障がいや発達障がいのある生徒たちが入学するようになり、現状の高等課程（商業科）のカリキュラムを、変わりつつある生徒たちにどう合わせていくかを模索していました。

　当時の養護学校や全寮制の高等学校、フリースクールを一年間かけて見学し、私立の養護学校高等部に「専攻科」という教育課程があることも知りました。しかし、当時の本校の喫緊の課題は、変化しつつある入学者の教育ニーズに合った学校へど

2019年夏の商店街夜店祭り

う変えてゆくことができるかでした。

　中学校時代に自分を出せずに入学した生徒、個別で授業を受け、集団の中に入る経験自体が少ない生徒たちが、入学して新しく仲間をつくり、ありのままを出しながら豊かな高校生活を送ることができるようにすること。むしろ年数よりもこの学校自体の変革がまず必要で、そこに専攻科や教育年限の延長まではまだ考えが及びませんでした。

学校こわし、学校づくり

　それまでの本校は、職業自立のために資格取得を目的として日々、検定試験を繰り返してきた専修学校高等課程です。教育ニーズの多様な生徒が入学し、高校生になってホッとしている時に、資格の勉強を詰め込んで縮まった心をさらに緊張させ、隣は競争相手という学校がよいわけがありません。そんな競争社会の縮小版をつくるよりも、いったん肩の荷物を降ろすことが一番目、そして学校の中で、それぞれの学校生活のペースを尊重すること、ここをスタート地点にしました。

　何か困りごとがあれば、その時に話し合い、問題を解決してから次に進む、そのスタンスで学校生活を送っていけば、同時処理の苦手な生徒たちは確実に気持ちが通じ、一つひとつが積み上がっていきます。そして、誰かに言えばなんとかなるという雰囲気は、自治の空気を生み出し、彼らの表現を豊かにします。教師と生徒のやりとりがより対等に、また穏やかになっていき、自主的かつ創造的な毎日へと結びつくのです。

　授業では、いかに生活感を感じ、ものやお金、季節感や時間の流れなどを実生活に

イメージできるかを中心に据えました。マイカーでのドアツードアや、自宅にいながらして欲しいものを手に入れられる便利な現代生活に見逃しがちな「ものごとのプロセス」を知ること、これを各教科で時間をかけて取り組みました。

高等課程での取り組み

■国語・数学（高等課程、専攻科必修）
　→少人数による希望クラスでの積み上げ（1クラス約15名程度）

　読み書きの力は、学年関係なく個人による差があるため、学年を取り払い、クラスを分けて同時刻に5教室の国語と数学を開講しています。

　国語では教科書を読解できるクラスから、単語と意味理解というクラスまでを設置しました。数学では方程式、図形把握や文章題のクラスもあれば、数の大小や数的概念を学ぶクラスもあります。もっぱら、彼らの生活では割引や消費税、割り勘という生活技術を身につけることが、自信に結びつきますが、彼らの知識と実体験には大きなアンバランスさがあります。紙の上でできてしまって安心していると、実生活での経験がないということにしばしば直面することがあり、本校では繰り返し学ぶことを重要視しています。

　読み書きが定着しづらい現状の中、職員室に帰ってくる先生たちは、こぞってため息をつく姿をしばしば見かけますが、定着と維持というのは難しい。この領域は繰り返しが必要で、教員と生徒、互いに知り合った間柄になると、粘り強い根気が必要にな

ります。

　ある授業のやりとりでは、「(この問題を)俺がわかるように説明してくれ！」と訴える生徒に教師が腕を組んで何パターンも試すという「わかりたい欲求」をむき出しにする一面もありました。また、100から1000までの加減乗除や分数の計算がすらすらとできる生徒の中に、求められた金額通りの硬貨が用意できないことがわかったこともあります。

　そういった実体験のアンバランスさは家庭とも共有し、教科学習も生活現場の最前線で使うところへ内容を変え、実生活に落とし込める内容を考えています。数年前、生徒たちの猛反発があったが定着度を高めるため、読み書き計算は週2回から3回に増やし、反復しながら積み上げていく形で学習機会を確保しました。

　また、もうひとつの傾向として、心理的な不安(青年期では社会不安)からくる学びの定着の悪さもあり、自分と他人を比較してしまい、勉強どころではないという生徒もいます。自己理解、他者理解という土台が未完成な生徒には、「フェアな環境」がことさら苦手で、同じ問題、同じ時間、数値化や点数化されることを極端に嫌がります。

大阪一の山、全員登頂

　そのような生徒の不安意識を消していく環境づくりとして、数種類の問題を配り、「どの課題から始めてもかまへんよ」と言ったりもします。

　最初は前後左右をキョロキョロして他生を意識していた生徒も、間違ってもいいんだという感覚と、教室で安堵感を感じ出すと、競争意識が薄れ、その子本来のもつ性格や関わろうとする行動が出始め、時間はかかりますが、自分に必要な課題を自分であぶり出すようになります。

■商業教科
　→社会科の教科と重なる経済学習も取り入れる
　→商業電卓を使いこなし、桁の大きな数字に慣れ、生活に関する経済のしくみを学ぶ

　資格取得を目標に掲げ、全員で突っ走っていた学校からの変革として、検定試験を受験必須にしていたが希望者制としました。

　電卓検定では、微細運動が得意でゲームも得意という生徒には、とても集中できる授業です。中には「指の体育」と呼ぶ生徒もいて、ある程度のやり方を覚えれば、級で進み具合が異なるだけで、操作の方法はみな同じです。そのため隣を見れば違う問題に取り組んでいることもよくあるわけで、比較対象が人ではなく、目標設定を自由にできるところにあります。

　電卓のキーを打つ音だけが響き渡る独特な雰囲気の中、大勢の中での個人授業として、一人ひとりがマイペースに取り組んでいます。その他、簿記会計や、パソコンの学習などもありますが、一般教科と同じく生徒たちの生活感がベースで授業を展開し

ます。

　そういった技術は、学期の終わりに商店街の夜店祭りで、地域の小学生や大人に手作りの飲食店（屋台）を毎年企画し販売、また秋の文化祭では歴代OBや保護者に食品販売を実践しています。

　小グループによる模擬店を商業実践として、また、対人関係の力をつける意味も込めて行うことは、座学での学習の「見た」こと、「聞いた」ことを実社会の対人販売で「やって」みて、「発見」するというとても良い機会です。授業で使い慣れた電卓を汚れないようにラップで包んで電卓をリズミカルに弾き、お釣りを間違えないように複数人で確認する姿は、お客にも責任感が伝わり、「ありがとう」というお客の声に「ありがとうございました」と元気に応えます。

　うまくいくと自分も仲間も大きな自信につながる瞬間です。準備と試作に時間をかけ、お客の前でうまく作れるか？　売れるか？儲かるか？という不安と期待を仲間で共有し、年に２回実践し、その後の収益をどう使い、どう楽しむかというところまでを取り組みます。

■体育
　→「体操はみんなでやろう、ほかは見学からでいい」

　私の受け持つ体育科の授業も入学者の変化とともに、考え方を大きく転換することが求められました。ちなみに目の前の生徒たちは、体育授業の日には学校を休むくらい体育の苦手な生徒たちか、向こう見ずで体を動かし、いつ怪我をするかハラハラする生徒もいるくらい両極端です。私が赴任し

てからは、笛での号令は一切なし、訓練的な雰囲気も一切消しました。

　授業では「今日は何をして遊ぼうか？」という雰囲気の中で、準備体操とストレッチ体操だけは全員で取り組み、まずはこの授業で仲間をつくることをスタート地点にし、教室や体育館でも学期ごとの計画を話し合う機会を多くもちました。

　体を動かすようにと教師側が考え、言えば言うほど生徒たちは体を動かしたがりません。むしろ、それまでに「動かされてきた」学生たちに、「彼らのやりたいこと」を丁寧に聞き、そして、自分らしく動くことのできる場所や機会があれば、恥じらいや嘘なく「やってみたい」とか「これは見学するわ」という気持ちをぶつけてきます。

　少ないメンバーからで気軽にやってみます。例えばバドミントンのシャトルが自分のラケットに当たらないけど、思いっきり振って打ち返してみたいという気持ちは、仲間と遊ぶ感覚ではじめてこそ、楽しさも難しさもわかるもので、できなければそこから練習するか、他で遊ぶかをすればいいのです。なぜうまくいき、なぜ失敗するのかを目の当たりにしたら、自分との会話が始まるのです。

　今までの体育授業に対しての印象として、多くが共通していたのは、いつの時代からか不明ですが訓練的な統制のとれた授業が多いのです。「何もしていないときにも整列三角座りしないといけない」とか、技術重視の実技スポーツについていけず、ルールの理解も難しくトラブルになることもありました。ましてや、幼少期から無邪気にじっくり遊び込むという経験も少なかった彼らは、知らず知らずのうちに汗をかいていたとい

う経験がほとんどありません。本校の体育授業の課題は、いかに体を使って遊ぶことができるかということでした。

授業がはじまるとゆっくりと深呼吸をしながら、まずは全員でストレッチ体操です。その後に話し合いがスタートします。リーダーとフォロアーを決め、やりたいことの話し合いを繰り返します。話し合いは、週一回の2時間授業で2〜3週間かけて行うことが多く、最初は成立するかというくらい、少ない参加者と多数の見学者でしたが、楽しくプレーしている生徒の姿は見ていてその気にさせられます。1学年20名での学校生活で互いを理解し始め、時間をかけながら取り組むうちに、今までの体育のイメージとは違う家族的な雰囲気のなか、やってみようかなという生徒は少しずつ増えていきます。

3年が経つと、見学の人もこれならやってみようという限定参加ができるようになり、知らず知らずに汗をかいている姿もありました。視空間認知が不得意でボールやバドミントンのシャトルが怖いという人、3年間球技に関しては見学の生徒もいましたが、ウォーキングツアーなどは、仲間と楽しんで参加できる形がとれ、少しずつ健康維持の意識や食事への関心事へつながり、彼らが自分なりの発見をすることで、本当の意味で運動の必要性を理解した瞬間を見受けたこともあります。

あっという間の3年間

1年目より2年目、顔つきが穏やかになり、少しずつ関わりをもとうと行動する生徒や、学校を待ち合わせ場所にして、地元以外で週末遊ぶことを始めた生徒、こだわりが少しずつ緩和され、仲間の中で笑顔や笑い声が出始める姿が見えはじめました。「学校を生徒に合わせる」という大きな変革は、少人数のクラスと縦割りの学校生活で、教師も生徒もフラットな関係性をもつ中で創り上げることが実現しました。

3年間の高等課程を終え、卒業も近づいた頃、「うちの子、留年させて欲しいわ」「やっと自分の気持ちが話せるようになったのに、もう卒業やなんて」と、ある保護者が話しました。また、新しい環境になじむのに時間が必要で、仕事に対する意識はまだなく、やっと自分が出せるようになった生徒を見ている我々も「せめて20歳、もしくは22歳くらいまで、この仲間と学校生活ができれば」と教育年限を伸ばす必要性を感じていました。

もう少し学校に残りたいという生徒と、残してやりたいという保護者、なんとかして居場所をつくりたい教師の思いが一致し、3名の学生と1つの空き教室で2003年に専攻科（別科）をスタートしました。本科（高等課程）と同等以上の年限は不可のため年限は2年、高等課程のように通学定期や補助もない体制になることは承知の上でしたが、20歳を迎えるまでの学びをさらに自由度を高めて進められることに期待も多くありました。

もっと知りたい、体験したい！

専攻科という教育課程では、高等課程の中で知ったことを実際に社会に出て確かめ、自分を再構築するための期間で、思っていたものと知識とを実社会の中で実際に見て触れて、最終的に発見することが必要です。

> テーマ研究感想
>
> 僕がテーマ研究の発表して思ったことは、発表の緊張感はそれほどないなということです。正確には発表前は緊張するのですが、いざ発表となったら思ってたほどの緊張はなく、むしろ汗が目に入り辛い痛いが強かったです。テーマ発表する前、作ってる時はこれ…発表無理かなという謝罪会見一歩手前になりかけてたのに今思い返すとよく頑張ったなと自分で思っています。最初のほうはサボりながらでやっていたため中々進まず後半になるにつれ終わってないことにあせりを感じて家でも必死でやった結果しめきりぎりぎりで終わり間に合ったと思ったら、コロナで学校が休みになり正直幸かったです。テーマ研発表が延びたので、その分の不安が一気に来たので生きた心地がしませんでした、本当に。それでも、見直し、読み直し、練習に本番、結果成功して本当にほっとしました。だれがなんと言おうと前に立ち、答えれたので自分の中では、満点です。最後二年のテーマ研も残ってるので気だんせず元頑張ります。

誰がなんと言おうと満点！

また、「ゼロからイチをつくる」創造的な取り組みとして、仲間とチャレンジをすることも柱にしており、最近の学生たちの中では、少人数でのテーマで趣向を凝らして取り組む時間（自主ゼミ）を好む学生も増え、その中でじっくりと自分と他者や自分と社会との関係を知る機会も増えました。

一方、専攻科2学年全員で取り組むチャレンジの企画などでは、個人よりも仲間との関係を重んじ、集団を意識する取り組みが彼らの中で再評価され、関係性を深める取り組みを希望する学生も増えています。その背景には、彼らのSNSやインターネット動画を見て過ごす個人の時間は豊富で、1人で好きな時間を過ごすことには充足している背景があるようです。その分、「みんなで何かチャレンジをしてみたい」とか、思いついたらやってみるという実証、行動主義に憧れ、飢えている学生たちはいます。

彼らがインターネットの中で、「面白いもの」を受け身でただただ享楽しているかというと決してそれだけではなく、「面白味があるもの」に憧れて、自分のなかに取り込みたいと感じているように見えます。等身大の自分を感じて自分なりにやってみたいという意識は、一歩前に進むということであり、スマートフォンが欠かせない今、単なる知識や情報（見聞き）よりも、自分が何をどのようにしたいのか（体験）という問いかけが、彼らの中から起こるようにしたいと

思っています。

　大人がつくった枠を意識することより、中身（気に入った事柄）の一つひとつから全体をつくっていく萌芽的な探求の日々を送ってもらいたいのです。そういった要求をもつ学生たちは、初めての経験や似た分野という共通点などが互いに見つかると、共同や共感の意識もすぐに働きます。そうして関係を紡ぎ合う場として、チャレンジ企画は「生徒」から「学生」へかわって社会との接点を増やす、青年期にこそ必要な意義深い活動です。

　社会進出に向けての学びは、このような体験を当事者として経験しているかどうかが重要で、知識として知っているだけとは違い、失敗がまだもう少し許される猶予の期間が非常に重要です。しかし、やるからには本気で楽しみ、試行錯誤することが大事です。この機会に信頼関係の中で、互いに頼ることや心配すること、じっくり待つことや意見を戦わせ、ぶつかることなどを体験し、自分のものさしに目盛りを刻み、人間味のあふれる心を育んでほしいと思っています。

　卒業前、専攻科の集大成となる研究発表では、自分の足跡を肯定し、今までやって

学校再開直後の研究発表会

きたすべてを発表し、後輩から送り出されて卒業します。そして卒業の翌週、全員であたためてきた卒業旅行の企画を実施し、仲間との思い出を背負って別れ、そして、職業訓練を通じて社会へ進みます。その学生たちの姿は、「これから職業人として勉強だ！　働くための訓練をうけて、目一杯吸収してやろう」というチャレンジ精神があふれています。そして、今後の人生でも「学び」の種を芽生えさせ、出会う人々と多様な価値観を理解し合えるよう、新たなライフステージへ進んでほしいと願っています。

専攻科の「今」

　未知のウイルスから距離をとることを強いられたこの期間、生活や価値観が変わり、「画面越し」が増えました。登校が再会されると待っていたかのごとく行事の話し合いが始まり、「できないかもしれないが、話し合う」と言った彼らは、1学年上の卒業旅行中止の瞬間を目の当たりにしています。それは、「止めること＝共同体を失う」という危機のようなものを感じていたに違いありません。

　ウイルス感染予防の「距離」はありますが、ますますたくましさを見せる彼らの姿は、今可能な校外学習、今可能な調理実習、そして今、共同体の「こころの距離」だけは密に、「ウィズコロナの時代にどうしたら卒業旅行ができるか」という大きな課題に向かって議論を日々進めているのです。

（安達俊昭）

学校・事業所名	やしま学園高等専修学校
所在地住所	〒593-8327　大阪府堺市西区鳳中町4-132
設置主体 (法人名)	学校法人八洲学園
設置年月日	1948年
定員数 (2020年度)	高等課程60人、専攻科20人
ホームページ	https://www.yashima.ac.jp/kousen/
利用制度	□ 学校教育法「一条校」　　□ 自立訓練（生活訓練）事業　　□ 生活介護事業 □ 就労移行支援事業　　□ 地域活動支援事業 ☑ その他（学校教育法124条校）

沿革 (主だったもの)

1948年　奈良県天理市　ヤシマ裁縫学院　開校
1951年　学校法人八洲学園　設立
1952年　大阪市　大阪経理専修学校　開校（のち玉造経理専門学校へ改称）
1966年　玉造経理専門学校　鳳校　開校（現所在地）
1979年　専修学校設置基準により鳳経理高等専修学校として高等課程を設置認可
1986年　鳳商業高等専修学校と改称
1992年　八洲学園高等学校（通信制）設置認可
1998年　やしま学園高等専修学校と改称（現在の教育課程へ）
2003年　高等課程の別科として専攻科を設置

趣旨・目的

高 等 課 程：学習の積み上げや対人関係を構築するのが苦手な生徒が、主体的に日常生活や学校生活を送り、自分らしく豊かに生きるための土台づくりを行う。

別科専攻科：集団生活の中で関係を深め、そして社会生活に移行していく。青年期の学びの上で必要な世の中のしくみを体験で学び、仲間と作り上げる共同企画や行事・研究発表を行うことにより、自己探求や他者理解をすすめ、自立に結びつける活動を行う。

特　徴

高等課程（定員20人）3年間の高等課程は、カリキュラムに沿った教科学習を中心に行う。
・国語、数学は自分にあったクラスでの選択制。
・総合選択講座（農園芸、ものづくり、スポーツ、音楽、芸術、体験実習等）は専攻科との合同講座

別科「専攻科」（定員10人程度　修学年限2年　※別科にて設置のため、通学定期は使えません）
・国語、数学でのクラス選択制授業、総合選択講座（上記）の授業は高等課程と合同で学ぶ。
・その他の教科は専攻科独自の100分枠で午前、午後の時間割。
　　総合演習Ⅰ、Ⅱ（企画運営）
　　余暇・レクリエーション
　　テーマ研究発表
　　家庭科
　　特別活動（校外行事への参加、卒業旅行の計画、校内販売等）
　※各教科の評価は本人と担任の活動記録をもとに、文章で評価を行う。

大阪府／やしま学園高等専修学校

「七転び八起きの自分づくり」を通して「自己実現の主体者」へ

はじめに
――国公立知的障害特別支援学校唯一の普通科専攻科

　鳥取大学附属特別支援学校は全国の国公立知的障害特別支援学校で唯一、普通科としての高等部専攻科を設置している学校です。基本情報のページに記載した専攻科生の「七転び八起きの自分づくり」を大切に、生徒自身の「自治的活動」を重視した実践に取り組んでいます。

　特徴的な学習として、「くらし」という領域において、自分たちで旅行計画を立てて実行する「研修旅行」があります。学習で専攻科生は、お互いの意見が合わなかったり、自分たちが想定した通りに計画が進まなかったりする中で、試行錯誤します。その試行錯誤が新たな学びにつながっています。そのような実践の中には、自治的活動を通して「自分たちの」活動の「実現の主体者」となり、「自分らしい自己実現」を果たしていく青年たちの姿が見られています。

七転び八起きの「自分づくり」の専攻科生活
～研修旅行にて～

　本校専攻科では、5領域（くらし、労働、余暇、教養、研究ゼミ）で教育課程を組んでいます。教育課程の詳細については、鳥取大学附属特別支援学校（2017）『七転び八起きの「自分づくり」』（今井出版）を参照していただければ幸いです。

　「くらし」という領域では、「ふれあいピック（本校運動会）」や「ふれあいまつり（本校文化祭）」といった学校行事や7月の「校外学習」、9月の「専攻科合宿」、12月の「研修旅行」といった外出計画、3月の「修了生との思い出づくり」や「ありがとう喫茶」など、自分たちで計画・立案、実行していく学習を年間通して行います。これらの内容を計画していくために、他の領域で学習したことも活かしながら、「自分たちが主体の活動」

湖山池1周ウォーキング

として実行していきます。

　本稿では、試行錯誤しながら「自分たちの旅行」として計画・実行する姿が見えた昨年度の「研修旅行」について紹介したいと思います。

　なお、本文中に出てくる専攻科生名はすべて生徒自身が考えた仮名です。また、個人が特定されないように、発言や出来事の内容について多少の変更を加えていますのでご了承ください。

（1）お金の管理は大変だ

　本校では、金銭管理の学習の一環で自らの口座を作り、研修旅行のための積み立て預金をしています。預金通帳づくりの際には、地域の銀行にお世話になりながら、自分たちで申請書を書き、キャッシュカードの暗証番号も決めて申し込みます。どきどきする瞬間です。学習とはいえ個人情報なので、教員も詳細はわからない状態となります。専攻科生たちには、どの印鑑を使ったか、暗証番号は何かを忘れないようにメモをするなどの工夫を勧めています。

　例年、最初の参観日で保護者に専攻科でのお金の扱い方を説明した後に、４月末から５月末までの間に作ります。通帳を作ってからは、毎月初めの集金後に、ウォーキングを兼ねて入金に向かいます。入金の際には暗証番号は必要ありません。「研修旅行」は例年12月なので、出金するのは旅行前の11月末頃です。預金通帳をつくってから時間が経過しているので、たびたび声をかけていても暗証番号を忘れてしまうことがあります。

　１年生だったヒデさんは、初めてのことに不安を感じやすく、不安が強い時や自信が

ない時には、どうしていいのかわからず黙ってしまいます。預金通帳づくりの時も不安は感じていたようですが、失敗に寛容な専攻科での生活の中で、少しずつ不安なことにも自分から取り組むようになってきていました。ヒデさんは、毎月の入金の際に教員から「暗証番号覚えてる？」と声をかけられると、「まあ大丈夫、大丈夫」と余裕を見せるようにもなっていました。

　そんなヒデさんでしたが、出金間近になってくると、「暗証番号、やばいかもしれん」と教員に伝えてきました。教員がメモなどを残していないか尋ねるも、残していないとのことでした。それでもヒデさんは「まあ、これじゃないかなというのは何個かある」と言いながら、出金の日を迎えました。銀行に到着しATMに向かいます。思っていた暗証番号をいくつか入れますが、どれも違っています。困って教員と相談し、ATMでの引き出しが無理そうだったので、別日に印

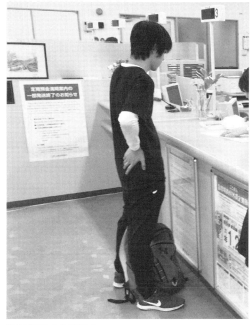

銀行窓口での手続き

鑑を持ってきて窓口で引き出しすることにしました。

ところが、今度は印鑑もどれを使ったのかわからなくなっていました。「さすがにヤバイ…」とつぶやきながら、今度は銀行窓口で相談します。相談した結果、再度暗証番号を登録することになりました。銀行の方に教えてもらいながら、申請用紙に記入します。手続きしながら、今度は暗証番号を忘れないように、メモをとり、それを「ここにメモしたから今度は大丈夫だ」と確認するように教員に話してきました。春先は、失敗したような場面では黙することが多かったのですが、今回は饒舌に話してきます。大変な目に遭ったという感覚はあったと思うのですが、「なんとかなる」ことでほっとしたのか、嫌な思い出になっていない様子でした。結果として、無事に出金もでき、仲間との楽しい旅行に行くことができました。

そして、年度が替わりました。ヒデさんは２年生になり、１年生にアドバイスする立場になりました。１年生のドラさんやブラウンさんが預金通帳を作る際に、「暗証番号や印鑑は、どれを使ったかちゃんと覚えておいたほうがいい。えらい目にあうから」と、少し笑いながらアドバイスするヒデさんの姿が見られました。

おそらく、暗証番号を忘れたことがわかった時に「君の責任だ」といった指導をすると、ヒデさんは黙ってしまっていたのではないかと振り返っています。どう解決に向かえばいいかを一緒に考える教員や、心配してくれる仲間の存在があり、一緒に社会のシステム（ここでは銀行の暗証番号の再設定など）を学びました。こうした「なんとかな

る」経験は大切なのだと思わされました。

（２）本当は「トヨタ会館」に行きたいけれど

「研修旅行」でいちばん仲間同士の価値観がぶつかるのが行き先決めです。行き先は、それぞれの興味関心をもとに候補を出して、みんなで相談しながら決定します。

「研修旅行」に向けては、早めにホテルの予約をするために、まずは夏休み前にどこの都道府県に行くのかを話し合います。

２年生だったヴォクシーさんは、物腰がやわらかく、言葉数は多くないですが、困っている仲間をすぐに助けようとする車が大好きな青年です。ずっとトヨタ本社のある愛知県に行きたい気持ちがありましたが、１年生時は先輩に譲って京都への旅行になっていました。２年生になり、行きたい都道府県を話し合う時には、「トヨタ会館」などを紹介しながら、みんなの気持ちが愛知県に向かうように努力していました。努力の甲斐もあって、この年は無事、愛知県に行くことになりました。

夏休み前に行く都道府県を決めてから、11月に「研修旅行」単元の学習が始まるまで話し合いはありません。その間は、それぞれが休憩時間に教室に置いてある旅行雑誌やインターネットなどを見ながら、行きたい場所を探すようになります。ヴォクシーさんは、知らない間に旅行雑誌の行きたいところに付箋を貼っていました。

11月になり、みんなで行き先を決定する話し合いを始めました。いつもは言葉少ない印象のヴォクシーさんでしたが、この時はパソコンで「トヨタ会館」を出しながら、仲間や教員に「こんな体験ができる」「ここが見学できる」などと紹介していました。声

をかけられた仲間も興味をもち始めている様子が見られ、ヴォクシーさんは順調に話し合いに向けた地盤を固めているようにも見えました。しかし、話し合いが始まってみると、ここまで好感触だったみんなの意見の風向きが変わってきました。

みんなが行きたい場所が名古屋市中心に集まっているのに対して、ヴォクシーさんの行きたい「トヨタ会館」は名古屋市からバスで1時間以上かかる豊田市にあったのです。3日間のどこかに「トヨタ会館」を入れられないか検討しましたが、結局「でも遠いからなぁ…」や「バスにあまり長く乗りたくないなぁ…」などの意見に押され、行き先になりませんでした。その後も、時折「トヨタ会館」のページを開いて見ているヴォクシーさんの姿に、教員も切ない気持ちになりました。

しかし、ヴォクシーさんはあきらめたわけではありませんでした。行き先を調べる時に、教員に他にも行けそうなトヨタ関連の施設がないか尋ねられて調べ、名古屋市内に「トヨタ産業技術記念館」があること

あこがれの車との記念写真

を見つけていました。別の日に、ヴォクシーさんは「トヨタ産業技術記念館」を提案しました。話し合いの結果、今度は名古屋駅から距離も近く、行き先として無事に採用されました。本当に行きたかったのは「トヨタ会館」であったと思いますが、みんなの意見を踏まえて、「それならこっちならどうだろう」と折り合いをつけての提案だったと思います。

ところが、旅行当日、再びヴォクシーさんは苦境に立たされます。せっかく予定に入っていた「トヨタ産業技術記念館」でしたが、そこに移動する電車に乗り遅れ（旅行計画にも多少の無理があったのですが）、行く時間がなくなってしまいました。我々教員も、さすがに何とかしたいと思い、ヴォクシーさんとしおりを見ながらいろんな方法を相談しました。ちょうど次の日の午後は自分たちが行きたいところに小グループに分かれて行動する時間になっていました。ヴォクシーさんは、その時間に「トヨタ産業技術記念館」に行くことにしようと考えました。そして、電車が駅に着いてからみんなに集まってもらい、ヴォクシーさんが予定変更の提案をしました。同時に、グループ別の時間なので全員で行けないことも確認しましたが、ヴォクシーさんの提案を聞き、みんなも了承しました。

実は、電車に乗り遅れた段階で、1年生だったヒョナさんやマリスさんが「トヨタ無理だよね…」と、同級生のスクスタさんとリオさんも「先生、トヨタいけないけど、どうしますか」と心配してくれていたのです。ヴォクシーさんが行

きたい強い思いをよくわかっていて心配していたので、ヴォクシーさんの提案を受けとめてくれたのだと思います。

最終日、ヴォクシーさんは「トヨタ産業技術記念館」に行くことができました。振り返りの作文では、「三日目は、トヨタ産業技術記念館に行きました。二日目に行く予定でしたがみんなと話し合いをして、三日目に変更しました。変更したお蔭でゆっくり見学することができました。プリウスPHVやプリウスが見えてよかったです。工場で作っているところを見ました」と書いています。

こうしたヴォクシーさんの姿から、折り合いをつけながらもなんとか実現しようとする芯の強さを感じました。また、同時に専攻科生たちが仲間の気持ちに思いを寄せていることもよくわかる出来事でした。

（3）行きたい気持ちと不安の狭間で

旅行計画では、行きたい場所と同時に移動方法や時間の詳細も決めていきます。そこでもさまざまな葛藤が生まれます。

ピョンスさんは、急な体調不良や思っていたこととは違う事態が起きたときに、気持ちが不安定になり、厳しい口調になることがあります。そのことを自覚していて、不安を強めるということもありました。しかし、仲間との活動をとても楽しみにしながら意欲的に取り組む明るい女性です。

ピョンスさんは、仲間との名古屋への研修旅行をとても楽しみにしていました。行き先決めの話し合いでは、オアシス21や名古屋の名物など、行ってみたいところや食べたいものなどを積極的に調べていました。

ところが、帰りのJRの時間を決める話し合いで仲間と意見が分かれました。ピョンスさんは、疲れて体調が悪くなる不安から早い便の特急で帰りたかったのです。一方、他の仲間はぎりぎりまで名古屋に滞在できる遅い便で帰りたいということでした。この話し合いの日は、いつも話のまとめ役をする2年生のリオさんが不在だったこともあり、どうまとまるのか教員もどきどきしながら話し合いを見守りました。リーダーの2年生スクスタさんは、ピョンスさんの気持ちをくみとり、「じゃあ、早い方にする？」とみんなに言います。しかし、せっかく名古屋まで行くのだからという気持ちから、遅い方で帰った方がきっと楽しくなるという意見が出ます。

話し合いが膠着状態になりそうになった時、1年生のヒョナさんが「ピョンスさんの気持ちもわかるので、最終日の午後はゆっくりできる予定にして、ピョンスさんの行きたい場所を入れたらいいのでは？」と提案しました。こうした提案の仕方は、不在だったリオさんがみんなの気持ちを考えながらまとめてくれていた姿と重なる姿でした。

その提案を受けたピョンスさんはしばらく黙っていました。おそらく、相手の意見もわかるが、自分の不安な気持ちもどうしようもないといった葛藤があったのではないかと思います。気持ちがいっぱいになったピョンスさんは、「勝手にしたらいい!!」と言って教室を出ていってしまいました。

その後の教室内では、ヒデさんが「ああ言っているんだし、勝手にしてもいいんじゃないか？」と言うものの、みんなが「いやいやいや。それはダメじゃない？」と、このまま決めてしまってはいけないという気持ちが強くあったようです。金曜日の話し合いだったので、週明けに2年生のリオさんが

そろってからもう一度話し合うことになりました。

　週が明け、全員が集合しました。我々教員も、どうなるか心配になりながら見守ります。ピョンスさんは不安と葛藤でつらい土日を過ごしたのではないかと心配がありました。マイナスのイメージのままで話し合いをしてほしくなかったので、再度それぞれが考えた行きたい場所をプレゼンする時間を設定しました。その上で帰りのJRの時間を話し合うようにしました。ここからは再度見守りです。話し合いが始まると、ピョンスさんは休日中に自らの気持ちに折り合いをつけてきていたようで、帰りのJRの時間は「遅い方でいいです」とみんなに伝えました。

　ピョンスさんは振り返りの作文で、「帰りは行きと同じ新幹線とスーパーはくとに乗って鳥取に帰りました。窓から見えるさみしい景色と駅に着くメロディに心細くなりました。来年も、研修旅行を楽しみたいです」と記しています。なぜこれを書いたのか聞いたときに、「（旅行が）もう終わりなんだなと思って…」と話してくれたことを覚えています。葛藤を乗り越え、仲間との楽しい旅行となるその姿は、仲間と新たな価値観を創り出す姿ではないかと感じました。

　2年生となったピョンスさんは、自分の不安と向き合いながら、自分で気持ちに折り合いをつけて早く切り替えるようになってきています。

　専攻科生たちがどのような不安や葛藤を抱えているのか、それを我々教員が把握し、受けとめていくことの大切さと、仲間同士、気持ちを受けとめ合う青年たちのたくましさを感じる出来事でした。

専攻科生の姿から

　旅行当日にも、みんなで見る予定だったプラネタリウムに2人しか入れなかったこと、楽しみにしていたオアシス21が思った以上に高くて怖かったこと、思うように道案内できなかったこと、仲間の代わりに道案内をして大変だったことなど、もやもやする場面もありました。しかし、みんなの鳥取に帰る時の姿や振り返りの作文からは、総じて楽しい旅行になったことがうかがえました。

　思い出話に出てくる旅行の話は「あの時、乗り場間違えたで」「道に迷ったけぇな」などハプニングの話が多いです。でもそれは、しくじった経験としてではなく、いろいろあったけど自分たちで考えた、自分たちの旅行だったんだぞという誇りにも似た感情であるように思います。それは、専攻科生の「大変だったけれどまた行きたい」という発言からも汲み取れます。

　こうした姿は、まさに「七転び八起き」しながら、新たな自分となっていく姿なのではないかと考えています。そこには、自分たちが「実現の主体者」として舵をとれるという実感を専攻科生自身がもてることが重要だと思います。そして、そのことが不安と向き合いながらも「自分らしい自己実現」を果たし、人生の主体者となっていくことにつながるのではないかと感じています。これからも仲間との楽しい学びを今後も創り出し、青年たちの成長を見守っていきたいです。

（澤田淳太郎、澤本英人、門脇智恵美、
保田徹雄、岸田裕子、山本理恵）

学校・事業所名	鳥取大学附属特別支援学校
所在地住所	〒680-0947　鳥取県鳥取市湖山町西2丁目149番地
設置主体（法人名）	国立大学法人鳥取大学
設置年月日	〈学校設置〉1978年4月　〈専攻科設置〉2006年4月
定員数（2020年度）	学校定員60人、専攻科定員1学年6人
ホームページ	http://special.main.jp/html/
利用制度	☑ 学校教育法「一条校」　　☐ 自立訓練（生活訓練）事業　　☐ 生活介護事業 ☐ 就労移行支援事業　　☐ 地域活動支援事業 ☐ その他

沿革（主だったもの）

1962年4月　鳥取大学学芸学部附属小学校に特殊学級1学級設置。
1978年4月　鳥取大学教育学部附属小・中学校特殊学級を改組し、鳥取大学教育学部附属養護学校（小学部3学級、中学部3学級）を設置。
1979年4月　高等部1学年を設置。学年進行で、1981年に3学年各1学級編成となる。
1980年4月　新校舎（現在地）に移転完了。
2006年4月　国公立の知的障害養護学校として、全国初の高等部専攻科を設置（1学年3人定員）。
2017年9月　専攻科10年間の実践をまとめた書籍『七転び八起きの「自分づくり」』を発刊する。
2020年4月　高等部本科の定員見直しに伴い、専攻科定員を1学年6人。

趣旨・目的

　本校は、学校教育目標に「豊かな心をもち、生活を楽しむ子」を育むことを掲げています。この理念の根底には、児童生徒本人のQOLを重視し、児童生徒が自己実現していくことや児童生徒の発達保障を大切にしていくという考え方があります。具体的には、社会の中で「自分づくり」（自己肯定感に支えられて、くじけても立ち直る）をする子どもを育むことを目指しています。こうした理念のもと、本校専攻科では、専攻科生自身が計画・立案し、実行する中で問題解決する「自治的活動」を重視しています。学習の過程で専攻科生は、意見が合わなかったり、自分たちが想定した通りに進まなかったりすることを通して試行錯誤していきます。それを「七転び八起きの自分づくり」ととらえ、大切にしながら実践を進めています。

特　徴

・一人一人の人格的自立をめざした教育
　⇒学校生活や学習を通して、「自分づくり」をすすめていくことを大切にした教育。
・国公立の知的障害特別支援学校として全国初の専攻科（普通科）設置
　⇒「学校から社会へ」「子どもから大人へ」という二重の移行支援を行い、社会参加や自分らしい自己実現を支えていく。
・大学と連携した教育・研究実践・教育実習
　⇒大学附属校としての先進的な取り組みを地域へ還元する。また教員養成のための教育実習も担う。
・保護者・医療・関係諸機関との連携
　⇒個々の必要性に応じた支援会議を設定する。
・地域に開かれたセンター的役割
　⇒地域の学校からの教育相談、ふれあい教室における相談を行う。
・「鳥取大学ファーストジョブ支援室」「さざなみ作業所」設置
　⇒自分らしく働くことを見つけるための接続。
・知る喜びや読書の楽しさを育む学校図書館
　⇒豊かな読書環境で育む。
　　2018年度 子供の読書活動優秀実践校として文部科学大臣表彰を受ける。

特定非営利活動法人
学習障害児・者の教育と自立の保障をすすめる会
見晴台学園大学

"大学"での学びとは何か
いわきボランティア研修で学生たちが学ぶこと

「行きます！」の一言でドラマが始まった

　2019年9月5日8時10分。今年もこの季節がやってきた。第7回目となるいわきボランティア研修の出発日。今年は学生10名、スタッフ8名、OB4名、計22名という大所帯。しかし、学生の川池の姿が見えない。

8時20分　ギリギリまで待つがタイムアウト。見送りに来ていた下野父に川池の新幹線の切符を託した。

8時30分　新幹線は東京に向けて出発

8時32分　下野父：「川池、来ません」

ST（サブティーチャー*）：「申し訳ありませんが、切符は預かっておいてください。これで川池がギリギリセーフで来てくれたら美談になったのになぁ…。とにかく実り多い研修になるよう、行ってきます」

以下、メールでのやりとり

9時24分

川池：「すみません。少し前に起きて今、家です」

ST：（やっぱり…）「私たちは予定通りの新幹線に乗っています。指示するので一人でいわきまで来ませんか？　夜にはいわきに着き、明日からの活動に参加できます」

　川池とのやり取りと並行して、見送りに来てくれた下野父に今日の予定を尋ねた。「自宅にいます。もしかして川池君ですか？」

9時41分

川池：「いわきまでのお金がないなので行けません」

ST：「お金がなくても来られるように指示します。あなたの意思を聞きたいです」

福島県いわき市、光景寺にて

愛知県／見晴台学園大学

＊サブティーチャー：常勤教員で「授業と学生をつなぐ」「教員と学生をつなぐ」「授業と授業をつなぐ」の三つの役割をもつ。

9時43分

川池：「行きます」

ＳＴ：「わかった！ あなたの新幹線チケットは
　　　　下野父が持っています。下野さんの家ま
　　　　で切符をもらいにいってください！」

　幸い、川池と下野は休みの日に互いの家
を行き来しており、比較的近い距離に家が
あるので、下野父には自宅で待機してもら
うことにした。しかし、川池へのメールが
既読にならない。嫌な予感がした。メール
を見ないで、名古屋駅の集合場所に動いて
しまったのだ。下野父にはもう一度、名古
屋駅に行ってもらうようお願いした。

11時30分

下野父：「泣きそうな顔で新幹線に乗りました。
　　　　　東京着は13時10分です」

　ホームまで見送ってもらい、本隊から２
時間遅れで東京に向かった。LINEで新幹線
出口から高速バス乗り場までの目印を写メ
で送ったり、障害者手帳を使って高速バス
のチケットを購入する方法など、細かく指
示を送った。

13時14分

川池：「東京について、八重洲南口につきました」

13時27分

川池：「13時半のバスに乗ります」

　このことを報告すると高速バスの中で
「やったー！」と歓喜の声が起こった。

13時45分

ＳＴ：「いわき駅到着は16時30分ですね。私た
　　　　ちは17時過ぎまで活動があります。こち
　　　　らから連絡するまで駅で待っていてくだ
　　　　さい」

17時30分

　駅での待ち合わせ場所を指定するために何度
か電話するが応答せず。

　最後までタイミングが合わず、みんなを
心配させた川池だったが、合流できた時は
安堵した表情だった。そして、聞こえるか
聞こえないかのような小さな声で、「すいま
せん」と言いながら車に乗り込んできた。そ
んな川池の気持ちを察したのか、仲間たち
は「よくこれたなぁ、もう来ないかと思った」
「お疲れ様」などと声をかけていた。何はと
もあれ合流後、予定通り活動することがで
きた。こういう事態になっているのになんで
こまめにLINEをチェックしないのか、返信
が遅すぎると腹が立ちいろいろと思うこと
があったが、とにかく川池が１人でいわき
まで来た。それが何よりの成果だった。

ボランティア研修で学生たちは何を学ぶか

　障がいのある人たちの特別支援学校高等
部卒業後の進路は、一般就労や就労を目指
したトレーニング、福祉サービス等の利用
が圧倒的多数を占めています。一般青年の
大学等への進学率は50％を超えているのに
障害のある人たちの進学者はわずか２％に
しか過ぎません。なぜ、この人たちだけが
早期自立、早期就労に追い立てられなけれ
ばならないのでしょうか。同世代の青年と
同じように青春時代を楽しみ、自分らしく豊
かに生きるためにいろいろなことを探究で
きる学びの場が保障されるべきではないの
でしょうか。そんな思いから、開拓的・挑
戦的な取り組みとして見晴台学園大学は開

校しました。

見晴台学園大学には、①現代に生きる青年にふさわしい教養、②幅広い視野を持ち、意見を表明する力、③人とつながり、仲間をつくる力、の３つの目標があります。それには広く世の中を見、本当のことを知り、大事なことはなにかを見抜くことが必要です。学生たちも社会の一員として生きている以上、社会の動きやできごとに無関心であって欲しくありません。

2011年３月の東日本大震災は地震、津波、そして原発事故が重なった世界に類をみない複合災害でした。遠く離れた名古屋で暮らす私たちにとってもその衝撃は大きく、被災地のことやこの先の復興、さらには日本の未来を考えざるを得ない大きな出来事でした。

その震災から２年が経ち、被災地の状況を伝えるニュースが徐々に少なくなり、人々の記憶から当時のことが薄れ始めた時期に、いわき市光景寺の國田法應住職と出会いました。「フラガールのふるさと歌う坊さん来る！〜いわきからの震災レポート」と題する学習会の講師として見晴台学園に招いたのです。國田さんから震災時の様子、そして今なお、被災地では震災の爪痕が残り、復興というにはほど遠い状況であることを知らされました。学習会の最後に「福島を忘れないで欲しい、ぜひ自分の目で確かめて欲しい」と呼びかけられたことが、見晴台学園大学のいわきボランティア研修の出発点です。

私たちが初めていわき市を訪れたのは、見晴台学園大学プレ開校中の2013年の８月。町中から瓦礫は撤去されていましたが、海岸線を行けば、津波で倒壊したたくさんの建物の土台がむき出しのまま放置され、復興というにはほど遠い景色がありました。ま

た、いわき市は福島第一原発の事故によって避難してきた人たちのために3,512戸の仮設住宅が設置された場所です。24,000人以上の被災者を受け入れ、町のあり様も住民の生活も今までとは変わらざるを得ない、そんな時期でした。

被災地のありのままの姿を自分たちの目で見ること、自分たちができるボランティア活動を行うこと、いわきの良いところを知ることの３つを掲げてボランティア研修に取り組んできました。

７年間の活動の紹介

（１）ピーターパンチャイルドクラブでの活動
　　　（2013〜2019年）

活動開始から欠かさず訪問している学童保育所は、好間第一小学校の敷地内にあります。50人余りの子どもたちが通ってきますが、その中には仮設住宅に住む子どもたちもいます。子どもたちが遊べる一弦琴やペンダント、フォトフレームなど、グループに分かれて一緒に作りました。

学生たちは子どもたちに作り方を教えたり、困っている子どもたちに手を貸すなど、その場、その時での臨機応変の対応が求め

学童保育所、木工ワークショップ

られます。大半の学生はそれがとても苦手であるため、事前に何度も説明の仕方の練習を重ねて当日に臨みました。にもかかわらず手も足も出ず、そんな自分に落ち込んでしまう学生もいましたが「できた」「お母さんに見せる」などと、うれしそうに見せあう子どもたちの笑顔に救われました。

仮設住宅、プランターカバーづくり

〈学生の感想から〉
　学童保育所では子どもたちに作り方を教えるのが仕事でしたが、教えることができるか不安でした。Ｈさんと組んで子どもたちに教えました。でも、子どもたちのパワーがすごく、説明がうまくできずにボロボロでした。それに落ち込んでしまい自分から話しかけられませんでした。子ども相手に教えるのは難しいと思いました。子どもたちが元気すぎてどうやって教えていいかわかりませんでした。もう少し自分から声をかけたら良かったです。

（2）仮設住宅での活動（2013〜2015年）
　私たちは3年間にわたり好間忽滑（よしまぬかり）と平作町（たいらさくまち）の2か所の仮設住宅に入りました。1年目と2年目は木のプランターカバー、3年目は木のペンダントを一緒に作り、なごやB級グルメの「たません」を食べてもらいました。
　和気藹々と進んだ作業後の交流会では、住民のみなさんに震災から今日までのことを聞かせてもらいました。「すぐに帰れる」「一週間たったら帰れる」と言われて着の身着のままで避難し、それから2年経っても3年経っても自宅に戻ることができません。その悲しみと苦しさ、東電や国の復興政策に対する怒りと失望が口々に語られました。
　地震と津波という自然災害の上に原発事故という人災がもたらした事態の深刻さを私たちもしっかり受けとめました。3年目になってようやく住まいの中に招き入れてもらうことができました。2018年まで仮設住宅の閉鎖は延長されましたが、故郷に帰れない、帰らない決断をした人たちが、いわき市内に土地を求めて家を建て、徐々に仮設住宅を出ていく人が増えました。そのため私たちのここでの活動も2015年でピリオドを打ちました。

〈学生の感想から〉
　交流会では住民のみなさんに直球の質問をした。「仮設住宅でつらいこと」に対しては「一時帰宅で自宅に戻って帰る時に玄関の鍵を閉める時」「仮設住宅での不安」には「一番難しいのは気遣いで、それまで全く知らなかった赤の他人との共同生活が大変で、自己嫌悪に陥ることもあった」と。そして「国や復興庁へ物申したいこと」については「国は警戒区域の解除をしようとしている、私たちを帰そうとしている。まずは警戒区域外での復興住宅づくり。自分たちのやるべきことをやりなさい」と住民は僕たちに思いの丈をぶつけてくれた。今回、外部から見えないことがこの交流会でよくわかっ

た。復興とはライフラインが復旧すること
ではなく、「元通りの生活ができること」、
まさにそうだと共感したのであった。

（3）高齢者グループホーム「高原の家かわ　うち」での活動（2016〜2019年）

　2016年から新たな活動の場を「高原の家
かわうち」に求めました。ここは原発事故の
後、川内村からいわき市内の仮設住宅にホー
ムごと避難してきた高齢者グループホーム
です。プレハブ2棟からなるこのホームの中
で、日ごろ手の回らない場所や車いすやシ
ルバーカーなどの掃除を行いました。清掃
活動用に雑巾を50枚縫って持っていき、そ
れを使ってすみずみまで掃除しました。

　このホームは川内村の避難解除後1棟が
川内村に戻り、もう1棟はいわき市内の四倉
という地域に新しい建物を立てて移転しま
した。再出発をした「高原の家よつくら」に
2017年と2018年の2回、2019年には川内村
に戻った「高原の家かわうち」を訪れました。

　私たちの活動は清掃活動だけではなく、「若

高齢者グループホーム、清掃活動

い人たちが来るよ、というと寝てばっかりの
人も起きてくる」という思わぬ副産物もあり
ました。そんなふうに私たちを待っていてく
れることが、活動のエネルギーとなりました。

〈学生の感想から〉

　高齢者グループホームでヤスさん（ホー
ムの入所者）や職員との交流で、みんなが
元気で笑顔でいいなと思いました。このまま
これからも元気でいて欲しいなと思います。

　自分は、掃除はできたけど、ぞうきんの
絞り方ができない場面があったので、来年
は絞り方もできるようにしたいです。来年
までに、ぞうきんをしぼれて、ボランティ
アとしてがんばっていけるようにします。

（4）避難指示解除された浪江町に入る　（2018〜2019年）

　2018年から活動の場を福島県浪江町にまで
広げました。この町は福島第一原子力発電所
から6キロしか離れておらず、爆発によって
帰宅困難地域に指定されました。活動を続け
てきたいわき市内は目に見える部分では年々
復興が進み、被災地に入るという学生たちの
意識が薄くなってきていました。そのような
状況の中、「奇跡の小学校・請戸小学校」の
ことを知り、それをきっかけに「まちづくり
なみえ」（一般社団法人）の協力を得て、浪
江町視察ツアーを企画しました。

　海岸線では津波に流され、家の土台部分だ
けが残っているのを見たり、墓地では墓石が
ごろごろと横たわっていたりする姿に息をの
みました。誰一人犠牲者を出すことなく避難
した「奇跡の小学校」は被災当時のままの姿
で残され、津波が来た時間で止まった時計台
を見て、被害の大きさを感じました。

翌年も浪江町を訪れましたが、漁港に漁船が戻り、市場が完成するなど街の様子が少しずつ変わってきていました。またショッピングセンターができ、新しい家もたくさん建っていました。教育機関やインフラも充実してきていましたが、あの時から時間が止まったままの場所もあります。そして、まだ人々は戻ってきていません。浪江町の復興はそう簡単にはいかない現実を知りました。

〈学生の感想から〉
　避難先から浪江町に帰還したいと考えている人が11.8％、まだ判断がつかない人が30.2％、帰還しないと決めている人が49.9％いることがわかりました。去年は請戸漁港に市場がなかったけれど、今年の7月に完成していたり、請戸小学校が震災遺構として残すことが決まり、少しずつ町の様子が変わってきています。もっと人が増えてにぎやかな街になって欲しいです。

浪江町視察ツアー、奇跡の「請戸小学校」

「つづける」・「つなげる」・「つたえる」から大学の学びを考える

　「とにかく10年続けよう。10年続ければなにかみえてくる」という現地コーディネーターの言葉に励まされながら活動を続けてきました。この活動は学生たちが主体の取り組みですが、多くの人を巻き込み、共同して行う活動でもあります。そのため、最初から被災地の支援に関心と熱意のある人なら、どなたでもどうぞというスタンスを貫いてきました。そしていわき市には、現地コーディネーターをはじめ、活動に協力してくれる人たちがいます。

　「年休をとってきました」「全日程は無理でも途中から参加します」と駆けつけてくれるOBを含めて、これまでの参加者はのべ150人以上になります。この活動はたくさんの人と出会うこと、人との関係づくりを抜きに成り立ちません。現代の若者の生活や価値観から失われつつある人間同士のつながりがここにはあります。

　現地の活動の中にもたくさん気づきがあります。「今年も来てくれてありがとう」と待っていてくれる子どもたち、学生の手を取って「きれいにしてくれてありがとう」と感謝してくれる人たちに出会って、「誰かのために何かをすることができる自分」を発見します。しかし、うまくできたことばかりではありません。苦手なことや経験不足から、ここ一番という時に「子どもたちにうまく教えられなかった」「清掃活動の時エプロンを忘れてしまった」など反省や失敗もたくさんあります。しかし、4年間継続して取り組むことで「次はこうしてみよう」とか、「今年はまあまあできた」というように挽回のチャンスがあるのです。

　冒頭に登場した川池は日ごろから遅刻が多く、そのことを幾度となく指摘してきました。しかし、さすがにいわき行きの朝に遅刻はしないだろう思っていましたが、その期待は簡

単に裏切られました。その大失敗のツケは自分に返ってきます。後始末をどうつけるか決断を迫られた時「行かない」という選択肢もありました。しかし、関係者が見送りにきていたという偶然と、LINEで指示というサポートがあったにせよ、福島県いわき市まで1人でやってきました。罪悪感、責任感、使命感などたくさんの葛藤があったに違いありませんが、それを乗り越えて「行く」と決断したのは簡単に「行きません」と言えない何かがあったのではないか、と思いたいのです。

川池だけではなく学生たちにとって、失敗も成功も含めたさまざまな経験を重ねて、自分の価値観や生き方を培う場、社会の一員として生きる自分づくりの場としていわきボランティア研修はあります。

そして、なぜ10年なのか。私たちはその意味を問いながら取り組んできました。「いわきの人たちが一番恐れ、心配していることは震災の記憶が風化し、忘れ去られるということ」と現地コーディネーターは言いました。そして、7年目にその意味を改めて考えさせられる出来事がありました。1日目の活動を終えて宿に向かう時、通りすがりの年配女性に旅館の場所を尋ねました。その時「どこから来たの？」「名古屋です」「そんな遠いところからなぜ？」「ボランティアに来たんです…」というそれだけの会話でしたが、その夜、「いわきに来てくれてありがとう。いわきの住民として本当にうれしい」という言葉を添えて地元の銘菓が差し入れられました。

その方は私たちがどんな団体であるかも、実際の活動を見ているわけではありません。それなのに「（いわきのことを）忘れないで来てくれてありがとう」という言葉を伝えずにはいられない、そんな思いに駆り立てられ

て来てくれたのです。毎年続けてきた意味はここにあると確信しました。

いわきの人たちとつながり、活動をつなげ、伝えるという私たちの活動はささやかですが、こんなふうにいわきの人たちに受けとめられています。このことを大事にして、これからも続けていきます。「10年続ければ何かが見える」と言ったコーディネーターは、「人々が以前の暮らしを取り戻すことなくして真の復興はない。それには長い時間が必要で、少なくとも10年はかかる。だからこそ、私たちの活動も10年という時間が必要だ」ということを伝えたかったのだとこの出来事を通して実感しました。だからこそ、これからもこの活動は大切に続けていきます。

〈学生の感想から〉

　いわきに行ってなかったら、「震災」「汚染」「仮設住宅の人たち」「海岸で見た家の跡」の自分のうけとめ方や印象が違ってくると思いました。テレビでいわきの中継がありました。自分の目で見ていないからわからないことが多いと思いました。原発事故が起こっても大事にはなっていないだろうというイメージしかありませんでした。行って見たらこんなに大事になっていることがわかりました。いわきの景色、仮設の人、海岸で見た家、自分の目に焼きつけながら、このことは絶対忘れないで早く復興し、いわき市に元気が戻ってくるように応援したいと思います。

（大竹みちよ・平子輝美）

＊教育実践の詳細は『障がい青年の大学を拓く―インクルーシブな学びの創造』2016年（クリエイツかもがわ）参照。

学校・事業所名	見晴台学園大学
所在地住所	〒454-0871　愛知県名古屋市中川区柳森町2708 板倉ビル2F
設置主体(法人名)	特定非営利活動法人学習障害児・者の教育と自立の保障をすすめる会
設置年月日	2013年10月
定員数(2020年度)	各学年5人程度
ホームページ	http://daigaku.miharashidai.com/
利用制度	□ 学校教育法「一条校」　　□ 自立訓練（生活訓練）事業　　□ 生活介護事業 □ 就労移行支援事業　　☑ 地域活動支援事業 □ その他

沿革(主だったもの)
2013年10月　NPO法人見晴台学園大学開校　2年制学生3名でスタート
2015年　　　4年制として再スタート
10月　1期生3名卒業　研究生制度スタート
2016年　3月　2期生3名卒業
12月　『障がい青年の大学を拓く──インクルーシブな学びの創造』（クリエイツかもがわ）発行
2018年　3月　『発達・知的障害者の大学教育研究』第1号発行
2019年　3月　『発達・知的障害者の大学教育研究』第2号発行
2020年　3月　4期生3名卒業。『発達・知的障害者の大学教育研究』第3号発行
2020年　　　学生数1年生3名、2年生2名、3年生2名、4年生3名、研究生1名　計11名

趣旨・目的
高等部卒業後や専攻科5年間を終えた後も「まだ学び足りない」「もっと学びたい」と大学など、学びの場を求める若者が増えてきている。彼らのねがいは「仕事が決まるまでの一時待機」や「就労のための訓練」ではなく、広く世の中を見、真実を知り、大事なことを見抜く力を身につけ、自分らしく豊かな人生を生きるためにもっと学びたいというもの。 　見晴台学園大学は、大学における教育、研究、社会貢献の3つの機能の重要性の認識のもとに、①現代を生きる青年にふさわしい教養　②幅広い視野を持ち、意見を表明する力　③人とつながり、仲間をつくる力の3つの目標の実現を図り、「学ぶこと」「働くこと」「生きること」の三位一体のキャリア教育によって自らの能力を開花させ、今を生きる青年のライフスタイルの構築をめざしている。

特　徴
法定外の発達障がい青年のための大学に相当する高等教育機関という位置づけで、ここでの学びは免許や資格のためではなく、さまざまな知識にふれ、経験を広げ、社会の中で自立して生きるために必要な教養を身につけることが目的である。 　①講義は少人数でのゼミナール形式→教授者と学生の距離が近い 　②講義ごとに学生・担当教員双方が評価票にまとめることで単位取得→双方で学びの振り返りを行う 　③サブティーチャーの配置→講義や学生生活をサポート 　④学生一人ひとりに合わせた進路支援→同法人の自立支援センターるっくと連携 　⑤研究生制度導入→卒業後も大学に籍を置き、研究活動と共に自分のペースで進路を決めることをサポート 　⑥共同研究校との連携→見晴台学園、やしま研究科（大阪）、聖母の家学園専攻科NEXT（三重）、みんなの 　　大学校（東京）、KINGOカレッジ（新潟）と連携し、交流会やリモート講義などで学びの場を広げる 　という特徴がある。他にも各分野で活躍の講師による講義や福島県いわき市へのボランティア研修などフィールドを広げ、人生を豊かにする学びを行っている。

一般社団法人　みんなの大学校

ウエブでつなぐ新しい学びと3つのかたち
情報弱者をつくらない「人間の拡張」の実践

文科省のオープンキャンパスでの「ビジネスマナー講座」。アクティブに楽しく！

　学びで君が、花開く──。このキャッチフレーズとともに、ウエブを使った学びの場、みんなの大学校は、前身のシャローム大学校を引き継ぎ2020年8月1日からスタートしました。新型コロナウイルス禍の真っただ中でのスタートは、社会で新しい生活様式が奨励されているからこそ、障がい者がどこでも学べる「新しい形」を構築したいとの強い意思表示でもあります。

　同時にリモートワークの浸透でデバイスが使えない人が情報弱者として取り残される危機感も設立を後押ししました。それは、専攻科での実践等、各地で深まる障がい者の学びをつなぎ、生涯を通じてのインクルーシブな学びの実現に向けた一歩とも考えています。

福祉事業とコミュニケーション改善

　支援が必要な人の「学び」の原点は2011年3月11日の東日本大震災です。

　宮城県や岩手県の沿岸部を中心に物資の供給や傾聴等の支援活動を行った私は、マスメディアに従事していた経験から、コミュニケーション行為の積み重ねがコミュニティ形成とともに人の「生きる」という意欲を掻き立てることの現実を強く実感し、「改善した」と思われるコミュニケーション行為を研究し、精神疾患者らとの対話を繰り返していました。この対話手法を福祉サービスの支援として東京都内で活用を始めたのが2014年でした。

　都内の就労移行支援事業所にアドバイザーとして関わり、本拠地として埼玉県所沢市に就労移行支援事業所シャローム所沢を開設しました。コミュニケーション改善を全面的に謳い、脳科学分野やビジネス分野でのコミュニケーション講座を充実させたプログラムで、多くの利用者が通所し、就労も実現しました。事業所での実践は「コミュニケーション」を「コミュニ

東京都／みんなの大学校

ケーション行為」として捉え直し、スタッフの言動と行動一つひとつを相互行為上での意味付けをし、利用者への安心や信頼を与えるという支援の基本を常に見つめ直す試みでもありました。

福祉の領域では、コミュニケーションを統制や管理のツールとして考えている場合が多くあります。トラブルの原因だとして利用者同士の携帯電話番号やLINEの交換を禁止する傾向の中、私は活発なコミュニケーションは「学びの機会」として奨励しました。言葉の行き違いや思いのすれ違い、ぶつかり合い等、コミュニケーションにより「起こること」は学びの連続です。トラブルの状況下、支援者も利用者も「起こったこと」への対応を「分ける」「隔てる」ことではなく、コミュニケーションで「交わる」ことで相互理解に結びつけるのが成長への一歩ですが、これが難しいのです。だからこそ、支援者の学びも大きいと言えます。

この過程を「対応」「措置」「訓練」ではなく「学ぶ」という概念で括った時に、誰もが水平型の関係性で結ばれ、「学ぶ」「学ばせる」ではなく「学び合い」の可能性が浮かび上がってきます。障がいにより社会に「出られない」人が必要とする「自己肯定感」や「社会への信頼」は、訓練により

オープンキャンパスで行われた見沼田んぼでの稲刈り

身につけたスキルでは対応できませんが、学び合いの中であれば、社会へ対応する素地が備わってきます。これは、メイヤロフの「一人の人格をケアするとは、最も深い意味で、その人が成長すること、自己実現をすることをたすけることである」[1]の実践です。この確信から、相互の信頼の中で成長を信じながら活動する「学びの場」の創出が始まりました。

インクルーシブを視野に３つの型

「学び」の船出には、田中良三・見晴台学園大学学長が方向性を示してくれました。福祉の中の学びの歴史、現状と未来の視座は就労移行事業の中で「学び」の導入に孤独感を覚えていた私に大きな力を与えました。福祉サービス事業とは別に独立した学びの場を模索し、見晴台学園大学の客員教授として講義を通じて学生とも交流し、授業の内容や科目の設定などの形を倣い、2018年、埼玉県和光市に設立したのが「法定外シャローム大学」でした。

2018年度はプレ学習期間とし、スタート時は特別支援学校を卒業したばかりの男性２人、女性１人が学生登録しました。意気揚々と講義を始めた私でしたが、すぐに障がい特性が違う３人が一緒に学ぶ困難に直面しました。講義の進行には知的障がいの有無が大きく影響します。教える側の私も学問を柔らかく捉えている自負は何の役にも立たず、結局は自分のコントロール下で「学ばせる」という従来のイメージから脱皮しきれないのを痛感しました。講義の最適化は道半ばですが、アクティブラーニングで対話をしながら、自分も学ぶ「学び合い」

の姿勢が基本であるのは間違いありません。高校までの「銀行型」の学びから高等教育は学びたいという自主性を尊重し、「教える」ではなく、一緒に対話し、それぞれのもつ個性に合わせた「気づき」を促すことがポイントです。しかも、それこそが障がい者の「学び」の難しさであり、社会に広く浸透しにくいところかもしれません。

結局、プレ学習期間の学生３人は、知的障がいがなくIQ検査の数値が高い発達障がいの男性は、一般的な大学の講義レベルの話やテキストで学びを進め、高度な内容のレポートも次々提出しました。軽度の知的障がいの女性は身体を使っての体感プログラムを中心に参加し、アスペルガー症候群の男性は、作業訓練に近いプログラムを中心にしながら、交流だけを楽しみました。このうち知的障がいのない男性のみが開学に伴ってシャローム大学の学生となり、女性は就職し、男性は就労継続支援Ｂ型事業所に通所しました。

2018年はさらに文部科学省から「特別支援学校高等部卒業生を中心に対象とした若者の学びを展開するための学習プログラムの開発事業」が採択され、市民と障がい者が学び合うオープンキャンパスの展開や全国の専攻科や学びを取り入れている就労継続支援Ｂ型事業所、重度障がい者の入所施設、そして重度障がい者への学習支援の取り組み等、各地での事例を視察・研究したことで、目指すべき「大学」の形がさらに明確になってきました。それが「通学型」「訪問型」「遠隔型」の３つの型です。

2019年のスタート時は通学型３人、訪問型２人、就労移行支援事業所の通所者のうち希望の講義だけ聴講する聴講生12人でし

た。名称も文部科学省から「法定外でも大学は避けてほしい」という要望から、法的制約のない「大学校」を使用し「シャローム大学校」としました。

シャローム大学校から
みんなの大学校へ

2020年２月14日にシャローム大学校は、文部科学省と東京大学大学院教育学研究科との共催で共生社会コンファレンス[2]を開催し、学びの拡充に向けての啓もう活動の活発化に乗り出しました。シャローム大学校の福祉サービスではない枠組みは、開設当初から関心の目が注がれる中、襲来したのが新型コロナウイルスです。2020年の新学期はスタートしたものの、首都圏の大学と同様に大学校も学生は通学できず、ウエブ会議で自宅と大学校をつなげて対話を開始しました。

必要により迫られた対応の中、意外にもウエブ上で学生同士が生きいきと対話している様子を目にしました。先行きが見えない状況で、ウエブ上での対話はコミュニケーションが苦手だったり、遠隔にいたり、引きこもりがちな人の「きっかけ」になることにも着目し、同年４月「誰でもどこでもつながれる大学校」として、一般社団法人みんなの大学校を設立し、８月にシャローム大学校からみんなの大学校に正式移管しました。

みんなの大学校は、ウエブ上で講義時間に合わせて講師が講義をすることを基本にしました。体感プログラムや就労に関する情報、対話のプログラム等の公開講座や歌手によるライブパフォーマンスまで同じ時間に共有し、必要な単位取得で課程を修了

する仕組みです。YouTubeのような動画を再生するオンデマンド型の仕組みではなく、この瞬間にプログラムが進行し、参加している「同時間性」が、講師と自分、今という時間と自分をつなぐ重要なキーワードとの認識であり、この学びに貴重な価値を与えると考えています。

単位を取得して課程修了を目指す一般学生のほか、科目を選択した受講する聴講生、福祉サービス事業所単位で登録し、事業所の支援プログラムの一環にとも考えています。さらに、医療系デイケアや企業の障害者就労の現場で登録してもらい、労働に「学び」を取り入れることで、無理のない自分の居場所を確保し「働きがい」につながる可能性も示したいと思っています。

複数トラックの「学び」方

ウエブによるつながりは福祉に入らない引きこもりの領域にも関われると考えています。ウエブでつながる学生や登録した法人内の視聴者とのつながりは時にはスクーリングという形でレクレーションを企画し「オフライン」の交わりも活発にしていく予定で、この「学生」とともに前述の「通学型」「遠隔型」「訪問型」を組み合わせていく計画です。

通学して講義を受け、学内で時間を過ごす「通学型」は、本部事務所である東京都国分寺市にキャンパスがあります。私自身がこの本部から講義を行うため、これまでの学生は国分寺キャンパスに通学しています。また兵庫県西宮市には、就労移行支援事業所を開設し、その建物の一部に西宮キャンパスがあり、関西での通学にも対応しています。今後も就労継続型事業所やグループホーム等の福祉の空き時間をみんなの大学校のキャンパスに活用するなど、希望に応じてコンテンツを提供し、地域の福祉事業等と連携し、多くの場所で支援が必要な人が学べる場を開設したいと考えています。

通学ができない重度障害者に向けて、自宅や医療機関等に講師が訪問する「訪問型」は、先駆的に取り組んでいるNPO法人地域ケアさぽーと研究所（東京都小平市）と連携し、医療的ケアと学びのケアの共生のあり方を社会に示しながら、制度化を示すためにフォーラムの開催等の啓もう活動にも力を入れています。

「遠隔型」はコロナ禍以前の2019年から実施している見晴台学園大学（名古屋市）と福祉事業型専攻科KINGOカレッジ（新潟市）

2019年春の開学式。学生、聴講生、講師陣、スタッフの記念撮影

の学生をウエブ会議システムで結んでの講義です。この取り組みはメディア機能を使って遠くにいる学生との交流やメディアリテラシー向上に向けて「メディアコミュニケーション」をテーマに行ってきましたが、新型コロナ禍によるテレワーク社会の到来で、必然的なスタイルの学びとなっています。

この取り組み全体は、2019年度の日本特殊教育学会の企画シンポジウムで基本的な考えを示し、遠隔講義は、同年度の日本LD学会の自主シンポジウムで実践例を提示しています。さらに一般財団法人発達支援研究所（東京都）とも連携関係を結び、発達支援の中での教育を研究する役割も担っています。

プログラムの内容

みんなの大学校の学部名称は「教養学部・社会教養学科」であり、英語名は「Minnano-College-of-Liberalarts」。2年の基礎課程は修了に62単位、その後2年の専門課程は修了には70単位を必要とします。半期を1期間として単位を認定してもらう仕組みで、4月1日〜9月30日の前期と10月1日〜3月31日の後期に分かれ、カリキュラムは1講義50分です。必修単位の講義も1日おきに設定することで、体力に自信がない学生でも対応できるスケジュールにしています。修了には「修了論文」の提出が必須ですがテーマは学生に合ったものを考えています。訪問型の学生は1週間に1回の講義のため、通学型よりも長いスパンで修了を考えています。

2020年度後期のカリキュラムは、単位取得対象の講義を6つとしました。山本登志哉教授（発達支援研究所所長、元早稲田大教授）の「発達心理学」、内村治教授（国際会計士、元デロイト・トーマツ・アジア統括）の「経済と生活」、アルン・デソーザ教授（イエズス会司祭、上智短大非常勤講師）の「哲学」、下川和洋教授（NPOケアさぽーと研究所理事）の「特別ニーズ教育」と私の「健康と生活」の講義です。

そのほかにも就労移行支援事業所シャローム和光による就労移行のノウハウやヨガなどのストレス解消法の講座を週1回、東京都東久留米市の自立支援事業所ポリフォニーでは演劇手法でのポリフォニーのプログラムを実施しています。またランチミーティング、学生対話室も用意しています。プロのアーティストが出演するライブ「ケアステージHUG」はレコード会社、出版社と提携して行っています。

メディアリテラシー教育
——教育の焦点として

コミュニケーション改善から始まった活動は、私自身がメディアコミュニケーションが専門分野であることが大きく影響しています。特にメディアリテラシー教育の不足が情報弱者を生み、ネットによる犯罪の被害にあう状況は看過できません。現在、特別支援教育は実社会と結びつく学びが優先される傾向にありますが、この「学習」の実態について、私は2018年に全国の公立特別支援学校高等部（知的障がい）の教員向けに実態調査[3]を実施しました。

自分のメディア機器を使用してのソーシャルメディアの利用という新しいコミュニケーション行為によるトラブル発生の頻

出に対して教師の認識は「トラブルに対応の有効なメディア教育は確立されていない」ことで対応に苦慮している実態が浮かび上がってきました。メディア教育を「トラブル回避のため」というネガティブな対応策として導き出しているケースも多いことが判明し、防衛のための学びに追いやられている実態がうかがえました。

メディア環境の激変により従来のメディアリテラシー教育に加え、新しいメディア教育へのシフトチェンジが求められている中で、私が提唱するのは「情報を媒介するツール」としてのメディアではなく、自分の拡張機能としてのメディアという位置づけです。

障害のある学生の自己主張する力、表現する力を拡張することによって、他者との対話可能性が拡張します。これらの考察をもとに今後、みんなの大学校のメディア教育は、メディア端末やICTの道具を使い、体感しながら、それを「拡張機能として」人と人のコミュニケーションを基本にして、下記の図のようにメディア活用の目的を明確にした上で、自分を自分らしく自己主張する力や表現する力に変えたいと考えていいます。トラブルへの対応や防御を教示する機会を保ちつつ、マクルーハン流の「人間の拡張機能」[5]の機会も確保するように、みんなの大学校の実践をデザインしたいと思います。空間を超える道具の使用が可能になることで、学生の新しい自分の居場所を発見することも可能になります。重度障害者のいる自宅や医療機関のベッドから、あるいは空間的に超えられることのできなかっ

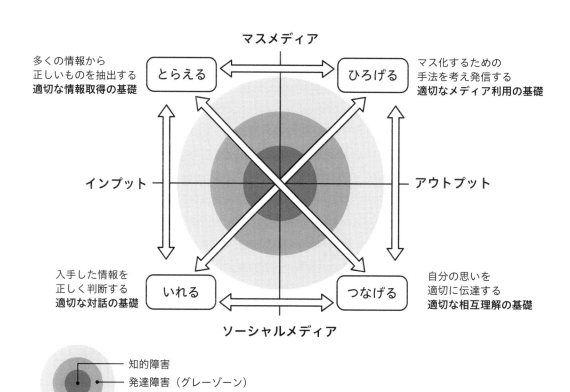

図　新しいメディアリテラシー教育のイメージ[4]

た自室や自宅から教室に通うことが可能になるという、空間を超えた社会をデザインできる素地はすでにあります。

メディアを人間の拡張機能かつメッセージであるというマクルーハンの定義を理解し実践に活かすことが、障害者のメディア教育がデザインされる可能性の前提だと考えています。その先に私が提案する「ケアメディア」[6]が浸透して生きやすく、学びやすい環境が整うとの希望が見えてきます。

学生の声と学びの役割

最後に学生の声を紹介します。ウエブ上で学生同士の交流も行うべく、ウエブ上では「学生室」なる時間を設定し、学生が自由にウエブ上でつながる試みをしています。また、学生と教員は水平型の関係であることも基本的な考えであり、学生委員会もあります。この初代学生委員長の水越真哉さんに、「学び」についてホームページ上でのあいさつとして書いてもらったのでここで紹介します。

私の場合は、過去の出来事に捕らわれ、歳も40代半ばですが、この学校で学ぶことを決めて、「迷い」から、だんだんと目標、目的が見え始め、今は前を向けてはいるつもりです。過去から抜け出し進み始めることができたのは、やはり「動いてみること」だったような気がします。

人と接し、社会と触れ合うことによるさまざまな気づき。教養を深めることによる視野の広がりがそうさせてくれています。「自分だけが」、の思いから解放され自由な気持ちになることがまず初めの一歩だったか

も知れません。その先の世界は見晴らしの良いものでした。

この学校はシェルターである福祉と、社会の中間地点として接点となってくれています。知識とは、学問とは、自分とは、と思いをめぐらし歩みを進めるのに、私には必要な場所として欠かせないものになっています。これからもう一歩、見えるものがクッキリとなるようにと努力をしているところです。

精神疾患のためになかなか社会に出られない時期が長期間続きましたが、今は学びを土台に意欲的に社会と関わろうとの思いが大きくなってきています。それは、何を学んだ、というよりは、学んでいる、というプロセスにおける重要な成果のような気がします。

これらの言葉は教える側も突きつけられる大きな「学び」です。

（引地達也）

〈参考文献〉
1）ミルトン・メイヤロフ著、田村真・向野宜之訳（2000）『ケアの本質　生きることの意味』ゆみる出版、p.13
2）共生社会コンファレンス　2020年2月14日、東京大学伊藤国際学術研究センターほか
3）引地達也（2019）「ケアを実践する場としてのメディア教育──特別支援学校卒業生向け「生涯学習」からの考察」日本マス・コミュニケーション学会2019年度春季研究発表会・研究発表
4）引地達也（2020）『ジャーナリズム及びメディアと人間の関係性を再構築するケア概念──共生化に向かう社会に求められる「ケアメディア」実践の思考について』上智大学、p.108
5）マーシャル・マクルーハン著、栗原裕・河本仲聖訳（1987）『メディア論──人間の拡張の諸相』みすず書房、p.7
6）引地達也（2020）『ケアメディア論　孤立化した時代を「つなぐ」志向』ラグーナ出版

学校・事業所名	みんなの大学校
所在地住所	〒185-0011　東京都国分寺市本多2-1-4
設置主体（法人名）	一般社団法人みんなの大学校
設置年月日	2020年4月24日
定員数（2020年度）	5人（法人単位で聴講あり）
ホームページ	http://www.minnano-college-of-liberalarts.net
利用制度	□ 学校教育法「一条校」　　□ 自立訓練（生活訓練）事業　　□ 生活介護事業 □ 就労移行支援事業　　　　□ 地域活動支援事業 ☑ その他（任意団体）

沿革（主だったもの）

2015年　前身となる一般財団法人福祉教育支援協会並びに就労移行支援事業所シャローム所沢開設
2016年　同協会が発行する「ケアメディア」取材で田中良三氏にインタビュー
2017年　引地が見晴台学園大学の講義を担当、客員教授となる。「学び」の方向性を研究
2018年　法定外シャローム大学としてプレ学習開始、文部科学省の委託研究事業スタート
2019年　文部科学省と共催で東京大学で「共生社会コンファレンス」開催、引地が一般財団法人発達支援研究所客員研究員に就任。シャローム大学校開校。見晴台学園大学（名古屋市）とKINGOカレッジ（新潟市）を結んでの遠隔授業を開始。
2020年　みんなの大学校設立、8月カリキュラム公開、10月カリキュラムスタート

趣旨・目的

　要支援者向けの学びの場として、障害の有無にかかわらず「学びたい」思いを基本に、「学ぶ場所」を提供している。新型コロナ禍を受けウエブでつながれる学びを基本に、通学する形を東京都国分寺市、兵庫県西宮市でも展開。重度障がい者への学びも実践している。精神障がいにも積極対応しており、「引きこもり」から社会に出ていく際の入口の機能も意識しており、障がいを念頭にしながらもインクルーシブな学びの実践の場として位置づけている。各福祉サービスとも連携できることを強みに全国で「学び」を広げる役割だと認識している。

特　徴

　ウエブでつながれることを基本にカリキュラムはすべてオンラインであるが、国分寺市と西宮市では通学も対応している。聴講という形で、就労移行や就労継続、自立訓練等の福祉サービス事業所単位で見ていただき、医療機関のデイケアでも「学び」を可能とする仕組みで運営している。福祉サービスを使わないために、基本的に学生からの授業料で運営。正式には「みんなの大学校・教養学部社会教養学科」で最初の2年を基礎課程、後の2年を専門課程とし、各課程を修了すれば修了証を授与する。カリキュラムは高等教育機関で教えている講師の方々が担当する「講義」と、就労移行支援事業所や自立訓練事業所のプログラム、学生同士が話し合うミーティング等、また外部のミュージシャンらがパフォーマンスする「ステージプログラム」で構成され、近隣の方に対してはレクリエーションも計画されている。年間の運営は大学と同様に前期（4月―7月）と後期（10月―1月）の2つに分け、各学期の講義は毎週15回を基本とし単位を取得する仕組みである。夏休みや春休みにはレクリエーションのほか、通学日を設けて全員でごはんを作ったり、ゲームをして楽しむ。またボランティア活動や軽作業のアルバイト等も紹介する。2020年後期の講義例は以下である。
　「健康と社会」（担当：引地達也・みんなの大学校学長）社会科学に関する健康をテーマに学生と「心に痛い」ニュースの対処法や解釈などを考える。
　「発達心理学」（担当：山本登志哉・発達支援研究所長・元早稲田大学教授）人のコミュニケーションと発達の関係をわかりやすく解説する。なぜ自分は……の疑問に応えるプログラム。
　「哲学」（担当：アルン・デソーザ・上智短期大学非常勤講師）宗教学と哲学、マスメディアの研究家であるインド人神父による「哲学」は、新しい視点から自分を考えるための対話になっている。

〈まとめ〉「学校型」専攻科での学びが示すもの

國本真吾（鳥取短期大学教授）

Part 1 に収められている実践は、特別支援学校高等部専攻科、高等専修学校、オルタナティブスクール等です。本書における大きな括りは「学校」としてですが、正確には"学校＋民間の教育機関"となります。

若葉高等学園・三愛学舎・聖母の家学園・鳥取大学附属は、学校教育法1条で規定される「一条校」です。やしま学園は、学校教育法124条で規定される専修学校に置かれる高等課程（中学校卒業者を対象。高等学校と同等）です。法的に「学校」と言える

のはこの範囲で、見晴台学園・同大学、みんなの大学校は、法律の外に位置する「教育機関」となります。ここでは「オルタナティブスクール」と表現しますが、Part 2での「福祉事業型専攻科」もオルタナティブ（代替）な学びの場であると言えるでしょう。

Part 1 における"学校＋民間の教育機関"の実践を踏まえ、教育年限延長を求める声を受ける専攻科や大学の教育を、ひとまず「学校型専攻科」と括って、「学校から社会へ」の移行期の教育を考えます。

Part 1 の実践を振り返って──専攻科教育による青年の変容と教育の可能性

専攻科教育を通じて、青年たちはどのようにその姿を変容しているのでしょうか。聖母の家学園の報告でも触れられていますが、大きく「仲間」「時間」「空間」という3つの間の視点で、Part 1の実践を振り返ってみましょう。

①「仲間」の中でともに育つ

青年期の学びの場で共通に語られることとして、ともに学びあう仲間の存在が挙げられます。Part 1 では、「『同じ釜の飯を食らう』間柄」（聖母の家）、「心動かす仲間の存

在」（見晴台）などの表現もありました。「仲間」の存在は青年期に限ったものではないですが、青年期の仲間関係は他のライフステージとは異なる意味があると思われます。

研修旅行の行き先決めで、仲間同士の「価値観がぶつかる」ことをしながらも、「折り合い」をつけ「仲間と新たな価値観を創り出す」（鳥大附属）という話がありました。ゼミでの対話において、意見が変化していく様子もありました（三愛学舎）。専攻科に至るまでの青年たちは、異なる価値観をそれぞれ有しています。最初はその価値観同

士がぶつかり合うわけですが、次第に「他者の心情に心を寄せ」る中で他者理解につながり、「それを契機に自分の考えが変わる時」があります（三愛学舎）。

　自分とは異なる他者を知る、自分以外の価値観を知るためには、自分以外の人間の存在が不可欠です。青年期の学びの場が、学習塾のように集団もなく個別学習に徹していたら、おそらく価値観のぶつかり合いは生じないでしょう。そして、誰かの価値観に別の誰かを沿わせるだけでは、これまでと変わりはありません。最初は、それぞれが自らの主張で終わることが多くても、次第に集団内での意見の一致や相違を明らかにし、妥協点や落としどころを探るようになります。「折り合い」をつけるとは、まさにその営みです。

　しかし、その営みは単純な話ではなく、自分の声を受けとめてくれる相手があり、そして自分が認められたという経験を通じて、自分も相手を認めていけるようになるのだと思われます。こうして、「〇〇でなければならない」という自分の考えや価値観に縛られていた青年が、相手の声に耳を傾けては「〇〇でなくてもいいんだ」と意見や判断に柔らかさが出て、しなやかさを示すように変化していきます。「人間味のあふれる心」（やしま学園）には、このようなしなやかさも含まれるでしょう。障害のある青年を変えるのは、実は同じ障害を抱えた仲間たちの存在だと言えます。

②育ちを保障するための「時間」

　仲間に自分を認めてもらう経験を通じて、自分も他者を受け入れていくことは、時間に置き換えても人それぞれです。専攻科を設ける特別支援学校で小学部から学び続けてきた人と、小・中・高時代は別の学校だったという人では、それまでの学校での育ちの様子や青年期の「自分づくり」の課題にも違いがありそうです。

　例えば、一条校である若葉高等学園・三愛学舎と聖母の家学園・鳥取大学附属では、専攻科までに青年が歩んできたプロセスに違いがあります。前者は高等部のみが設置される「青年期を」対象とした学校、後者は小学部・中学部も設置される「青年期も」対象とした学校です。「過去の15年の育ちの中で負ってきたハンディ」（三愛学舎）、「前籍校ではほとんど学校に行けなかった」（若葉高等学園）など、義務教育段階で心に傷を負ってきた青年にとっては、新たな学校そして高等部本科での３年は、その傷を癒すことで精一杯です。このことからも、青年期の育ちを保障するための時間は、必ずしも一様だとは限りません。「『それまでの学び』がどうだったか」（やしま学園）と、過去の教育歴を踏まえて青年期の学びのあり方を問うことが必要です。

　見晴台学園の報告に、「専攻科フードコート」がありました。「『少しだけうまくいかない』課題」の存在は、「専攻科にだからこそ与えることができた少しの負荷」と表現されています。この「負荷」は、研究論文・発表の箇所でも、「大変な思いをして高い山を登りきったあとにしか味わえない、清々しい気持ちや達成感に似ているかもしれません」と語られています。しかし、その負荷は青年にとっては越えやすい壁ではなく、「七転び八起き」を繰り返しながら時間を要して乗り越えていくものと言えます（その間、教師や支援者は「あきれるほど待つ」

姿勢で、「見守り支援」に徹します）。そして、専攻科での時間は「学校から社会へ」「子どもから大人へ」と移っていくための「助走期間」「より高く飛ぶための大切な時間」であり、一人ひとりでもその時間が異なることを前提にしなくてはならないでしょう。

専攻科設置校は、修業年限が２年というところが多いです。しかし、聖母の家学園は「専攻科NEXT」の形で３・４年次の課程を設けました。若葉高等学園は、専攻科修了生を対象とした付帯教育事業として２年制の「研修科」を設けています。本文では触れられていませんが、やしま学園は学校法人とは別にNPO法人を設立し、専攻科後も継続して学び続ける「やしま研究科」をつくりました。じっくりゆっくり学び育ちながら、青年期の自分づくりの時間を丁寧に保障するためには、専攻科教育の時間が２年では十分ではないという青年もあるでしょう。

青年期の育ちを保障するための時間は、人それぞれです。機械的に18歳、20歳と「学校から社会へ」「子どもから大人へ」と移行する年齢が設定される形ではなく、青年一人ひとりの育ちに応じた年齢で移行していくことの意味を、専攻科後の教育機会の創出の動きが訴えかけていると思われます。

③新たな学びの「空間」の保障

仲間や時間を確保する場（空間）として、「専攻科」ではなく「大学」の形を求める声もあります。見晴台学園大学やみんなの大学校のように、教育制度に依拠しない形でのオルタナティブな高等教育が始まっています。制度外ではあっても本格的な高等教育の志向は、専攻科とは異なる魅力があり

ます。

「広く世の中を見、本当のことを知り、大事なことはなにかを見抜く」（見晴台学園大学）ため、ボランティア研修で東日本大震災の被災地に学生たちは出向きました。今やWebを使えばいろいろなことがつかめますが、実際に目で見て肌で感じる経験や学びとは異なります。そして、研修を振り返り「自分の価値観や生き方を培う場、社会の一員として生きる自分づくりの場」と綴られていますが、「自分くずし」「自分さがし」とは異なる「自分みがき」の学びの機会として、大学での学びの意味を考えることができるのではないでしょうか。

それでは、「専攻科」でなくても「大学」を求めればよいのでは…と言われるかもしれません。しかし、高校・高等部までの学校教育で培われるべき学びや人間関係の土台が不安定なまま、高等教育に進むべきかどうかは一考の余地があるでしょう。みんなの大学校が触れているように、「高校までの『銀行型』の学び」から高等教育は「学びたいという自主性を尊重」する学びへと転換します。青年期の自分づくりに必要な経験が貯金として欠けるのであれば、高校・高等部の教育に引き続く専攻科でしっかり蓄えた上で、高等教育へと繋いでいくことが望ましいと考えます。

重要なことは、専攻科後の教育のあり方を単線型でとらえず、複線型で多様に描くことでそれぞれの学びのニーズに合った教育機会を創出することだと言えます（見晴台学園が別に同大学を設けている点は参考になります）。

2020年、COVID-19の感染拡大を受け、教育の世界でWebを活用した学びが拡がり

Part 1 まとめ

ました。ただ、そのあり方をめぐっては、対面での教育の形態に慣れてきたためか賛否の声があります。みんなの大学校で触れられたように、Webを「情報媒介するツール」としてではなく、「自分の拡張機能としての

メディア」と位置づけることで、重症心身障害者のように学びの機会にアクセスしづらかった人の学習権を保障する可能性が見えてきていることも、忘れてはいけないでしょう。

「学校から社会へ」の移行期への注目

　本書では、「学校から社会への移行期」の教育として、「専攻科」や教育年限延長を実現する営みを紹介しています。そもそも、「移行期」とは何なのでしょうか。

　文部科学省は、2019年3月に有識者会議報告「障害者の生涯学習の推進方策について――誰もが、障害の有無にかかわらず共に学び、生きる共生社会を目指して」を公にしました。その中で、「学校から社会への移行期の学び」の支援方策の立案の必要性を挙げています。「学校から社会への移行期の学び」、それはまさに全専研やそれに連なる学校・事業所が追求してきた、「学校から社会へ」「子どもから大人へ」の青年期の二重の移行を支援する「専攻科」教育と重なります。本書のPart 1は、「学校から社会へ」の移行を"学校＋民間の教育機関"が実施し、Part 2は学校の外にある社会の側から「学校から社会へ」の営みを展開しているという違いがあります。

　「学校から社会へ」の移行の営みは、やや乱暴な言い方かもしれませんが、端的には「学校色を抜く」ことだと考えられます。このことを、渡部昭男さんは「意図的な脱学校化＝学校臭さからの脱皮」と表現しています[1]。学校教育の場と社会生活の場は、さまざまな面で異なります。小学校・小学部から始まる

学校教育で、良い意味でも悪い意味でも「学校色」が染みつきます（「笛での号令」を排除するやしま学園の報告は、まさに学校臭さからの脱皮です）。支援が手厚い学校時代と比べて、卒業後の行き場（企業・事業所・施設等）は、学校では当たり前だったものが変化することが多いと言えるでしょう。

　学校教育では、社会に出るにあたり、そして大人になるにあたり、学校教育を修了する時点で完成された形を子ども・青年に求めてきた傾向にあると言えます。障害があるからこそ、ゆっくり丁寧に教育を受けることが必要にもかかわらず、高校・高等部教育を終える18歳までに何が何でもと詰め込みすぎてきたのではないでしょうか。

　私たち全専研の運動は、障害のある青年たちに「プラス2年」ないし「4年」という教育の時間を、ただ形式的に確保することを訴えてきたものではありません。誰においても青年期というかけがえのない時期に、社会へ移っていくための準備、大人になっていくという準備をどのように考えていくのか。そのためのシステムづくりとともに、現代の学校教育そのものを問い直す視点を含めています。Part 1の実践を振り返るなかでの「時間」「空間」の視点は、その大切さを物語っていると言えます。

「子どもから大人へ」の移行でもある青年期

改めて、「青年期」というライフステージについて確認してみます。青年期の時期設定には諸説ありますが、その始期については、およそ思春期にみられる二次性徴の頃だとされます。青年期は、身体的・心理的・社会的に、子どもの時代から大人の時代へと移行する過渡期です。「子どもから大人へ」と移行するこの時期は、「第二の誕生」（ルソー）、「疾風怒濤の時代」（ゲーテ）とも表現され、アイデンティティ（自我同一性）の確立が発達課題だとされています。アイデンティティの確立とは、「自分は何者か？」などの問いを通して、自分自身を形成していく営みのことです。

例えば、洋服や下着を自分で選んで買うようになったのは、人生においていつからだったでしょうか。幼い時期は、親が買い与えてくれたものや、きょうだいの「お下がり」を身にまとう形であったと思います。それが、いつしか自分が着たいものを選んで買うようになっていきます。誰か（たいていは親）に「これを着なさい」と与えられてきた時期があり、それがいつしか自ら「これを着たい！」と選択する形へと変わってきたはずです。衣服を例にしても、自己主張や自己選択が出てくる瞬間が、思春期以降に多く見られます。

つまり、自分以外の誰かが敷いてきたレールの上を歩んできた人生から、自分の手でレールを組み替えては敷きなおして「自分くずし」を行います。そして、自らで進む道を模索する「自分さがし」をしながら、新たなレールを歩む人生へと転換する時期が、「第二の誕生」と言われる青年期なのです。

青年期は先に触れたように、「学校から社会へ」と移行する時期にもなります。ところが、障害の有無や障害種別の違いにより、社会へと移行する時期には違いが存在しています。かねてより、特別支援学校では「キャリア教育」の名のもとに、職業自立を目指す教育が行われてきました。就職（一般就労・福祉的就労）を意識し、学校を卒業するまでに働くために必要なスキルを身につけることに、学校も家庭も必死でした。そして、受け入れる側の企業や事業所も、学校を卒業するまでに必要なスキルの獲得を求めてきました。しかし、就職に必要なスキルの獲得のみが青年期の発達課題とはならないはずです。人生をどのように描くのか、そのためにはさまざまな経験（成功体験だけでなく失敗体験も）が不可欠でしょう。

Part 1の振り返りで「仲間」の存在を確認しましたが、アイデンティティの形成は個人で成し得る営みではなく、仲間同士での議論や趣味の共有、時には恋愛の話で盛り上がるなどを通じて、自らのアイデンティティは確立されていくと思われます。ところが、就職に関係ないものは切り捨てられ、仕事に就くことだけを至上命題にされると、青年期に形成したい本当の力は学校教育では全く扱われない形になってしまうのではないでしょうか。

障害のない青年の多くは、高校卒業後に進学することで、自身の人生設計における思考の時間、つまりアイデンティティの確立に要する時間が生み出されています。こ

の期間を「モラトリアム」（猶予期間）と表現することがありますが、進学により仕事に就くまでの猶予期間が確保・延長されることが、障害の有無によっても異なっている形になります。

渡部昭男さんは、青年期は「子どもから大人への移行は直線的な発展ではなく、揺れ動きつつ、それまでの様式を否定して新しい様式を再構築する過程」と表現し、「青年自身による子どもから大人への自分づくりを、教育的に組織し、方向づけ、援助する」ための「青年期教育」の重要性を説いています[2]。そして、「障害を有するがゆえに、子どもから大人への育ちをじっくりと保障する必要」があるとも述べています[3]。

全専研が、青年期の「自分づくり」に必要な時間を、障害の有無にかかわらず等し

く保障することを求める理由はここにあります。そして、単に「専攻科」（学校・福祉型）や大学等の場を設けることで時間の確保を求めているのではなく、その場や時間における「学校から社会へ」「子どもから大人へ」という二重の移行を支援する営みが、青年たちの人格を豊かに太らせていく形で丁寧に構築されているかも合わせて問うています。

ところが、「学校から社会へ」の移行だけを意識して職業自立のみにこだわる教育だと、「子どもから大人への自分づくり」という移行が軽視されてしまいます。青年期の二重の移行を支えるためには、障害があるからこそ、ゆっくり丁寧に学び・育つ場や時間の確保とその中身（教育実践）の保障が不可欠なのです。

学校型専攻科の教育が示す今後

全国専攻科（特別ニーズ教育）研究会は、その名で「専攻科」という言葉を用いていますが、会則第2条で「特別なニーズ教育を必要とする青年達の専攻科、大学や生涯にわたる学習・教育の充実、発展をめざす」と、組織としての目的を結成以来掲げてきました。「専攻科」や「大学」が、設置主体の区分（国公私立）やその学びの課程が制度に則ったものか否かは、ここでは問うてはいません。

Part1では"学校＋民間の教育機関"を一括りにしましたが、一条校である特別支援学校の専攻科への期待は、ここに来て高まっています。

若葉高等学園のところで触れられていた、

文部科学省の「新しい時代の特別支援教育の在り方に関する有識者会議」報告では、特別支援学校の「専攻科の活性化」についての内容が盛り込まれています。既設の専攻科が「成人期にわたる学びを保障する役割も果たしている」という文言が最終的に加わり、「高等部普通科の在学期間では深めきれない専門教育の内容について、さらに専攻科における学びを通して、生徒一人ひとりの教育的ニーズに応じた学習を深めることが期待」されているとの内容です。

ここでの「専門教育」という言葉だけをもって、専攻科教育が職業教育と化すことへの心配があるかもしれません。しかし、学校型専攻科の場合は、「専攻科」だけを切

り出して、その学校の教育の中身をとらえてはならないと考えます。Part 1で紹介された学校の多くは、高等部本科との教育の連続体としての「専攻科」であると言えます。また、聖母の家学園や鳥取大学附属のように、小学部から続く教育階梯のなかで、青年期の「自分づくり」の土台が形成されてきていることもあります（聖母の家学園の梨子さんの例のように）。

高等部本科までの教育で十分な「自分づくり」を成し遂げることができれば、専攻科での専門教育の実施もあり得るでしょう。「専攻科」を設置することで、高等部本科や学校の教育が全体としてどのように変化したのか、そのような視点から専攻科教育を見ていく必要もありそうです。

また、専攻科は制度上特別支援学校だけのものではありません。2018年度から高等学校で通級による指導が開始され、高等学校で学ぶ障害のある生徒への支援が拡っています。その中で、高等学校の専攻科の必要性についても、議論されていくべきではないでしょうか。

かつて宮原誠一は、「われわれの社会では、青年は社会によって青年期を与えられながら、社会によって青年期を台無しにされている」と述べました[4]。本書では、障害青年の青年期教育の必要性を扱っていますが、豊かな青年期やその時期の自分づくりは、障害のない青年も含めたすべての青年に共通したものです。障害青年の専攻科教育が示していることは、障害のない青年の青年期はどうかという問いでもあります。

障害のある青年のみが、「社会によって青年期を台無しにされている」のでしょうか。決して本書が示しているものは、障害青年に固有な問題というわけではなく、わが国の青年たち全体に共通したものとして、教育界全体に投げかけている大きな課題と受けとめていただければ幸いです。

〈注〉
1）渡部昭男（2013）「障がい青年の自分づくりと二重の移行支援」岡本正・河南勝・渡部昭男編『福祉事業型「専攻科」エコールKOBEの挑戦』クリエイツかもがわ
2）渡部昭男（2009）『障がい青年の自分づくり』日本標準
3）渡部昭男（1997）「『障害者の青年期教育学』試論」『心理科学』第19巻第2号
4）宮原誠一（1961）「青年期教育の再編成」『岩波講座　現代教育学16　青年の問題』岩波書店

障害者権利条約と
全専研の研究運動

　2006年に国連で「障害者権利条約」が採択されました。この条約は、女性差別撤廃条約・子どもの権利条約に続く、21世紀に入ってはじめての権利条約となりました。日本は2007年に署名し、国内法を整備した後、2014年に締結しました。国連での作成過程の論議には、政府関係者以外に各国の障害者団体も参加したことは、画期的なことでした。「私たち抜きに、私たちのことを決めないで」と言われるように、当事者の声を取り入れてできた条約と言えます。

　この条約は、バリアフリー・社会参加・教育・雇用・文化・スポーツなどのあらゆる場面において、障害者にも健常者と同等の権利を保障するよう、締約国に義務づけています。私たち全専研とも特に関係が深い「教育」に関しては、第24条にあり、「（締約国は）障害者を包容する（インクルージョンのこと）あらゆる段階の教育制度及び生涯学習を確保する」ことが書かれています（政府訳、カッコ内は筆者）。

　全国専攻科（特別ニーズ教育）研究会が発足したのは、障害者権利条約が採択される２年前の2004年でした。私たちは、そのころから、社会に出るまでにもっと学びたい、大学生の兄や姉のように、もっと仲間と遊びたいという本人たちのねがいを、真っ当なものだと位置づけて、教育年限延長の研究・運動を進めてきました。

　現代社会では青年期（モラトリアム）が長期化していると言われています。大学などで研究活動をしたり、仲間とともに青春を謳歌したりすることが、現代に生きる若者にとって、自分づくりの大事な時間になっています。これは、障害があっても当然、保障されるべきことですが、そうなっていないのが現実です。障害のない生徒の高校卒業時の進学率は７割、特別支援学校高等部卒業時の進学率は１割にも満たない（特に知的障害の場合は数パーセント）状況です。

　障害者権利条約は、締約国が国内の履行状況を「国連障害者権利委員会」に報告することを規定しており、日本は2016年に第１回政府報告を提出しました。また、権利委員会は市民社会（障害者や団体）からの報告も受け付けており、日本障害フォーラム（JDF）が、2019年に権利委員会に提出したパラレルレポートでは、高等部卒業時の進学率の低さなどを指摘しています。権利委員会は、これら報告から実施状況を審査し、問題があれば政府に勧告を出します。日本の初審査は2020年の予定でしたが、新型コロナ禍で延期されているようです。

　障害者権利条約は、障害があることで権利が制限されることがないよう、締約国に求めています。この条約を追い風に、私たちの研究・運動をさらに発展させましょう。

（高橋翔吾）

Part 2

「福祉事業型」専攻科の取り組みと実践

北海道
チャレンジキャンパスさっぽろ
P.109

大阪府
ぽぽろスクエア　P.116
シュレオーテ　　P.131

兵庫県
エコール KOBE
P.102

広島県
まなびキャンパスひろしま
P.139

茨城県
シャンティつくば
P.146

奈良県　ジョイアススクールつなぎ　P.124

和歌山県　たなかの杜 フォレスクール　P.088
　　　　　自立訓練事業「シャイン」　　P.095
　　　　　なまか　　　　　　　　　　　P.152

全国初の「学びの作業所」物語

これまでのフォレスクールとこれから

全国ではじめての「福祉型専攻科」開設奮戦記！

　障がい者は成長がゆっくり、でも特別支援学校高等部は18歳で卒業。大学生のようにもっと学ばせてやりたい！　落第させてやりたい！　そんな思いから、学校をまきこんで、地域福祉を動かし、全国で初めて「福祉型専攻科」を、奇跡的にたった3年で立ち上げました。

（1）娘を専攻科に通わせてやりたい。

　2005年、ダウン症の娘が特別支援学校高等部入学時に、都会には「障がい者の専攻科」があることを発見しました。卒後娘を通わせたいが、あまりにも遠く不可能。ならば「地元に専攻科をつくろう！」と、一人で単純な無謀運動を起こしました。

（2）「紀南養護専攻科を考える会」を結成。

　まず「一人の声より多くの声」と考え、支援学校の保護者に訴えようと、PTA会長であった私は、進路担当先生の協力を得て、保護者アンケートや都会の専攻科見学ツアーを精力的に企画しました。ツアー参加者も私も、実際に目で見て肌に感じて改めて専攻科の良さを実感し、青年期教育の大切さも知りました。

　アンケートでは約7割が「高等部卒業後に就職だけでなく進学の道があった方が良い」と回答、運動にエネルギーを与えてくれました。同調役員も増え、PTAが発起人となり、他の小中学校の特別支援学級保護者も巻き込んだ「紀南養護専攻科を考える会」を結成し、団体での活動を始めました。

　一番の目標は「高等部の上に専攻科をつくる」を掲げ、さっそく県教委の考えをうかがいました。が、やはり予想した通り、趣旨は理解してくれましたが「緊縮財政のおり不可能」との返事でした。

たなかの杜　全景

（3）教育がだめなら福祉で

　想定された回答なので、次の一手もすでに考えていました。それは「教育がだめなら福祉でできないか」です。しかし、「専攻科はあくまで教育（＝文部科学省）だ、その聖域に福祉（－厚生労働省）が踏み込んでいいものか、日本は縦割り社会だ」という議論がありました。でも、我々にとっては「そんなの関係ねぇ～！」で熱く活動しました。それからは、周辺の障がい者福祉施設で、専攻科を説明し、事業展開してくれそうなところを探しました。この地方は大企業が少ないので、施設の質も量も充実していますが、障害者自立支援法が施行される前年で、各施設は超多忙で相手にしてくれません。

　その自立支援法の中に、専攻科とよく似た新しい実施要綱があることを発見しました。それが「自立訓練（生活訓練）事業」です。そんな中、事業移行と新施設開所を予定していた「社会福祉法人ふたば福祉会」と出会い、実施要綱を持って強く熱く要望し交渉したところ、全国で初めての未知の事業ですが、当会も積極的に協力する条件で、挑戦してくれることになりました。奇跡が起こったのです！

（4）2008年4月「フォレスクール」 スタート

　山間の静かな森に、でっかい木造新施設「たなかの杜」が建てられ、その中に福祉型専攻科である「学ぶ作業所フォレスクール」が開所しました。しかし、行政から教育を福祉予算で行うことにおとがめがあったり、資金不足が発覚し1000万円の募金活動を必死に行ったりなど、苦労の連続でした。このように「福祉型専攻科」は、我々の情熱と努力、そして多くの方々の理解・協力、さらに幸運も重なって奇跡と思えるくらい早く開所できました。

　順調な運営で13年目を迎え、この間、県内外から講演依頼や見学者がたくさん来られ「新しいアイデアだ、ユニークだ」「我々の近くにもつくろう」との声が多く聞かれました。今や「福祉型専攻科の聖地」と一部関係者では呼ばれています。

（5）自立は、学力より「人間力」

　初年生に間に合った娘は、ゆったり、のびのびと楽しく、仲間と共に2年間通い、見違えるほど大きく成長しました。現在は、同じ法人の食品加工の作業所に日々、楽しく元気に自信をもって勤務しています。これもフォレスクールで培った「学力」ではなく「人間力」のおかげとありがたく思っています。

　このような「福祉型専攻科」が、現在では全国あちこちに設立され、大きな運動となって、多くの障がいがある青年たちが救われています。行政が本物の「教育型専攻科」の必要性を認める日も、そう遠くないように思います。

　　　　　　　　　　　　　　　（出口幸三郎）

「フォレスクール」立ち上げと 当時の実践

　障害の有無に関係なく、学びたいと思えば、選ぶ道がある。そんな道を開いていきたい。出口会長と出会い、たくさんの方々のご理解・ご協力を得ながら、「フォレスクール」を立ち上げ、仲間とともに、ゆっくり・じっくりと歩んだ当時の思いと実践です。

（1）フォレスクールの３つの大きな柱

　誰にでもある青年期。そして、それは誰にでも一生に一度しかありません。

　私は青年期を大学で４年間過ごしましたが、特に勉強に打ち込んだわけでもなく、サークルにめちゃくちゃ打ち込んだわけでもなく、真面目に毎日講義を受けた記憶もありません。ただ、同世代の友だちと、いろんなことを経験して、泣いたり笑ったり、喧嘩したり、そんな何でもない時間が、今でも忘れられません。「そんな青春をフォレスクールで、思いっきり味わってほしい」これは、会長が言った言葉でもあり、私自身も強く思うことであり、一番大事にしたいことです。その中で、他者を意識し、自分の関わりによって他者がどんな反応を示し、どんなふうに新しい関わりや感情がうまれていくのか。自分以外に興味を向け、他者を好きになる。みんなで楽しむ力になると思います。

　そして、２つ目に大事にしたいことは、「修了後の姿を思い描き、それぞれが社会へ出た時に必要な力を身につける」ことです。２年が過ぎると大人の仲間入りを果たし、社会へ出ていきます。その時にメンバーたちそれぞれが、どんな力をつけていたらいいのか？　まずは働くために必要な力って？箱折りやクッキーを作る等の技術面は、その働く場所で、働いている人に教えてもらえばいいこと。じゃー、他に必要な力は何だろうか？　しんどい時や困った時に「しんどいよ」「休ませてほしいよ」「相談にのってほしいよ」「わからないよ」「たすけて」としっかりと意思表示できたり、他のメンバーと話したり、休憩時間は自分で、もしくはみんなで楽しく過ごしたりする力ではないでしょうか。

　３つ目は、「生活と余暇の充実」。働くことは、生活と余暇が密接しており、働くことも生活も余暇も充実することで、心も潤い、安定します。

　この３つをフォレスクールの大きな柱としました。

　こうして、いろんな方々の働きかけで、初年度は８名のメンバーを１期生として迎え入れることができました。

自立訓練
フォレスクール同窓会

（2）何を決めるのも「自分たちで」が　テーマ

　学校時代は受け身なことが多かったであろうメンバー。ですが、社会へ出て、主体的に働き、楽しみやりがいを感じながら生活するには、自分で考え、自分でやってみる、自分で動く主体性が必要になってきます。大阪にある専攻科の先生から「あきれるほど待つ」という言葉を聞かせていただきました。まさにその言葉どおり、自主的にメンバーが動くためには、先回りすることなく、手を出しすぎることなく、後ろから見守る、待つ。人によっては違いますが、少し背中を押す支援が必要なときもあり、いわゆる「しかけて待つ」支援です。青年期の支援で、もっとも大事にしていかなければならない視点だと思います。

　そこで、調理実習のメニュー決めから始めてみました。ホワイトボードを前に置き、「司会と書記を決めてください」とだけ伝え、後はメンバーがホワイトボードを囲みながら話し合いをすすめていく後ろで、支援員は見守りました。

　話し合いが進まない。意見が決裂し、喧嘩になりそうになる。すねる人がいる。泣き出す人も出てくる。それでも必要最小限の言葉がけを行い、見守りました。すると、みんなをまとめようとする人が出てくる。その意見にさっきまですねていた人が耳を傾ける。少しずつホワイトボードが埋まる。空気がらっと変わったのです。

　初めての調理実習は「カレー」に決まりました。自分たちでネットや本を見ながらカレーの作り方を調べ、具材を話し合って決め、予算から、買い物リストを作り、どれだけ買うことができるか確認し、買い物へ行きます。みんなで力をあわせてお目当ての品物を探す。にんじんを探す。なかなか見つからない。何度も通り過ぎる。そこにあるよ、と言いたくなる支援員ですが、何も言わずに見守ります。やっと見つけて、「やったー、あったよ」と大喜びのメンバー。そんなこんなで２時間。待っている支援員はくたくた。けど、メンバーは達成感にあふれていました。

　こんな繰り返しの中で、自分の意見を言うこと、相手の意見を聞くこと、自分の思いと相手の思いをすりあわせること、折り合いをつけること。そんな力が育っていきます。自分で動くようにもなり、自主性も育つ。それが、今後のメンバーにとって、とても必要な力になり、土台となっていくのです。

　あるメンバーが「ぼくはリーダーだから」と言って、みんなをまとめることに積極的になってきました。「私は書く方が得意だから」と、ノートにまとめるようになりました。言葉がなかなか理解できないメンバーには、イラストや写真を持って行って、「どっちがいい？」と聞いてくれるメンバーがでてきました。「あ、まだ○○ちゃんは意見だしていないよ」と言い、考えつくまで待つメンバーの姿が見られるようになりました。「みんなでするって楽しいね。みんながいるからできるね。みんながいたからこそだね」とあるメンバーが言いました。それぞれが自分の役割をもち、そして自分のことだけではなく、周りのことを考えて動いている結果です。

　こんなふうに、ゆっくり、じっくりと仲間とともに、フォレスクールの実践を積み上げてきたのです。

（榎本恵理）

現在のフォレスクールと
これから

　フォレスクールが開所して今年で13年目になります。11期生までが修了し、開所当初から関わっている支援員やスタッフも大きく変わりましたが、大事にしているキーワードを継承しながら、新たな取り組みも始まっています。

　1つは、「自分たちで」のテーマで始まった調理実習のプログラム以外に、遠足という内容で、経験したことのないことを実際に経験してみるというプログラムです。私たちの住んでいる地域では、少し出かけようと思うと車での移動が必須となります。車がない場合は公共交通機関を利用しなければ、余暇を楽しむことはもちろん、メンバーによっては買い物にも不便がある地域もあります。そんな中、メンバーの移動手段といえば、学校時代から送迎バスや保護者による車移動で、公共交通機関を利用したことのないメンバーがほとんどです。せっかく自分たちで話し合いもできるようになり、集団を意識できる関係になったのだから、3つ目の柱である「生活と余暇の充実」も1人なら挑戦できるかも、不安もあるけど集団でならなんとかやっていけるのかも、今後の自分の引き出しになるのでは……との思いで取り組みました。

　旅行の行先については、いつものように自分たちで話し合いをしてもらい、支援員からは2つミッションを追加。1つ目は「せっかくの旅行なので県外で」と伝えると!!　メンバーは大喜びで「USJ」や「ニフレル」などの声があがり「ニフレル」に決定。2つ目のミッションは「自分たちだけのつもりで行くんやで」と伝えました。

　いきなりのことにメンバーからは「行けるかな」「駅までどうやって行くの?」「無理やー」と不安な言葉を連発し、雲行きが怪しくなりましたが、支援員からは最初に楽しいことを考えてもらい、そのあとで不安なことを伝えたほうが、前向きに考えられると判断し、場所が決まった後に伝えることにしました。次に、すぐに他のメンバーから、バスを使って駅に行き切符を買ったことがあるから教えてあげると声が上がり、それからはバス、電車に乗るために一人ひとりの乗車時間など、みんなで協力して調べたり、ロールプレイに取り組んでいきました。

　最初に遠足のためにロールプレイなどの講座をするのではなく、楽しいことがきまり、その後にじゃあどうするかを考えることで自分だけでなく、みんなで考えなければという発想がメンバーから生まれました。

　みんなで考え計画したことを、良い意味の不安や緊張(ドキドキ、できるかな、やってやる)をもちながら実際に体験することで、集合駅にバスで到着した際に、にこっと笑いながら「まだ足ガクガクしてる、でももう一人で駅まで行けるわ!」と達成感に満ち溢れてた顔のメンバーや、普段は困っているメンバーに早くしてよと急かしがちなのに、「電車の切符まだやろ?　私一緒に行ってあげる」とサポートをしてくれているメンバー…みんなが思い思いにおもいきり青春を楽しんでいました!

　最初から集団づくりに意識を向けるのでなく、いかに自然に集団を意識してもらえるか、支援員側も成長できるいい機会になりました。「自分たちで」のテーマで始まった調理実習から「余暇の充実」を加えた遠足

の取り組み、とにかく自分たちの肌で経験してみることが、メンバーにとって青春を感じているのだと思いました。

□ データでみるフォレスクール
　現在12期生、13期生が在籍していますが、開所からの13年間で111名（男性63名、女性48名）のうちほぼ100％、110名が近隣の支援学校からの卒業生となっており、支援学校の進路選択のひとつとして確立されていることがうかがえます。修了後の行き先については、就労継続B型51％、生活介護33％と大半を占め、一般就労5％ 就労移行4％、就労継続A型3％については少数となっています。

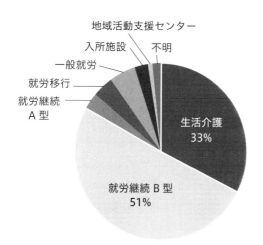

図　自立訓練フォレスクール修了後の行き先

□ フォレスクールを支える支援会の役割
　設立当初から利用者の家族によるフォレスクール支援会が発足。多様な活動を実践していくうえで、資金面での支援が必要不可欠であり大切な存在となっています。また、修了後のつながりを継続する取り組みとして、支援会主催の同窓会を毎年開催しておりほとんどの方が参加されています。今後も資金だけでなくさまざまな支援をしてもらえるように、修了されたメンバー・家族の結びつきを深める活動に取り組んでいければと考えています。

□ 今後に向けて
　（多様な特性に合わせた取り組み）
　フォレスクールでは、毎年さまざまな障害種別や障害程度の違うメンバーが新しく入所されています。集団が苦手で個別支援が必要な方、自閉症の方やプラダーウィリー症候群、車いすのメンバーなど同じように自立訓練に入っても目標が大きく違うことで、プログラムの組み立てが難しい時期にも直面しました。そこで一人ひとりの目標に少しでも寄り添えるように、2020年度より生活介護事業を使いながら希望者には最大4年間フォレスクールで学べるようになりました。始まって半年、プログラム作成には試行錯誤しながらですが、従来の2年制から4年制になり、集団が苦手だったメンバーの方もフォレスクールの環境に慣れ、徐々に集団を意識出来るようになってきています。
　これからも、フォレスクールではメンバー一人ひとりに寄り添い、その人にとって今しかない青春を過ごしてもらい、その中で他人を意識し、自己肯定感が育くまれていくよう仲間とともに、ゆっくり・じっくりと歩んでいくことを大切したいと思います。学びたいと思うメンバー皆が、納得いくまで学べるような作業所づくりに取り組んでいき、将来和歌山の紀南地方にも専攻科が設置されることを願います。

（清水勇希・松上陽一）

学校・事業所名	たなかの杜・フォレスクール
所在地住所	〒646-0056　和歌山県田辺市芳養町3216-19
設置主体（法人名）	社会福祉法人　ふたば福祉会
設置年月日	2008年4月1日
定員数（2020年度）	36人（自立訓練（生活訓練）18人、生活介護18人）
ホームページ	http://www1.odn.ne.jp/~chq51170/
利用制度	☐ 学校教育法「一条校」　　☑ 自立訓練（生活訓練）事業　　☑ 生活介護事業 ☐ 就労移行支援事業　　　　☐ 地域活動支援事業 ☐ その他

沿革（主だったもの）

　はまゆう養護学校に通う生徒の保護者が中心となり「紀南養護専攻科を考える会」を設立。高等部卒業後の青年期教育の学びの場として模索したなかで「福祉」（障害者福祉施設）に求め、学びの作業所「フォレスクール」を社会福祉法人ふたば福祉会たなかの杜自立訓練（生活訓練）事業として2008年4月に設立。
2020年度から多様なニーズ（本人の特性）に対応して、生活介護枠での最長2年間の延長コースを設ける。
2020年度の在籍者を含め、開所当初から延べ利用者数は111名となっている。

趣旨・目的

　日常・社会生活能力を身につけると共に、社会・他人との関わりや大人になるための文化・ゆとりを習得し、少しでも人間として成長してから社会にはばたけるようにする。何事にも意欲的・積極的に自信をもって取り組める「自立した社会人」を目指す。

特　徴

　利用者の要望・ニーズに応じた生活講座（衣食住・言語）、経済・マナー講座など、多種多様なプログラムを取り入れ体験しています。また、特別プログラムとして、その道のスペシャリストを外部から講師に招き、効果的な学習・訓練を行い、仲間と共に集団で、楽しく体験と失敗もしながら、ゆっくりじっくり習得し、自信のもてる自分づくりをサポートします。

002
和歌山県

社会福祉法人和歌山県きのかわ福祉会
自立訓練事業「シャイン」

青年のやりたいことを大切に
輝く青年期を求めて

今年はじめての遠出、
白浜アドベンチャーワールドにて

はじめに

　和歌山県北部の岩出市に「シャイン」が誕生して、今年で11年目を迎えました。編入1名を含め8名の新入所生、3年前から行政の理解、許可を得た3年次を含め現在17名で日々の活動に取り組んでいます。福祉型専攻科が和歌山発ということで、開所当時から全国各地の方々が見学、支援員が実習に来てくれ、その後各地に広がっています。

　和歌山の青年たちの様子を見て、家族の方々や研究者の話を聞き、青年期の2年間あるいは、それ以上の年数を同世代の集団の中で過ごすことの意義を実感していただけたからだと思っています。

コロナ禍の中で

　「何年か経ったら、あの時コロナで大変やったなぁと笑って話せるんかなぁ」

　1年次のAさんがしみじみと言いました。コロナウイルスの感染拡大を受けて、大阪府から通所しているBさんは、県境を越える制限のため2か月通所できず、グループホームを利用しているCさんは大阪の自宅に帰らず、またJRを利用している3名も自粛に入り、全員そろって活動できるようになったのは6月に入ってからでした。

　公共施設も閉鎖が続き、活動内容も限られた中で、みんなで相談して8月に「シャイン夏祭り」を開催することになりました。シャインのメンバーのみの参加でしたが、久しぶりにみんなの笑い声が響きました（もちろんマスク、ソーシャルディスタンス、消毒をして…）。

　「祭りと言えば？」の問いかけに「カレー、たこ焼き、焼きそば、スーパーボールすくい、輪投げ、

射的」、グループに分かれて全部みんなで準備し、当日をむかえました。

　「たこ焼きを焼いたことある。できる!!」と言い切った1年次、3年次コンビ。その作業ぶりを見ていた仲間は、「こりゃ3時になってもできそうにないなぁ…」焼いているのを見たことある、作ったことあることと全行程をやりきることの違いを実感したようでした。

　支援員としての要望は、「ゲームの景品おもしろいもの考えて」でしたが、今年度のメンバーにとっては難しいらしく、ジュースやポテトチップスがほとんどでした。支援員が"まさきさんチャーハン"や"かすみさん丼"（作ってもらえる権利）をわざと貼ると、当てられまいと的を隅に動かしたりして笑いあう姿が見え、みんなでより楽しいことを考え、実行するきっかけになればと思いました。

　またコロナの影響で、和歌山県下合同合宿や全国専攻科研究集会参加、修了旅行など宿泊を行う行事が中止になりました。青年たちにとっては他の事業所の青年たちや先生方等たくさんの方々と出会い、いろいろな取り組みに刺激を受けたり、シャイン

夏祭り、楽しかった!!　どうしても近寄ってしまうけど……

の仲間との宿泊を通してより深くお互いを知ったりする機会が少なくなりました。支援員にとっては、利用者の方々の生活上の課題等をつかみにくくなりました。

過去の宿泊では、

・パンツのみ持ってお風呂へ
　──家庭では全部用意されている？
　──見かねた仲間がタオルを貸す…
・電車に乗るとき障害者手帳が見つからず、スーツケースを開けようとするとビックリ箱のごとく跳ね上がる…
　──家族がすべての荷物を整理していた？
　──電車の時刻が迫ったため支援員二人がかりでフタを閉める…
　──夜みんなで集まってゲームでワイワイ。その中でひとり10時に就寝…
・行事修了後みんなから「楽しかったのに」と言われ、次回からみんなに合流する。自分の予定を変更しても楽しめた。

　1日を通して、青年たちの様子を見る機会が少なくなったことが残念でなりません。コロナが終息し、全国の仲間と会える日を、そして年次（学年）をこえてまた、何年経っても語り継がれる？　エピソードがたくさん生まれる日を心待ちにしています。

開所時～移転まで

　11年前、社会福祉法人きのかわ福祉会きのかわ共同作業所の一事業として作業所別棟2Fの1室でスタートしました。8名の1期生と支援員2名のにぎやかなシャインのはじまりです。これからの取り組みも全くわからないシャインに青年たちを送り出してくださったご家族の方々には、感謝しかあり

ません。和歌山には教育年限の延長を切望し活動してきた「なまかの会」がありました。また養護学校担当として、高等部卒業後の進路先の開拓に奔走した現大和大学教授の小畑耕作氏の力が大きかったと思います。

プログラムを組むにあたっては、高等部専攻科や全国で最初に自立訓練事業に取り組んだ和歌山県田辺市フォレスクールの実践を参考にさせていただき、青年たちの実態と地域性を考え、内容を考えていきました。また、内容によっては外部から講師をお招きしました。

経済社会やコミュニケーション（読み書き、計算）、社会生活プログラム、振り返り会、テーマ研究については、取り組みたいプログラムとし、その他は地域の公共施設などの見学をしつつ、青年たちの希望を聞き、できるだけ希望に添ったプログラムをつくっていきました。

少しずつ「○○したい」「みんなで○○したら楽しそう」ということばが出るようになり、みんなで相談して決めていきました。外国へ行く機会があるかもしれないから、英語でハンバーガーとか買えたらいいなあという声に応えた英語、野菜づくりをしたいと借用した土地を何日もかけて開墾？した農園芸。育った野菜を使った料理は格別でした。

基本的なプログラムは今も変わりません。どんな小さなことでも希望が出た時には、できるだけ実現できるよう支援員共ども知恵をしぼっています。学校では計画し実行に移すまで時間がかかることが多いですが、心が動いた時に即実行に移せることが自立訓練ならではの利点だと思います。

1人の発想を実現に向けて、みんなで考えることで、それぞれの気持ちに気づき、できること、できないことを認めあえること、できないことは人に頼り、時には甘えられる。そんな集団になっていくプロセスを見ることができ、支援員としてうれしく思います。

開所時は多機能事業所で同じ棟の1階で作業所のメンバーが仕事をし、昼食は作業所の食堂でとることから、仕事の話を聞いたり、作業を実際に見たりすることで、働くことのイメージをもちやすい環境でした。ただ活動内容が全く違うところから、一部の職員さんから「見ているだけでは、支援員はいらないのでは」等の声もありました。声をかけるタイミングを計っていたり、仲間が手助けに行くまで待っていたりということなのですが、会議等で話をしたり、テーマ研究報告会に来てもらったりして、理解を得られるように努めました。

11年目の今、法人内事業所の支援員さんから、「みんなが自立訓練事業を通ってから来てくれたらいいのになぁ」という声を聞かせてもらえるようになってきました。修了生は技術というより、休憩時間や休日の過ごし方、周りを見る力や協調性に対する評価が高いです。

移転後

3年後、利用者の増加や活動内容から、現在の場所に移転し、きのかわ福祉会の1事業として再出発しました。現在ビル3階の3部屋に引越して活動しています。JR岩出駅に近く、電車、バスの利便性も高いため、通所しやすくなりました。同ビル内に法人事務局や支援センターがあり、相談等連携が取りやすくなりました。

先輩たちが働く姿を見る機会は少なくなりましたが、利便性が高いことから立ち寄ってくれる修了生も増えました。その様子を通じて、修了後の生活のイメージをもつよい機会となっています。

開墾した畑で、大収穫

テーマ研究のこと

1期生8名のうち4名が、数少ない高等部専攻科（やしま学園）出身者で時間をかけて1つのことに取り組んだ経験をもっていたことや、高等部卒業後の利用者の方々にもじっくり取り組む経験をしてほしいと思い、テーマ研究シャイン版をプログラムの柱のひとつとしました。

1年次はテーマを設定したほうが取り組みやすいと思い、大阪からの利用者がいたことから各利用者の出身地のことを調べ、その中で面白そうなところ、思い出の場所、みんなで行きたいところを選んで、一人ひとりがツアーコンダクターになって、みんなを案内するというプログラムにしました。

パソコンやパンフレットの漢字に悪戦苦闘しながら調べ、集合場所、時刻、大事な（？）昼食場所とメニューなど、相談しながら外出の計画を立てています。みんなを案内する日、無事にみんな集合できるかドキドキしながら待つ。大変だけど楽しみなプログ

ラムになりました。

調べる段階で何度も文を書き直し、漢字に読み仮名を打ち、それぞれの居住地を考えて集合場所や時刻を決めます。回を重ねるごとに「みんな」を意識するようになってきます。計画を実行する段階でも、本人が天気予報を見ながら行くかどうか相談し、決めるところからスタートです。当日も計画通りに進むことはまずありません。電車に乗り間違えて集合できなかったり、時間が足りなかったり、余ったりなど、そのたびにみんなで相談し、リーダーが決めることを繰り返しています。

計画にはなかったけれど、寄り道して行ったところが意外によかったりします。後日の反省で写真を見ながらあれこれ感想を言い合うのも楽しいです。小さな選択を繰り返し、ドキドキしながらみんなの力を借りてやり切った達成感を味わえるプログラムです。2年次は自由テーマで、3年次はグループ活動としました。年次（学年）をこえた交流にもなり、これからがシャインのプログラムの柱のひとつです。

毎年2月に行うテーマ研究報告会では、会場準備や当日の受付、司会などすべて青年たちで分担し、運営しています。毎年、家族の方々や修了生、先生方、他の自立訓練事業の仲間など、100人を超えるお客さんの前でテーマ研究に取り組んだことや1年間の活動を報告します。緊張のあまりマイクを落としたりしそうになったり、発表内容を飛ばしてしまったりとハラハラドキドキの1日ですが、いろいろな方に評価していただくことが大きな自信につながっています。また何年たっても語り継がれるエピソードが毎年生まれ、みんなで笑いあっています。

テーマ研究１年次の現地学習。緊張しながら説明

テーマ研究報告会。協力しながら報告中です

１期生のこと

　11年目を迎え修了生も増えました。それぞれの進路先で元気に過ごしています。時々「ただいま」と立ち寄って、後輩に仕事のことを話してくれる方や法人内の作業所で働く修了生は、販売に来てくれています。毎年行うテーマ研究報告会にはたくさんの方々が集まってくれ、修了生にとっても楽しみな会になっています。

　修了後も年次をこえてシャインの仲間とつながりをもつ方が多いです。たくさんの修了生の中で１期生の２名のシャイン時代の様子と現在を紹介します。

〈はるなさん〉

　やしま学園高等専修学校専攻科を経て、グループホームを利用してシャインへ。

　利用当初は、苦手なことを前にすると、同じ姿勢のまま数時間固まり、みんなをびっくりさせていた。

　食べることや農作業に興味があることがわかり、みんなで畑づくり（というよりは開墾）をする中で心を開く。

　利用者の一人を好きになり、その年の書初めで、渾身の力を込めて「好きと伝える」と書いた。残念ながら実らなかったが、入れなかった集団の中にも少しずつ入れるようになった。

　修了後、法人内の作業所、就労移行２年、就労継続支援Ｂ型事業所を経て一般就労（スシロー）。

　引き続きグループホームを利用しながら働いている。時どき会うと笑顔で手をふってくれる。

〈たくみさん〉

　高等部卒業後利用。警戒心が強く触られることを嫌がる。

　プログラムを作り上げていく過程で自己主張をしあい、得意なことを認めてもらえるようになった（漢字検定準一級）。

　修了時自分の理想と現実のギャップがあり、あえて決めずに修了した。

　１か月後に法人内作業所で働くことを決め、自ら所長に伝える。

　今も作業所で働き、テーマ研究報告会等

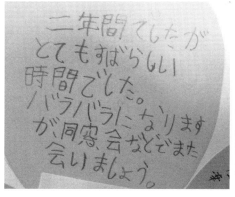
二年間でしたがとてもすばらしい時間でした。バラバラになりますが、同窓会などでまた会いましょう。

修了生の寄せ書き

に来ることを楽しみにしている。

　家族の方から、「はじめて、来年はどんな成長をするのか、希望がもてた」という言葉をいただいたことが心に残っている。3年目の利用を切望されたが、その時は状況により希望に添えませんでした。

これからのシャイン

　和歌山で自立訓練が誕生して13年。シャインは11年目を迎えました。自立訓練の制度を利用した福祉型専攻科の取り組みが評価され、全国に広がりを見せています。各地の取り組みを見せていただく機会も多くなり、プログラムの参考にさせていただいています。シャインとして基本のプログラムは変わりませんが、視野を広くもち、青年たちの希望を入れてプログラムを組み立てていきたいと思います。

　最近のシャインの青年たちの様子を見ていると、やや意欲が乏しくなってきているように思えます。したいこと、できることよりも、できないことやしてはいけないことが優先され、小さくまとまっているように見えます。失敗を恐れるあまり、自分から行動することをためらったり、指示を待ったりすることも多いです。開所以来「待つ」ことを大切にしてきましたが、その前の気持ちの

実際つくってみたら
むつかしかったたこやき

育ちが弱く、待てばできるという確信がもてないこともあります。

　自己主張が少ないため、ぶつかり合いもあまりないのが、やや寂しく感じます。以前にもまして、小さな心の動きを見逃さず、心に響く取り組みをしていく必要があります。支援員の力量を高めること、シャインの目標を理解し実践してくれる支援員をどう確保するかが今後の課題です。また青年らしく、家庭を離れて生活してみたいという願いに応えられる「グループホーム」の拡充も望まれます（現在は満室）。

より豊かに、よりしなやかに

　近年生涯学習の観点からいろいろな取り組みがされています。社会福祉法人一麦会のゆめ・やりたいこと実現センターの活動もその一つで、夕刻のたまり場など、いろいろな活動があります。シャインは、そのような場所に、活動や出会いを求めていき楽しめる人に育つ場であり、期間のひとつでもあると思います。

　青年期教育の年限延長の願いから生まれた自立訓練事業の活用です。このことを忘れず、どんな場で、どんな集団で、どんな取り組みで、青年たちがどんな力をつけていけばより豊かに、よりしなやかに過ごしていけるのかを、本人たちや全国の実践に学びながら進んでいきたいと思います。

　高等部卒業時の進路先に「進学」が当たり前のように提示され、選択できるよう願いつつ、"寄り道、回り道など、楽しいこと大好き"のシャインらしさをこれからも大切に…。

（池田普子）

学校・事業所名	自立訓練事業「シャイン」
所在地住所	〒649-6226　和歌山県岩出市宮71-1　パストラルビル3階B号
設置主体（法人名）	社会福祉法人　きのかわ福祉会
設置年月日	2010年
定員数（2020年度）	20人
ホームページ	http://www.wasaren.org/kinokawafukusikai/office/shine/
利用制度	☐ 学校教育法「一条校」　　☑ 自立訓練（生活訓練）事業　　☐ 生活介護事業 ☐ 就労移行支援事業　　　　☐ 地域活動支援事業 ☐ その他

和歌山県／シャイン

沿革（主だったもの）

2010年　社会福祉法人のきのかわ共同作業所の多機能の一事業として、作業所内で自立訓練（生活訓練）を開始。

2013年　きのかわ福祉会の一事業として単独事業に変更。移転のため引越し。

2016年　3年次受け入れ開始。

2020年　現在、1年次7名、2年次3名、3年次7名の計17名通所。
　　　　これまでの修了生計56名。

趣旨・目的

　「自立した豊かな生活を主体的に営む力を身につけて社会に出よう」を目標に、テーマ研究を中心として、さまざまなプログラムを取り入れ、取り組んでいる。テーマ研究は、年次ごとに違うテーマを年間通して調べ、発表をしている。プログラムには、衣食住など生活に関するプログラム、体操、農園芸、芸術、情報、英語など、生活を豊かにするプログラム、コミュニケーションや経済社会などの基礎的なプログラム、職場見学や地域に出ていくなどの特別プログラムなどがある。これらのプログラムに楽しく取り組みながら、「自己表現の力を高めること」「自分で考え、自分で決めること」「生活をする力をつけること」「自分を知ること」「自分らしく生きる進路を考えること」「余暇活動を豊かにすること」を目指している。

特　　徴

　実践にあたりキーワードとして、「自己開放」「自己肯定」「他者受容」「自己変革」「達成感」をあげている。基本のプログラムを設定しているが、その時々の青年たちの心の動きにできるだけ対応して、「こんなことをしてみたい」という気持ちが出るように、出た時にはできるだけ実現することを心がけている。もちろん、実現する方法等は、支援員だけではなく青年たちにも知恵を絞ってもらっている。

　また実践の中で、支援員、仲間だけでなく、講師をはじめ外部の方々に評価してもらうことも、青年期らしい肯定感や達成感を育てることに有効であると思っている。

　2年あるいは3年間、いろんな仲間や支援する人と出会い、自分の思いを広げ、実現するための方法を知り、人を頼り頼られる、そんな中で他者の気持ちも知り、自分の気持ちをコントロールできるようになり、入所時より少しだけでも楽に、しなやかに過ごせるようになってほしいと願い、実践している。

株式会社WAPコーポレーション
福祉事業型「専攻科」エコールKOBE

コロナ感染禍における学園の対応と学生の見せた成長

2020年度入学式集合写真

はじめに

本書の執筆にあたり、エコールKOBEの実践全体を少しでも簡潔にまとめたものをお伝えすべきであったかもしれません。ただ、私たちとしては、当学園が設立されて10年の節目の機会に、10年間の実践をまとめ、出版したいという思いも強く、この意味では、また別の機会をもつことが適切との考えに至りました。

そうした中で、「コロナ感染渦中におけるエコールKOBEの取り組みを振り返る」をテーマに職員座談会を行い、その記録を掲載することにしました。

創設からの実践は2013年7月に出版した『福祉事業型「専攻科」エコールKOBEの挑戦』（クリエイツかもがわ）を参考にしていただきたいと思います。

座談会：テーマ
「コロナ感染渦中におけるエコールKOBEの取り組みを振り返る」

日　　　時：2020年8月11日（火）

実施場所：エコールKOBE多目的室

参　加　者：岡本正（学園長）、中元俊介、常信佳奈恵、
　　　　　　酒井沙織、前田由衣子、井上元太、白井佳佑、
　　　　　　上埜真須美

司　　　会：中元俊介　　　記録：白井佳佑

コロナ感染拡大が始まったころ：2020年2月初旬

中元：まずは、どういう情勢だったか振り返っていきたいと思います。

時系列に沿っていくと卒業旅行の話になると思いますが、1

月6日に中国の武漢で原因不明の肺炎が発見されました。そのあと、1月14日にWHOがコロナウイルスを発表して1月30日に国際的な緊急事態を宣言しました。と言っているうちに2月3日にクルーズ船が横浜に入港します。2月13日に国内で初めての感染死亡者が出ました。次の週から卒業旅行に行くような日程になっていました。2月27日に小・中・高・特別支援学校に臨時休校が出されたので、臨時休校が発表される前に卒業旅行に行きましたが、思い出してきましたか？

常信：卒業旅行が……。

中元：卒業旅行が2月18日〜20日なので、まだ（感染が）「どうなんねんやろ」って言っている時期だったけど、そのあたりのことを覚えてます？

常信：1年間かけて卒業旅行の話し合いをして、東京に行くって決まってから班別行動、都内観光のグループ活動、ディズニーランドに行くグループとか、それぞれ中身を詰めている段階で、たぶん2月14日も放課後に残ってぎりぎりまで持っていくお金のこととか、交通手段を調べてもらってチェックをしていたと記憶しています。

中元：出発の前の週末までは東京に行く気だった感じだった。

学園長：最終の打ち合わせは14日金曜日だったかな。

中元：そうです。その打ち合わせの時に「行く」と決めた。

学園長：その時は、JTBさんも出席していましたね。

常信：それで中止の連絡があったのは、確か翌々日の16日の日曜日でしたね。

学園長：日曜日の午後に中元さんも来ても

らって、緊急のWAPコーポレーション取締役会（エコールKOBE設置法人）を開き、旅行の中止を決断しました。16日にいったん中止ということでJTBの担当者にも連絡を取りました。出発前日にあたる17日の月曜日は、本来なら結団式の予定だったけど、学生に旅行の中止の発表をしなければならないことになりました。

常信：その発表の前に職員朝礼で話をしましたね。「今まで準備したから行先を変えてでも実施してやりたい。今すぐやったら、どこかに行けるんじゃないか」という話をしましたね。後で行くとすると（感染が）もっと広がるんじゃないかという話をした記憶があります。

学園長：ネスタ（ネスタリゾート神戸＝神戸市近郊のレジャー施設）は誰が言ってくれたのかな？

常信：16日の日曜日くらいからネスタリゾートはどうかなと個人的には思っていました。

中元：じゃあ、その中止の発表があってから1日で全部決めたということやね。

常信：17日の朝に学生に「（東京へ）行けなくなったよ」っていう話をしました。会社が「もしも県内で今すぐ行ける場所だったら（代わりの旅行先に）行ってもいいよ」と言ってくださったんで、その日のうちに「県内ならどこに行きたい」っていう話を学生にしました。

　中止発表後、学年で城崎温泉、有馬温泉など行けるところを学生の意見を聞いて相談しました。JTBにも「急な変更なんですけど、明日から行けるかどうか」を伝えて、2泊3日にするか1泊2日にするか相談しました。17日だけでは、話がまとまらないから18日の午前中も話をして午後から出発す

ることになりました。

中元：じゃあ、17日と18日のことで、学年の先生で覚えている人は他にいますか？

白井：学生自体は、中止になったと電話で連絡を受けた時（16日夕）は「残念だ」と言っていましたが、話し合いの時には、前向きに旅行に行こうよという雰囲気になっていたと思います。

常信：中止になると言った時には、コロナで不安に思っていたご家族も「あぁやっぱりか」と言われる方もおられました。

中元：学生からの声はありましたか？

白井：「中止になって仕方ないよね。こんな時期やし」と受け入れているような感じでした。

学園長：西村君から、中止になったのは、先生のせいじゃなくてコロナのせいだと言っていたことは、強く記憶に残っています。

常信：2泊3日で行きたいという人が多数の中、1人2人は1泊でもいいんじゃないかみたいな人が最初いた気がします。急にまた明日（18日）から旅行に行けることになり、慌てている学生もいました。

中元：やっぱりいろんなニュースなどがある中で、恐怖心も高まってきたって感じですかね。最終的には、みんなでネスタに行こうか

野外活動にて「青少年科学博物館」

という話になったんでしたね。

中元：ほかの先生はどうでしたか。

酒井：2月の野外活動の話で、大阪も行ったらだめとなっていたので、東京も行けるか心配でしたね。近くになってもみんな行く気満々だったので、それでも行くんだなと思っていました。保護者の方も出発直前の週末、土曜日にエコールにわざわざ来ていたので（感染のことが）心配なんだろうなと思っていました。安全面も考えると、東京行きが中止になったのはよかったなと思います。

中元：酒井さんの話にもありますが、2月7日に野外活動を中止しています。

井上：まあ、（中止になっても）しゃあないなと思っていました。今思うと、ネスタも（このような状況下で）よく行けたなと思います。

酒井：職員も前向きな気持ちになって「行こうぜ」みたいな感じだったかなと思います。

常信：この時は、兵庫県にはまだ感染者は出ていなかったし、何とか行かせてあげたい気持ちも強かったので（兵庫県で初の感染者が出たとされるのは3月1日のこと）。

上埜：もうちょっと待ったら行けるかもしれないという話もあったけど、そこでさっと決めて行けたのがよかった。2年生は状況を理解できる学生だったので、切り替えがすぐできてよかったと思う。

中元：という状況で、1日2日の間に一応、話し合ったという形にできたことと、親御さんも心配はしていたと思うので、16日の日曜日に決断してよかったと思う。

学園長：当時は、行く予定にしていた東京では、すでに隅田川の屋形船に感染者が出ていて、学生だけでなく職員もかかるリスクもありましたからね（一部学生の卒業旅行のコースに隅田川クルーズが含まれていた）。

中元：ということで、無事に卒業旅行には行けたんですが、その後は情勢が悪くなっていきまして、東京オリンピックの延期の発表があり、どんどんイベントが消えていきました。エコールでもいろいろ予定した行事がなくなりました。1年生にとっても、学年末遠足に行けなくて2年生になったら行こうねと言ってはいるけど、現時点ではまだ行けてません。あとは、卒業式が普段通りできなかったので、職員が工夫をして、急遽、インスタライブを使って生配信。卒業式自体は2年生と職員のみの参加で、親御さんは中には入れない状態で開催して、その様子をインスタライブで配信して、1年生と親御さんは会場の外で、ライブ配信される画像を見ながら待機していましたね。

常信：選択講義では、感染の拡大もあり最終講義ができなかったですね。講師の先生方は「仕方ないですね」と言ってくれていました。講師の先生方も「学生さんとお別れができなかったのが悲しい」と言われていました。

中元：2月に出された一斉休校の影響が大きかったと思います。エコールもそれに則って授業も「三密」を避けるのが、意識される時期になっていました。

常信：外（＝公園など）でやったらいいって話をしてましたね。

4月以降、新学期のあれこれ

常信：このころは、上埜さんが扉を消毒したりしてくれていましたね。

中元：3月は、いろいろな講義がなくなったけど、4月になって、入学式も卒業式と同じような感じになりましたね。4月からは全部12時下校にしました。新入生歓迎会とかイベ

アウトドアチャレンジにて「ツリーイング」

ント系が大変だったと思いますが、どうでしたっけ？

井上：新入生歓迎行事は外（若松公園）でやりました。

常信：「だるまさんが転んだ」とかしましたね。

井上：2年生がすごく工夫して、新入生の自己紹介をしていましたね。事前に質問を3つぐらい考えてくれていたはずです。

中元：この時期は、風通しのいい所でやりましょうとなりましたね。他はどうでしたか。

学園長：4月13日から在宅に切り替わった。酒井先生が教材をコピーしている間、1年生がコピー機の前で並んでいましたね。

中元：実際1年生は2週間しか登校していない。

常信：7日に各学年のグループやご家族のグループLINEをつくり、連絡ができるようにしましたね。2年生には、卒業旅行の話し合いの調べ学習の課題を渡しました。

中元：緊急事態宣言が出て、在宅支援になるだろうと予測して連絡網をつくったり、あと何を準備しましたか？

常信：在宅中に何をしてもらうか、日報づくりや個別の課題とか、卒業旅行の調べ学習のプリントを渡す準備をしました。

酒井：1年生は、家でやりたい課題を確認し

て、その課題を印刷したりしました。

エコールの休業措置とリモート講義
──在宅サービス、在宅支援のはじまり

中元：簡単な準備をして「４月13日の月曜日から在宅ですよ」と告知をしてリモート講義というか、在宅支援に切り替えてサービスの期間を１か月半しましたが、その点はどうでしたか？

常信：学生に毎日10時から10時半に電話するようにしました。体温と食事、今日は何するかなどを聞いていました。あと、お手伝いについても。

中元：神戸市からのガイドラインに則ってやりましたね。エコールとしては自立に向けて家のお手伝い、もう一つはLINEのグループを使って講義の配信をしました。

常信：スマホを持っていない学生に対しては、こちらから電話で聞き取ったときに聞いた課題を送っていました。

中元：どんなことがきっかけで始まったのでしょうか？

常信：最初、LINEグループができて、どんなことしようかなと思っていましたが、白井先生を誘ってやりました。30分間配信しまし

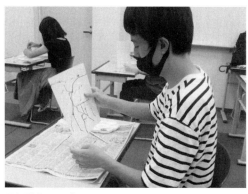

選択講義にて「美術」

た。こっちからは一方的に話している感じでしたけど、そのうち学生も自分でLINEを使ってコメントをこちらに送ってくれるようになりました。ストレッチはコンスタントに１週間に一回ペースでしていました。

学園長：それはLINE上の文字で返って来るの？

常信：そうです。「体が硬いです」とか、お手伝いの話とか。インスタライブでも配信をしていたので、卒業生やご家族もストレッチに参加してくれて、やってくれたみたいです。

白井：僕は、在宅サービスに切り替わる前に学生に、どんなことやってみたい？など聞いた時に、音楽が好きと聞いていたので、ラジオのライブ番組みたいな雰囲気で配信させてもらったり、１年生には、新長田の紹介ができてなかったので、まちの紹介も兼ねて散歩しながら配信したりしました。海の近くまで行ったので、海がきれいでしたなど、ライブで紹介をしましたが、学生の反応はよかったです。

井上：まず、１年生、２年生の合同で配信をした時にLINEの使い方を説明したりしました。学生に、自宅で研究ゼミをする課題を与えました。ライブ配信で写真の使い方やまとめ方などの助言を学生にしました。

中元：僕も配信をやりましたが、外から見ている感じでは、１年生はまだ入学して２週間しか経っていなかったので、それぞれの性格や人柄をLINEですが、知ってもらってよかったと思いました。みんなで同じことをして、感想を聞いて、この学生はこんな人なんだなって思ってもらったり、ラジオ風配信では、学生の好きな曲を引き出すことで、この学生とこの学生は、この曲が好きだよねとか、コミュニケーションをオンライン上でとるよ

うな講義だったかなあと思います。そういうことを重点に置いてよかったと思います。

　2年生は、それぞれ1年間エコールでやって、人柄もわかっているので、「卒業旅行の行先を調べておいてね」とか「研究ゼミをやってね」とか、エコールの課題に沿った個別の支援ができていてよかったと思います。

常信：お手伝い紹介もしていて、前もってお手伝いしたこととか、普段、家でしていることなどを写真に撮ってもらって、「写真＋一言ずつ」という形で、LINEグループに取り上げて紹介するコーナーもやってみました。

中元：コロナ禍の在宅でよかったことのひとつは、お手伝いじゃないかな。懇談の時は、そんな話は出ましたか。

酒井：出ました。朝の登校など時間の縛りがなくて、お手伝いもですが、お家でゆっくり過ごせたっていうのと家族との時間が取れてよかったという意見がありました。リモート講義で気分転換できていたり、頑張っている様子がお母さんにも見てもらえたりすることがありました。そんな時に「見えてる？」「聞こえてる？」などとお母さんが声かけをしてくれていたのですが、お母さん自身が「すごいアットホームな感じがよく出ていて、とてもよかった」と言ってくれました。

中元：家事手伝いをするという課題は、今もお手伝いが続いている人もいて、いい取り組みだったと思います。

学園長：ちょっと、ラジオのことをもっと詳しく教えてほしいのですが。

白井：ラジオは、家に趣味でギターやマイク機材をたまたまもっていたので、家の押入れに機材を置いてパソコンとメインで使っているスマホで、自分の顔が見えるようにセッティングして、配信しました。

中元：白井さんがDJになって、学生からのリクエストされた曲を流してという感じですね。

学園長：前田先生は、この間ずっと在宅勤務でのリモート講義だったのですが、どうでしたか。

前田：私は、配信でやられていたストレッチとかは、一緒にやって楽しんでいましたが、学生がやっている雰囲気が見えなかったので、もったいなかったなあと思いましたね。

中元：送ってはいけないタイミングで、関係のない写真をLINEで送ってしまう一年生も一部にいたので、それが原因でストレスを抱える学生もいましたね。

上埜：LINEを送ってはいけないことを職員からではなくて、学生同士で注意する場面もありましたね。

　今回の座談会によって明らかになったことは、こうした緊急事態にもかかわらず、学生は日ごろからエコールで学んでいる「主体的に学ぶ」という理念をしっかりと実践し、我々の想像以上に明るく日常生活を送っているということ。そうした学生の明るさに、逆に、職員が励まされることもあったようです。こんな気づきができたのもこの時期ならではかもしれません。

（岡本　正）

学校・事業所名	福祉事業型「専攻科」エコールKOBE
所在地住所	〒653-0037　兵庫県神戸市長田区大橋町5丁目3-1　アスタプラザイースト001号
設置主体(法人名)	株式会社WAPコーポレーション
設置年月日	2011年4月1日
定員数(2020年度)	30人
ホームページ	http://eko-ru.jp/
利用制度	☐ 学校教育法「一条校」　☑ 自立訓練（生活訓練）事業　☐ 生活介護事業 ☐ 就労移行支援事業　☐ 地域活動支援事業 ☐ その他

沿革（主だったもの）

2009年5月　きのかわ福祉会が設立した自立訓練事業所「シャイン」を見学。小畑耕作理事長より神戸にも自立訓練事業を使った学びの場をつくることを勧められる。

2011年4月1日　震災復興の地＝新長田の復興ビルの地下街に福祉事業型「専攻科」エコールKOBEを設立。学生15名、教員7名でスタート。

2013年7月　創設からの実践『福祉事業型「専攻科」エコールKOBEの挑戦』（クリエイツかもがわ）を発刊。

2019年4月　10期生、15名が入学。現在、卒業生も総数120名を超えるまでになった。また、エコールKOBEの大きな特徴の一つは、新長田地区の中で、広く受け入れられるようになり、神戸新聞社説で「新長田地域をキャンパス」にして活動し、障害者の学びの場を提供していることを評価していただいた。

趣旨・目的

全国専攻科研究会の趣旨に全面的に賛同し、障害者の学びの場づくり、とりわけ高等部卒業後の学びの場をつくることを目的として設立。本来、国が設立すべき専攻科を、和歌山の実践に学び、福祉事業で実現したが、本校の福祉事業型「専攻科」の「　」が付いているのは、本来、文部科学省が設立すべき専攻科を福祉事業で肩代わりしているのだという主張を込めた。福祉事業で専攻科を運営する中でも、学生の主体性を重視した教育としての実践を本来、課すべきだとの強い思いの表れでもある。

特徴

エコールKOBEの特色は「主体的に学ぶ」「豊かな体験」「仲間とともに」の3つを学園目標としている。この学園目標は全専研や和歌山県などの具体的実践に学び生まれたものである。エコールKOBEの学園活動の礎（いしづえ）となっている。

エコールKOBEの学びの特色を最もよく表している実践の一つが、「えこーる新喜劇」である。トヨタの福祉車両展示場で、毎年9月開催される新喜劇（1年生が出演）、その後の学園祭での新喜劇（2年生）と年2回公演がある。新入生の多くにとって、本学への志望動機の一つが「新喜劇をしたい」というものである。新喜劇を通じて言えることは、演技を通じて、学生は幅広い学びをする絶好の機会となっている。まさに、この取り組みの中で、学生の主体性が大切にされており、仲間と共に、豊かな体験ができる仕組みとなっている。

もう一つの特徴は、地理的、地域的なものである。JR新長田駅とは地下街で結ばれており、5分足らずで駅から学園につながっているため、遠距離（姫路市や大阪府豊中市、淡路島などから）通学の学生の割合が高い。沿革でも紹介した神戸新聞の社説の表現通り、新長田地域とのつながりが大変深い。新長田の復興ビル全体を管理するまちづくり会社（エコールKOBEの設立のきっかけは、この社長とのつながりから）や地域医療の拠点となっているN病院、地域活動の拠点ともなっている「ふたば学舎」（旧二葉小学校）などが連携して、エコールKOBEの活動を地域ぐるみでバックアップする、そういった中でエコールKOBEの学生が、生きいきと活動していることも大きな特色である。

004

北海道

一般社団法人にじいろ福祉会
チャレンジキャンパスさっぽろ

仲間づくりの取り組み
豊かなコミュニケーションをめざして

　チャレンジキャンパスさっぽろ（以下CCS）の取り組みの一つに、同性同士での活動があります。きっかけはCCSの活動の中で、友人関係をつくることが苦手、コミュニケーションをすることが苦手な学生は、異性に対してスキンシップをすることで関係性をつくろうとする様子が見られていたからです。そこで関係性ができたと感じてしまい、他の友人をつくろうとせず、その人にこだわってしまうことでトラブルになることもありました。

　心理学者の榎本淳子さんの研究によると、男子は遊びを通して仲間と共有していくうちにお互いの理解につながり、関係性が構築されていくこと、女子は自分の類似性を相手に求め、そこから親密になっていく過程を経て関係性が構築されていくとされています。そこで友人関係をつくっていけるようにと同性の場を設けることを考え、同性同士で活動する「男女別活動」の授業、CCSの活動後30分ほどの時間で行う「メンズクラブ」「女子会」を始めました。

男子学生の活動

　活動の様子を見ると、複数の人数での遊びを共有した経験の少なさを感じます。みんなUNOやトランプでゲームを楽しむことは知っていますが、ゲームをいざ始めようと仕切れる人がいないと誰も動かずに時間だけが過ぎていく、といった様子でした。シャッフルすることが苦手、何枚配ればいいのか不安、複数でジャンケンの「あいこ」がわからないから順番を決められないなど、みんなは仲良くなる以前に「いま、どうしよう」という自分の心配ばかりが先行しています。これはゲームだけではなく、授業中や話し合い活動など、さまざまな場面にも言えることだと思います。

メンズクラブ

「遊び」を中心に共有する時間をつくるためには、みんな「遊び」の仕方を自分たちでできるようになることが必要でした。そこでゲームを仕切る人、ゲームマスターという役割を順番にやってもらうことにしました。「俺、シャッフル苦手なんだ」と言って渋々やろうとした人がいましたが、「あー、わかる。難しいよね」と会話が出たり、共感してもらえたことで「失敗しても大丈夫かも」という安心が生まれ、それが自信につながっていく様子が見られました。そして、学生のみんなは経験が少なかっただけで、実際にやればできるという自信がついていきます。そこで余裕ができることで相手への興味、共感することが増えていきました。

このゲームマスターには、その場を盛り上げる役割があることもみんなに話しています。一人だけが楽しいのではなく、みんなを巻き込んで楽しもうとする考え方が必要で、他の人の様子を見る力が求められます。遊びの場では自分の得意なゲームしかやらない人や、自分だけがわかるクイズを出し、得意気に自分だけ正解を積み重ねる人がいるとみんなが楽しめません。「みんなで楽しむためにはどうしたら良いか」ということをそのつどみんなで考えることにしています。

女子会、レインボーわたあめ

するとみんなは「昨日は僕の得意なUNOをやったから、きょうは一郎くんが好きなオセロにしよう」と友だちと折り合いをつけたり、「最終問題は1万点です！」とクイズが得意じゃない人でも逆転できる仕組みを作ったりと、ユニークな発想で、その場を盛り上げようと頑張ります。このように、「みんなと楽しむためには？」と考えることを経験することが、友だちづくりに活かせているのではないかと感じます。

（中山雄太）

放課後女子会

放課後女子会の始まりは、放課後メンズクラブが行われていたことを知っていた女子たちから「女子だけでなにかやりたい！」ということから始まりました。

基本的には週1回、金曜日の放課後に活動しています。女子だけの活動という希望があり、始まったことですが、改めて集まってみると、よそよそしく話もぎこちない段階からスタートしました。

活動内容はスキンケアやヘアアレンジ、服を買いに行くなどのオシャレと、大通公園で行われているイベントや百貨店の催事に出かけ、美味しいものを食べに行くという活動が中心です。

「百貨店のバレンタインの催事に行きたい！」という話になり、2月14日について、どうするかを話し合いました。話を聞いていると「女子だけで何かやりたい」「チョコは自分のために買う」とのことでした。その後のイベントでも女子だけでパーティーをしたいという声が上がるようになりました。

女子だけの活動になると、活動やメンバー

に慣れ、楽しめるようになると会話の内容から気遣いがなくなりざっくばらんになり、対等に話している様子が伺えました。

女子会の活動回数はまだ多くなく、関係がとても深まったと言い切れませんが、プライベートでも友だちと遊びたい、友だちと服やアクセサリーを見に行きたいと話す学生が増えました。

同性だけで、はしゃぎながら話し合いをして計画を実行し、楽しむことを知り、「誰かと楽しいことがしたい」と思えるようになったことが友だちとの仲を深める大きなきっかけになったように感じます。

同性同士で育ちあうことで、男女の活動でも変化があり、お互いを大切にする様子が見られ、仲間としての関係が深まっていきました。

（久保真奈美）

あいさつゲーム

CCSのコミュニケーションについて

CCSのコミュニケーションでは、あいさつ、話す、聞く、伝える（メールやラインなども含む）について学びます。自分から話すのが苦手、話を聞いていないため失敗しがち、わからないことを聞くのが苦手、関わりがしつこくなってしまう、聞こえていても無視してしまう、かまってもらいたくてあえて気を引くような行動をするなど、コミュニケーションに課題がある学生が多く、とても大切な学習の一つとなっています。

（1）コミュニケーションあるある

学生に一番人気のコーナーが「コミュニケーションあるある」です。「あるある劇団」とよばれる支援員の劇団員たちが、学生に扮して、日ごろよくある困りごとを再現します。大げさに、面白おかしく再現される寸劇は学生たちに大人気ですが、当事者の学生は冷や汗をかきながら見ていたり、うなだれたり、開き直って知らないふりをしたり、反応はさまざまです。特によくある困った行動にはキャラクター名がついています。初代キャラクターは「リュック隊」でした。

（2）リュック隊「太郎さんの場合」

ダウン症の太郎さんは、交通機関や地図があまり得意ではありませんでした。家からCCSまでの道のりなど、一度覚えて何度も通う道はわかっていましたが、初めて行く場所などは迷ってしまいます。一方、同学年の自閉症の次郎さんは交通機関や地図が得意でした。一緒に外出すると、大体どこでもたどり着くことができ、外出はいつも大成功でした。ある日、外出の様子を見ていると、太郎さんはいつも次郎さんの大きなリュックを見つめながら歩いていることに気づきました。周りの景色すら見ていません。だから、多分どうやってたどり着いた

かもわかっていませんが、外出で迷うことはなかったのです。

　そこで、何度も次郎さんと行った場所を、太郎さんが先頭で歩いてもらいました。たどり着くことはできたのですが、いつも10分で行く場所に、1時間もかかってしまいました。太郎さんの名誉のため補足すると、彼は卒業するまでには、ちゃんと自分で行きたい場所にいけるようになりました。

（3）コミュニケーションの課題と「あるある」

　その後、太郎さんだけでなく、同じような課題をもった人がたくさんいることに気づきました。あるある劇団の初めの頃は、あいさつを無視する人や声の小さい人などを、短い寸劇で再現していました。しかし、コミュニケーションの課題が日常のいろいろな場面に影響していることがわかり、場面がわかりやすいように、ドラマ仕立てに演じることが増えてきました。

　「リュック隊」も「あるある」の中から生まれた言葉です。計画から当日まで人任せでうまくいってしまう人を演じると、「前の人のリュックばっかり見て歩いててなんか変」「自分でやってない」「人任せにしてる」などと、意見が出ます。自分かなあ…と思いながら、ばつ悪そうに見ている当事者は「えー！」という仲間の意見も聞くことになります。

　大人から言われるより、仲間の言葉は心に響くようです。自分の行動を客観的に見ながら、周りの反応も聞くことになる「あるある」は、行動を変えるきっかけになることも多いのです。

　「リュック隊」は、今では人任せにする人の代名詞になりました。学生たちにも浸透

「あなたならどうする」コーナー

し「私、リュックしちゃいました」などと日常的に使われるようになりました。「人任せにして」と言われるより受け入れやすいようです。他にも、かまってちゃん（かまってほしくて、無視をしたり、気を引く行動をする人）、ちゃっちゃ隊（人の話に、いちいち茶々を入れる人）、アピールちゃん、横どりちゃんなど、いろいろなキャラクターが誕生しています。

　「あるある」も、年々バージョンアップしています。最近は、相手の気持ちがわかりにくいメールやLINEのトラブルが増えています。そこで、実際にTV画面にやり取りの画面を映し、相手の独り言（やだなー、しつこいなあなど）も演じます。

　鉄は熱いうちにではありませんが、コミュニケーションの問題にかかわらず、日々起こる困ったことは、「あるある」を臨時で行うなどして考えてもらいます。飛び入りで、外部の人たちや学生に出演してもらったり、「あなたならどうする？」コーナーとして、時には当事者の学生にも出演してもらうなど、工夫しながら話し合う機会をつくっています。学生にどうしたらよかったか聞き、出た意見で正解編をするのですが、意見の通りにやってもうまくいかないことや、なか

なか正解にたどりつかないこともあります。

　人との関わりの中で、コミュニケーションは難しい課題の一つです。正解がわかりづらく、方法も一つではありません。こう言ったらどうなるかな、こうしたほうがよかったんじゃないか、と、意見を出し合って解決していけることが、「あるある」の良さだと思っています。

　CCSでは、別に演劇の授業もありますが、これも表現を通したコミュニケーションの学びとして重要な役割を担っています。おかげで、支援員も表現する楽しさを知り、「あるある」の演技にも熱が入ります。アドリブを交えながら楽しく進化しています。

（倉場友子）

チャレンジキャンパスさっぽろの演劇活動

　CCSが演劇をプログラムに取り入れて5年目となりました。コミュニケーションのトレーニングや自己表現の場があったらいいなと考え、取り組みが始まりました。現在、演劇のプログラムが学生たちの主体的な活動を引き出し、仲間づくりのみならず自分が自分を知る重要な場になっています。

（1）コミュニケーションする（表現する）

　演劇は観客に伝えることが第一。

　演出家の先生は、障がいがあるなしにかかわらず、観客に正しく伝えなければならないと言います。相手の目を見て、自分の言葉を話し、伝える。相手の言葉を聞いて、空気を読み、受け入れるという、コミュニケーションの基本を演劇で練習しています。学生は学年が進むほど相手を意識し、理解しようとする様子が見られるようになっています。

（2）可能性を追求する　「自分へのチャレンジ」（自己肯定感）

　自分の苦手を認めることが第一歩。

　自分の苦手を知ることはとても難しいことです。台本読みから始まる練習も「そこは〜のように！」からスタートします。「ダメだし」される経験が少ないと心が折れてしまいそうになります。でも、「やめるかい。その役、誰かに代わってもらうかい」と聞くと、これまでのすべての学生は「やります。」と答えます。

　公演日に向けて、次から次へと新たな課題と向き合うことになり、それは幕が上がる寸前まで続いていくのです。演出家の先生

「おおーい！ともだち!!」練習風景

本番

は「演劇にこれで良しというラインはありません。ひたすら良い物をつくっていく努力が大切なのです」と言います。そして、公演日には練習した成果を出し切り、やりきった後に客席から大きな拍手をもらいます。観客の大きな拍手（ほめ言葉）は社会を連想させ、社会的に認められたと感じさせてくれます。「苦手」に正面から向き合い、乗り越えたことを実感できた瞬間であり、社会と「やれる自分」とがつながっていることを認められた瞬間です。

（3）仲間づくり

演劇の練習では、最初はスムーズに読むことができなかったり、アクセントが違うなど、たくさんの指摘があります。彼らは個人の課題で精一杯で仲間にまでは気遣えず、練習が進んでいきます。立ち稽古が始まる頃から仲間を意識し始めますが、次第に、練習の焦点がセリフの掛け合いや、動きのタイミングなどに移ってくると、1人ができないことは他人事ではなくなります。さらに練習が進むと、自分だけが上手に演技できても仲間がつまずいている限り、演劇には

ならないこと、さらには一人ひとりが替えることができない存在であり、大切な仲間であることに気づくことになります。

そして、昼休みなど時間を見つけては仲間と一緒に練習をしています。教えあいながら、励まし合いながら黙々と練習に取り組む姿が見られるようになります。

舞台を成功させるという共通の目標に向かって、誰一人として欠けては演劇にならないことを知り、一人ひとりを尊重し合う仲間として意識できるようになったと実感できる瞬間です。昨年の公演では中心となっている学生が台本で1ページ分を飛ばしてしまいました。ところが周りの学生たちは何事もなかったように劇を進めていったのです。もちろん、次は自分の出番だと用意して待っていた人たちもいましたが、そこにこだわることもなく進んでいく演劇に合わせていきました。1人のミスは全員に影響してきますが、誰一人として慌てることもなく、ミスをカバーしていく姿がそこにありました。演劇がもつ人間形成での醍醐味が感じられたエピソードです。

（小澤昌人）

外出活動、さっぽろ雪祭り

ハロウィンパーティー

学校・事業所名	チャレンジキャンパスさっぽろ
所在地住所	〒003-0002　北海道札幌市白石区東札幌2条4丁目2-3
設置主体（法人名）	一般社団法人にじいろ福祉会
設置年月日	2011年
定員数（2020年度）	24人
ホームページ	http://ccs.nijiiro-sapporo.com
利用制度	☐ 学校教育法「一条校」　　☑ 自立訓練（生活訓練）事業　　☐ 生活介護事業 ☐ 就労移行支援事業　　　　☐ 地域活動支援事業 ☐ その他

沿革（主だったもの）

2010年5月　「チャレンジキャンパスさっぽろ設立準備委員会」を設立する。
2010年8月　一般社団法人にじいろ福祉会を設立。
2011年4月　学生5人で東札幌ドムス丸亀3Ｆを使用し開所する。
2015年4月　3年間のコースを新設（専攻科）4人
2020年4月　チャレンジキャンパスさっぽろ　定員24人にする。

趣旨・目的

　障害のある青年たちの学校（特別支援学校高等部、高校）卒業後も「学びたい」という要求、保護者や関係者の「もう少しゆっくり、じっくり自立に向けた学習をさせたい」という要求に応え、自立訓練事業を使った「学びの場」＝福祉事業型「専攻科」を設立。主体性を重んじ、仲間と一緒に、体験・経験を積んで青春を謳歌できる学びの場を目指している。青年期の教育を柱として3年間の経験を活かして、自ら生活や仕事を決めることを目標に取り組む。

特　　徴

　北海道はキャリア教育を是とする風潮が根強く、就職（福祉就労）を希望する保護者が多い。その中にあってチャレンジキャンパスさっぽろは、教育年限延長はもちろんのこと、知的な刺激を「シャワーを浴びるように」受けながら学ぶ場所を目指してきた。全国の専攻科の中では、比較的障がいが重いといわれるが、学生たちはその学びの中で、仲間を求めしっかりと自分と向き合うようになっていく。自分たちで話し合い、テーマを「誇れる自分・支える仲間」と決め、今年10年目を迎えた。
　「誇れる自分」とは、仲間を認め、認められる中で自分を「ただ一人の大切な自分」と思えること。そのために、「自己肯定感・仲間づくり・コミュニケーション」を活動の柱としてきた。特に今年で5年を迎える演劇のプログラムでは、年末の演劇発表会を成功させることを目的に、「自分をあきらめないこと」を学び、さらには日々の練習で自分が磨かれることを知っていく。仲間づくりとコミュニケーションを、舞台に立つことを念頭に学び、舞台発表後の達成感は、社会に認められたと感じられるかけがえのない経験となっていった。その後、大きく変化していく学生の姿から、プログラムや活動内容も、より人としての成長を意識した内容になった。
　開所からプログラムとして行ってきた、労働（畑作業等）、研究発表、調理実習、外出活動、芸術、ＳＳＴ、ダンス等に加え、演劇、コミュニケーション、グッドライフ、空手エクササイズ、英語、男女別活動等、学生にとって心躍るプログラムでの取り組みを目指している。成長の中で、時には自分の進路や生活を決めかねることもあり、生活介護事業所「あとりえＣ」に移行し、合計5～6年をかけ、卒業していく人もいる。卒業までの年数に違いはあっても、一人ひとりが自分の進路に誇りをもち、希望に顔を輝かせて卒業する姿は変わらず、その後の人生が豊かになっていくことを予想させ、青年期の活動の重要性を改めて感じる。

素敵で幸せな人生、暮らしをつくる

「グッドライフ」の実践を中心に

はじめに

　ぽぽろスクエアは2012年3月に自立訓練（生活訓練）事業を使った、障害のある青年が通う学びの場として、大阪府で初めて松原市に開所しました。ぽぽろスクエアは、「もっと学んでから社会に出たい！　青春したい！」という青年当事者のねがい、「卒業後も兄弟と同じようにもっと学ばせたい」「もう少し学校で力をつけてから社会に送り出したい」という家族、教育・福祉などの関係者、そして、地元・地域のみなさんなど、たくさん人たちの「こういうところがあったら…」というねがいを実現させた「夢の場所」なのです。

ぽぽろスクエアの学生の特徴

　ぽぽろスクエア（以下：ぽぽスク）は送迎がなく、基本的に自力通所です（ただし、入学後しばらくのあいだ、保護者の送迎で練習をされる方もいます）。

　学生の特徴として、言語コミュニケーションはある程度かもしくは、かなりとることができます。しかし、認知機能には偏りがみられ、発達のアンバランスさを感じられる方が多いです。そして、保護者の中には本人のもっている力を正確にとらえられていない方がいます。「うちの子はもっとできる」「頑張ればできる」という目でわが子に期待をかけている方は少なくありません。学生本人は親の願いや期待というプレッシャーを一身に受けることになります。そして、「自分が自分であって大丈夫」というような安心感がもてず、少しのことで

卒業旅行で東京にやってきました。

へこんだり、「わからないことをわからないと言えない」まま、ついつい「知ってる」と言ってしまうことになります。"自信のない"学生が多いのも特徴ではないかと思います。

また、学校生活の中で集団になじめず、「いじめ」にあっている学生も多く「本当の意味での『仲間』を学校教育の間に経験できていない」「安心した場所、安心した仲間の中での経験が少なく、先生とは話ができるが友達がいない」のではないかと思います。中には「今まで友だちがずっといなかった」と話す学生もたくさんいます。

ぽぽろスクエアで大切にしていること

（1）安心・安全の居場所であること

・何を言ってもいい、どんな姿であってもいい環境。
スタッフは「ぽぽスクでは何を言ってもいい」「何を話してもいい」と繰り返し伝えます。

・学生の話をとことん聞きます。入学当初など仲間の中で「話せない」学生たち。まずはスタッフがとことん聞くことによって「安心できる場所」と感じることができます。

（2）自分のこと（気持ち、思っていること、考えていること）を表現する

・自分で考え、自分で決める。
・そこに失敗はつきもの。「失敗は成長のもと」だからこそ価値があります。
・決め切らなくてもいい。決めるまでに考えたり、悩んだりの過程が大切です。

（3）自分を知る

・「グッドライフ（進路学習）」「こころとからだの学習（性教育）」を通して、自分の障害、自分の性について理解を深めます。

（4）要求の主体者、権利の主体者になる

・学生自治会の取り組みを通し、自らの願いを表現します。

> ※ぽぽスクの例えば社会見学の行き先を決める授業などとは異なり、グッドライフの授業は「答えを見つける時間」「何かを決める時間」ではなく開かれた対話の時間「オープンダイアローグ」（斎藤環著・訳『オープンダイアローグとはなにか』医学書院、2015年）です。答えを出すわけではない、スタッフも学生も同じ立場で発言、共感していきます。一対一ではなく、スタッフ、仲間と一緒に自分の気持ちをしっかりと聞いてもらう。周囲はそれに対して感想などを返していくうちに自分が楽になっていくのです。

グッドライフ（進路学習）の授業について

・グッドライフ＝「素敵な人生、素敵な暮らし」は「進路＝働く」だけではなく、ぽぽスク卒業後、長い目で見た「ライフステージの視点」（乙須直子『ぽぽろスクエア5周年記念誌』2017年）から自分の生き方を主体的に考え選び、その名の通り学生の「素敵な人生、素敵な暮らし」について学ぶための時間です。

・月に2回1コマ（90分）集団授業で行います。2年間で約38回の授業に加えて、その

時の学生の状況に応じて、訓練校や特例子会社、就労継続支援Ａ型事業所、同Ｂ型事業所、生活介護事業所、グループホームなどの見学や体験をします。

ぽぽスク卒業後の進路先決定まで

高等部を卒業するにあたって進路は学校より保護者にゆだねられ、保護者が調べて入学という人が多いです。ぽぽスクでは学生の希望を聞き、スタッフがそれらの進路先に見学に行きます。そして、その学生に合うと思う進路先をまず学生本人に２～３か所提案します。その後保護者と懇談をし、見学、実習へと進んでいきます。

大切にしていることは、学生本人の気持ちを第一にするということです。進路に関する懇談会では、保護者を前にすると保護者の意を感じ自分の気持ちが言えなくなる学生が多いため、保護者と学生との三者懇談は行いません。

グッドライフの授業内容
1．相談する力
2．20年後誰と暮らしていますか？
3．障害基礎年金、生活保護

障害者基幹相談支援センター訪問のためのロールプレイを行っています

4．福祉の制度の利用
5．障害支援区分
6．「学ぶ場」（専攻科、福祉型専攻科）
7．「訓練する場」（訓練校）
8．「働く場」（会社、作業所）
9．作業所、グループホーム見学
10．なぜ働くのか？　働く時に大切なこと
11．自分にとって働く場を選ぶときに大切なこと
12．実習に行くときに気をつけること
13．働く時のマナー
14．いろいろな相談機関（ハローワーク、就労・生活支援センター、職業指導センター、労働組合等）
15．卒業後の心配なこと
16．日本国憲法について
17．障害者権利条約について

以上の内容を２年間で行います。一部の項目を詳しく見ていきます。

（1）相談する力

「困った時に誰に相談しますか？」最初の授業で学生たちに聞くと「お母さんお父さん」と。保護者以外が出てくることはほとんどありません。そこで無料で相談できる場所が地域にあることを話し、松原市障害者基幹相談支援センターの相談員さんに来ていただきます。その後、学生の住む障害者基幹相談支援センターにスタッフと一緒に訪問をします。この訪問を学生は緊張をしながらも楽しみにしています。そして、計画相談も見つけて紹介をします。

しかし、肝心なことは学生の相談する力です。その力を育てるために「何を話してもいい」「間違えても大丈夫」と繰り返し伝えていると、少しずつ安心し、学生たちは

相談しにきてくれるようになります。「親には知られたくない」「親に言ったら怒られる」と青年らしい学生たち。仲間の中で学生たちは「自分のことを聞いてもらう」「仲間の話を聞く」を繰り返していくことで「こんな悩みをもっているのは自分だけじゃない」と共感し合い、「困った時は相談して乗り越えていく」経験を重ねます。そうすることにより、ぽぽスクは自分がありのままに過ごせる場所と体感し、身近なスタッフや友だちとの信頼関係が育ち、ぽぽスクがより安心できる場になっていきます。

（2）20年後誰と暮らしていますか？

　アンケートを取ると、1学年10名程度の学生の中で、5〜6人位が「好きな人と暮らしたい」と答えます。「子どもがいる」と答える学生も2人くらいいます。「一人暮らし」も1〜2人います。「家族と暮らしている」は2年に1人ぐらいで、「兄弟と暮らしている」と答えた人は今まで1人もいませんでした。そのことを保護者の学習会などで伝えると、「私はこの子と一生暮らすつもりだった」と、ほとんどの保護者がそのギャップにびっくりされます。

　学生たちの多くは青年らしく「自律（自立）したい」という思いが育っていきます。しかし、「好きな人と暮らしたい」という後に現実に目を向けると、「そんなん言うてもお金ないもん」「働く自信ないわ」「洗濯とか掃除とかできひん」と話します。そしてお金、福祉の制度の利用などを学んでいきます。

（3）障害基礎年金、生活保護

　年金の制度や障害基礎年金の話をする時に、「20歳になって毎月お金を払うのと、お

今から忘年会です

金をもらうのとどちらがいい？」と質問すると「そんなん、もらいたいわ」と学生は答えます。実際にどのように手続きをするのか、自分の障害について伝える必要があること、どのくらいもらえるのかを話していくと「なるほどー。こんなん今まで知らんかった」「グッドライフの授業は得するな」と学生たちはしっかり聞いてくれます。

　「でもそれだけでは生活でけへん」と意見が出ます。そうして「生活保護」について学びます。ぽぽスクにも生活保護を受け、グループホームや一人暮らしの生活をしている学生がいます。その人たちから話を聞き、生活できる実感を得ます。そして、「自分の暮らしたい生活を、何もあきらめることはないよ」と伝えます。

（4）障害支援区分

　福祉の制度を使ったことがない学生も多く、「障害支援区分」については知りません。区分認定の質問には「一人暮らしを想定して答える」ことが必要です。例えば「一人でトイレに行けますか？」と聞くと「できるよ」「そんなんやってるし」と答える学生たち。でも「駅のトイレは？」「和式トイレは？」と聞いていくと「行かれへん」「石けんのある所しか行かれへん」「家とぽぽスクのトイ

レしか行かれへん」「洋式やないとできひん」と次々に出てきます。

仲間の「苦手なこと」を聞いて「ここは安心して話せる場所」「困っているのは自分だけじゃない」と感じ、「今まで言えなかった自分のこと」を語り始めます。すると今まで受けた「いじめのこと」も学生たちは語り始めます。学生たちが、いかに今までの生活の中で傷ついてきたのかがわかり、胸が痛みます。

また支援区分の学習では、区分によって使える福祉の制度も学びます。すると誰かが「支援区分3を取れば、どんな制度でも使える」「目指せ！3やな」と気づきます。聞き取り調査の前はスタッフと作戦会議をします。調査を受け、審査結果の発表では「3が取れました」「4が取れました」と誇らしげに報告してくれる姿は、とても頼もしいです。

グッドライフの授業を通して、自分の障害を理解していきます。

みんなの中だから言えること

グッドライフの授業は、学生の中で決して楽しいだけの授業ではありません。自分

今からダンスの舞台発表です

の苦手なことに対峙したり、不安な進路や働くことについて学んでいくからです。よく「（お母さんには）言われへんねん」と言って、頭を抱えていた健太さんの事例を紹介します。

健太さんは高等部卒業後すぐに、ぽぽスクに入学しました。友だちにも優しく「みんなの役に立ちたい」と調理実習や行事の中で力を発揮していました。一方、自分の苦手なことにはしり込みしたり、自分の思いを伝えられず、思いが通らないとしんどくなる面ももっていました。

入学当初は家庭の送迎で通っていました。健太さんは「自分で通いたい」という思いをもちつつも、ぽぽスクが遠いこともあり、心配している保護者の思いも理解していました。

入学してから1人でスーパーで買い物ができるようになり、昼食を自分で選んで買うなど、自分で決める自由が増えていました。社会見学の後やぽぽスクの帰りに友だち同士で寄り道を楽しみたいが、母には言えない。でも母の了解がないと寄り道ができない。ある日「助けてや。言われへんねん」と授業の中でみんなに訴えました。そして、母に話すことをみんなからアドバイスをもらいながらホワイトボードに書き、みんなの前で母に電話。

「みんなの中やから言えるねん」「一緒におってや」と言いながら、母に伝える健太さんをみんなは息をひそめて見守っていました。そして、母の了解をもらうことができたのです。電話が終わると、「よう言えたな」「わかるわ。お母さんに言われへん気持ち」とみんなから声がかかります。その後、

健太さんは友だち同士で出かける際や、進路先を決定する時など、事あるごとにみんなの前で母に電話をして自分の思いを伝えていました。

　健太さんも2年生になり、進路先の実習に2か所行きました。実習が終わるとスタッフは「どうだった？」と様子を聞きます。その際は「まぁ普通」「楽しかったで」と答えていた健太さん。「自分の力を発揮してきたんだ」とスタッフは思っていました。ところがグッドライフの授業でのことです。実習に行った学生はみんなの前で感想を話してもらう時間をたっぷりと取ります。みんなの前で話す大切な時間です。

　健太さんが実習先の話をする時が来ました。「どうだった？」とスタッフが聞くと「まぁ楽しかった」。「仕事は？」「場所は？」という質問にすらすらと答える健太さん。「休み時間は？」と聞くと、「椅子に座ってぼーーーとしてた」と。「休み時間はどうしていいのかわからんかった」「スマホを触っていいのか？　トイレがどこにあるかもわからんかったし、聞かれへんかった」「だから実習の2日間はトイレに行かれへんで我慢して、実習が終わったらトイレに行きたいから走って帰ってた」と話してくれました。

　何事もなく実習を終えたと思っていたスタッフも学生もびっくりしました。するとすぐに「わかるわー。俺もそうやった」「スタッフに話しかけるんなんて無理やで」「俺もぼーとするしかなかったもん」などとみんなで盛り上がって大笑い。健太さんはみんなの声を聞いて「休み時間に困ったのは、僕だけじゃないんだ」とほっとしていました。みんなも健太さんの話を聞いてほっとしていました。作業所実習では休み時間の

男子会で近くの銭湯にやってきました

過ごし方が、みんなの課題の一つでしたが、この言葉を聞いてさらに実感しました。

　スタッフと1対1では自分の気持ちを言えなくても、仲間の中なら話せた健太さんを見て、スタッフも仲間の力を感じた瞬間でした。

　「困ったときに他人に頼る力」「自分で決める力」が大切といいますが、その土台に安全・安心の居場所づくりと、青年期だからこそ自己決定したり、互いを高め合ったりすることができる「仲間同士の話し合いや関わり合い」の保障が不可欠ではないでしょうか。

長い人生の中で

　ぽぽスクに通うのは基本2年間です（2020年度より行政の判断で希望者には3年間）。ぽぽスクが学生と直接関わることができる時間は少ししかありません。でもぽぽスクに通う時は誰もが青年期です。今まで保護者の考えてくれる人生に疑問をもつことも少なかった学生が、「青年期にふさわしい集団・仲間の中で、さまざまな経験をする」（前掲『ぽぽろスクエア5周年記念誌』）中で、自分のことを自分で考え、自分で決めてい

きたいと思い始めていきます。

　保護者にしても今までわが子と2人3脚で同じことに悩み、同じことを感じてきたのに、意見が合わないことが出てきたり、反抗したり、自分のことを保護者に何も話さなくなる、そんな時期に直面し、戸惑いや不安を覚えます。連絡帳がないため、「ぽぽスクで何をやってるのか、どんな友だちがいるのか、何も話してくれないからわからないんです」とたくさんの保護者が口をそろえて言います。でも青年期の学生が親に話をしなくなること、親との外出よりも友だちを選ぶようになることは"普通"のことなのではないでしょうか。だからこそ保護者や大人のスタッフが話すことよりも仲間の学生に言われることは学生の心に響き、折り合いをつけたり、成長をする力になります。青年期は仲間の中で育つのだと思います。

さらなる「夢の場所」の実現を

　ぽぽスクの開設は「夢の場所」を「うちの地域でもつくりたい。卒後の学びをわが子にも経験させてやりたい」という「みんなの夢」を実現する大阪の拠点の役割を担ってスタートしました。それから8年の間に大阪府内には8か所の「福祉型専攻科」が誕生しました。

　その原動力となったのは、福祉型専攻科が横につながり合ってつくられた「卒後の学びの場・専攻科を実現する会（大阪）」でした。

　幸せに生きるための「グッドライフ」の授業で学んだ青年たちは「2年では短すぎ

る。仲間と一緒にもっとぽぽスクライフを楽しみたい！」「ぽぽスクを3年にして！」と主張します。この学生たちのねがいは「希望すれば誰でも進学できる専攻科を支援学校高等部につくってください」「ぽぽスク（自立訓練事業）を4年にしてください」という大阪府知事への直接請願要求として、ぽぽスクや「実現する会（大阪）」の学生・家族、スタッフ等に引き継がれています。

　2019年度から大阪府は「平成30年度文部科学省委託事業「障害者の多様な学習活動を総合的に支援するための実践研究」報告書」にもとづき、「支援学校等卒業後の学びの場」ホームページを開設し、支援学校生徒・保護者や大阪府民に対して情報公表をしました。また、その中で国への提案として「「自立訓練」などの期間を延長できる仕組みなどの構築を国に求めていく」としています。

　ここで紹介した「グッドライフ」の授業はまさに教育の取り組みです。福祉事業としての学びの場の充実はもちろんのこと、障害のある青年たちの「もっと学びたい」「幸せに生きたい」という当然のねがいが、家族や関係者（とりわけ学校教育や教育行政）に受けとめられ、支援学校高等部専攻科希望者全入や大学教育の保障という、さらなる「夢の場所」実現につながることをねがってやみません。

（長井奈津子）

〈参考資料〉
乙須直子「仲間とともに学び合い、仲間のなかで成長する青年たち」伊藤修毅監修『障害のある青年たちとつくる「学びの場」』（2020年、かもがわ出版）

学校・事業所名	ぽぽろスクエア
所在地住所	〒580-0026　大阪府松原市天美我堂2丁目339—1
設置主体（法人名）	特定非営利活動法人　大阪障害者センター
設置年月日	2012年3月
定員数（2020年度）	20人
ホームページ	http://www.npo-osc.com/
利用制度	☐ 学校教育法「一条校」　　☑ 自立訓練（生活訓練）事業　　☐ 生活介護事業 ☐ 就労移行支援事業　　　　☐ 地域活動支援事業 ☐ その他

沿革（主だったもの）

「もっと学んでから社会に出たい」「もっと青春したい」「きょうだいと同じようにもっと学ばせたい」「もう少し力をつけてから社会に送り出したい」という願いのもと、2010年に大阪府堺地域の教職員、福祉職員、親たちと、特定非営利活動法人大阪障害者センターの職員を中心に「堺（松原）に学ぶ作業所を作る会」が立ち上げられました。そして2012年3月、大阪府内で初めての自立訓練（生活訓練）事業を活用した福祉型専攻科「障がい青年の学びの場・ぽぽろスクエア」を松原市に開所しました。

趣旨・目的

障害のある子どもたちは、一つのことを習得するのにとっても時間がかかります。それなのに学校で学べるのは18歳まで。現在、支援学校高等部卒業後の一般的な進路は、一般就労か作業所に行くかです。そうではなく、仲間がいて、わいわい一緒に学ぶことができる、生活体験をよりゆたかに積み、ゆっくりと自分発見をする、楽しく青春する時間がある、そんな「学びの場」がぽぽろスクエアです。将来、支援学校高等部に、専攻科が設置され、青年期の豊かな教育を実現することが大きな願いです。

特　　徴

大阪府内で初めてできた福祉型専攻科
- ・午前1コマ、午後1コマのゆったりした時間枠で、一人ひとりのペースや自主性を尊重し、学生同士の話し合いや参加を重視した授業を行っています。
- ・こころとからだの学習（性教育）とグッドライフ（進路）を2年間通年で行い、青年たちが自分らしく生きていくために必要な学びとして、重要な授業と位置づけています。

ぽぽろスクエアの全体目標
- ・学生同士で楽しく学び・遊び・生活し、自分らしく生きる力をはぐくもう。
- ・困ったときやわからないときは相談できるようになろう。
- ・ぽぽスク生活を支える家族や地域、社会に目を向け、人権を大切にする人になろう。

学びの柱
- ・自己表現の力を高める。
- ・生活する力をつける。
- ・コミュニケーションの力を高める。
- ・自分で考え、自分で決める。
- ・自分を知る。
- ・自分らしく生きる進路を考える。
- ・余暇の活動をゆたかにする。

一般社団法人みやこいち福祉会
ジョイアススクールつなぎ

いつもの合言葉「バカげたことを全力で」

ジョイアススクールつなぎは8年目を迎えました。最初は2年間の専攻科から始め、学生の希望により、3年目・4年目と学びの内容を整えていきました。巣立っていった学生は、1〜4期生の20名になりました。入学からそれぞれの進路に就くまでの個々の変化については目を見張る成長があり、その裏付けや特徴が少しずつ見え始めたところです。

その成長につながる支援や環境はどういうものか考えるとき、つなぎではよく「学生にとってノンストレスな環境を整えることが大事」「本人の自己決定をとことん待つ」などの共通理解があります。何かしたいときの決定権は徹底して自分たちにあるという確信が、じわじわと学生たちに入り込み、今まで経験したことのないような主人公としての感覚が芽生えます。そうなると本当に安心して自分の姿をさらけ出せる、その結果も自分で受けとめることができる、そこに20歳という大人をイメージさせる年齢を迎える頃に相乗効果を生み出し、「自分づくり」という影のテーマに沿った成長が見えてきます。そして自己肯定感がもてるようになり、自己同一性を確立していくと考えています。

支援員は全員、すぐに答えを出す支援ではなく、いつも学生の中にいて、一番自分らしさを出せるように関わることに徹しています。バカげたことをいっぱい考え、学生を巻き込みながら笑いの絶えない毎日です。

また、客観的には「記録」をできるだけリアルに残すように、写真記録や行動の記録を書くことに多くの時間を割いています。

今回、全支援員にこれまで関わってきた学生の成長の様子について、自分なりに記録を顧みて、学生の変化について要点をまとめるように課題をお願いしました。その内の3つの事例（4人の卒業生）を紹介します。

自閉スペクトラム症の東山さんと
西岡さんとの呑み会

　東山さんと、その2年後輩の西岡さんと、私とで休日の夜に待ち合わせをして呑みに行きました。東山さんが集合時間と場所を決め、お店も調べてくれていました。集合していざ店の前まで行くと値段が高い。「どうする？」と尋ねると「他を探しましょうか」とスマホで調べながら散策。西岡さんも文句を言わずについてきました。そして、リーズナブルなチェーン店を見つけ、3人で呑み会開始。会話はほとんどありませんでしたが、それでも3人とも十分楽しむことができました。こだわりの強い2人と行き当たりばったりの呑み会ができる日が来て感動しました。

　東山さんが入学したころは、変更や失敗を全く受け入れられず、納得いかないことがあれば「なんでだ！」と言って怒る。他の学生との関りもほとんどなく、授業以外はPCに向かって過ごしていました。そんな東山さんがこだわり始めると、逆にこちらからなぜ、そんなにこだわるのか、しつこいくらい理由を聞き出すことにこだわってみたり、予定変更の時は「そんな日もある」と言ったり、また、失敗しても「ドンマイ」と声をかけたりしました。

飲み会中の写真

　一番大事にしたことは、こだわりを自分で解決するまでとことん付き合うことです。時間はかかりますが、最後は自分で答えを出します。それを注意深く観察しながらひたすら待つ。そのうち「じゃあ、○○します」と自分で答えを見つけてくるのです。その経験を何度も繰り返すうちに、考えをまとめることが上手になり、変更や失敗を受け入れられるようになりました。

　3年目になると、予定変更に騒ぐ後輩に向かって「しょうがないじゃないですか」と声をかけ、上靴のまま外出した私に「どんまい！」と声をかけて笑っていました。すべてではないですがこだわりがなくなり、柔軟に対応する東山さんに変わっていきました。

　西岡さんは東山さんよりもこだわりの強い学生で、同じことを何度も繰り返すことが多くありました。また、注意されたときは、ごまかそうと小さな嘘をつきます。嘘というよりも、適当に答えているだけかもしれません。あまりに会話にならないので、「嘘ポイントカード」というものを作りました。嘘をつくとカードにスタンプが押せ、20個貯まると大きな嘘を1個つけるというカードです。西岡さんはこのカードをかなり意識していました。私からは「嘘ついていいよ」と声をかけ、嘘をついた時にスタンプを押すだけ。「うそをつかないので、もうやりたくない」と言ってきたこともありましたが、「絶対楽しいから続けよう」と根負けするまで説得しました。その結果「杉本さんはしつこい」と認めてくれました。すぐに嘘はなくなりませんが、そこからは自分でポイントカードを意識するようになりました。

　自閉スペクトラム症の2人は、今では変更も失敗も受け入れることができます。20歳前

奈良県／ジョイアススクールつなぎ

後は青年期の成長にとって大きな転換期であると考えています。この時期に自分で考え、答えを出す時間を保障することで、こだわらなくてもいい自分を見つけることができたのではないかと思います。支援員としてアドバイスをするのではなく、同じ目線に立ち、とことん付き合い、とことん待つことが青年の成長に一番重要です。だからこそ、彼ら2人との呑み会は、成長を感じ、仲間として認めてもらえた至福の時間でした。

現在西岡さんは、「私立特別支援学校・専攻科」へ進学し学び続けています。東山さんは「特別養護老人ホーム」に一般就労し、施設の掃除やシーツ交換、それに施設内のカフェ店長まで任されるようになりました。

高等部を卒業してからの3〜4年間に、じっくり自分と向き合う時間をもてたからこそ、社会で活躍できているのです。青年期の学びの時間はとても意味のあるものだと、学生を見ていつも感じています。

（杉本圭）

南美加さんが頑張った自立の力
『〜つなぎでの4年間〜』

南さんは知的障害をもち、地域の養護学校（高等養護部[*1]）を卒業して、ジョイアススクールつなぎに入学してきました。入学当時、南さんはかなり幼児性が強い学生で、精神的にもろく、母にべったりとくっつくことが日常で、母へ依存することで精神の安定を図っていました。つなぎで自分の思い通りに物事が進まない時や、困った時にパニックを起こし、身近にある物や人に当たり、暴れてしまうことが常態でした。

入学して間もない頃、若草山にハイキングに行きました。集合場所の駅で持ち物の確認をしようとした時、障害者割引のための療育手帳が必要でしたが、自分の思い違いで持ってきていないという思いに陥ってしまいました。カバンを開けるや否や、手帳を探そうともせずパニックになり、その場で鞄の中身を全部ひっくり返し、大声で泣きじゃくってしまいました。周りが見えず余裕がない。自分が思っていることを、言葉でうまく伝えられず、「わからない」と思ってしまったらパニックになる。我慢がきかず、すぐに爆発してしまう。そのようなことが多くの場面で見られました。

ある同級生の女子学生とはいつも意見が食い違い、思い通りにならないと喧嘩になっていました。また、ある男子学生（前述の西岡さん）に対しては、考えていることがわからないし、行動がすべて自分を苛立たせるとして、パニックを起こして西岡さんを叩いたり、物を投げつけたりしていました。

気にいらない、イライラするという理由だけで暴れる、そんなふうに過ごしてきましたが、2回生の「成人の集い」の時に、進路について悩んだ末に、3年目の就労移行支援事業「かち創造科」に進むと決心しました。

3回生になると、就職することを意識するようになり、そのために母からの自立をしなければいけないという課題が、目の前に突きつけられることになりました。

南さんの居住地は、同じ奈良市でも中心地からバスで1時間以上かかる山間なので、就労できそうな職場はほとんどありません。就職のため、そして母からの自立のためグループホームに入居することになりました。南さんにとってはグループホームを利用すると頭ではわかっていても、人間関係で

何度もくじけてパニックになるなど葛藤の日々だったと思います。泣いては暴れ、暴れては冷静になり、また泣いて…を繰り返しました。しかし、彼女はあきらめることはありませんでした。就職は大好きな「嵐*2」のため、自分のお金でファンクラブ代やグッズ代を稼ぎたい、そして他の学生が頑張って進路を決めているのを見て、自分も頑張らなくてはならないと決心したようです。

4回生になっても、どうしても衝動的に癇癪・パニックを起こす、物を整理できない等の特性が見られました。知的障害だけではなく「ADHD」傾向もあるのではないかと分析し、精神科医療との連携を保護者にすすめました。受診と少量の漢方薬の服薬で、精神的な安定につながり、パニックになるまでに少しずつ我慢がきくようになりました。言いたいことをうまく説明できず、どうしていいかわからず暴れていたところが、だんだん心にスキマが生まれ、支援員に言葉で伝えたり、言えなければ手紙で相談することができ始めました。それでも暴れてしまいますが、以前のように、わがままや自分本位な理由ではなく、悩みの質が変わってきました。

他人に八つ当たりしてしまい、みんなに嫌な思いをさせてしまう自分が情けなく、もっと大人になりたいけどなかなかなれない、そういう格好悪い自分に気づき始め、その悩みや葛藤から暴れるという状況に変わってきたように思います。西岡さんに対しても罵倒や怒りをぶつけるのではなく、彼を認める言葉や、謝罪の言葉を口にするように変わってきました。

現在、一般就労を目指し、就労継続支援B型事業所で働いています。自分の気持ちを安定させることを第1と考え、無理のない

ように自分で体調や気持ちをコントロールできるようになり、仕事を休むことも含めて気持ちを調整しながら働いています。そしてグループホームに帰る前に、ほぼ毎日つなぎを訪問し、支援員に一日のことや自分の好きなことを話しにきています。そうして自分の気持ちの安定を図り、支援員に甘えることもできています。

母から自立しなければならないという気持ちは強く、在学中には怖くて取り組めなかった電話（をかけて話す）や、買い物、エスカレーターでの昇降（以前は階段ばかり利用）にも挑戦でき、クリアすることができました。通院も母が同行せず1人でいくことができるようになりました。理由は大好きな「嵐」のためと母に迷惑をかけたくないという、強い気持ちが芽生えてきたことによります。

南さんは今では他人を気遣えるようになってきました。全くパニックがなくなったわけではないですが、頻度は激減しています。また、「泣きたくなってきた」と前もって宣言することや、上手に頓服をのんで落ち着くことができるようになってきました。最近では、支援員に少し意地悪な言葉で負荷をかけられたり、あえてパニックになるように挑発されたりしても、我慢できるようになってきました。

（本瀬智子）

*1 奈良県独自の教育施策で"高等養護学校"の創設が早く、就労自立を迫る路線が強くある。全県的に知的の特別支援学校が過密過大になる中で、定員の分化を図る目的で高等養護学校の分校のような"高等養護部"が一時期設けられた。その後、継続の声が出始めたにもかかわらず『部』の廃止となった。

*2 ジャニーズ事務所所属アイドルグループ

自傷行為がなくなった北村洋平さん

　北村さんが入学してきた当初は、人と目が合うのが苦手で、人が近づいてくると逃げる、何かしら自分にストレスがかかると急にいなくなり、みんなで探すことがよくありました。自宅が近いこともあり、いつも自宅に逃げ帰っていました。支援員は仲間の協力を得て、北村さんが自宅に帰りそうになると、他の学生と支援員が「いっしょに北村さん家に行こう」と無理やり押しかけるようになり（面白いしかけ）、北村さんは自宅に人がきてもらうことに困り、学校にとどまるようになりました。学校にいなければならず、でも教室にいるのが苦手なので、次に編み出したのが、静養室のベッドの下に入って寝ることや、机の下で寝るなどの行為でした。

　2回生になり、今度は1回生がベッドやベッドの下を支配することもあり、居場所を追われた北村さんは、教室の一番後ろの机で、後ろ向きでヘッドホンをしてPCに向かうようになりました。PCでネットを操り、YouTubeで好きなゲーム・アニメやお笑いの動画などを見ていましたが、少しずつ授業に興味をもつようになってきました（もともと興味はあるが、自分からうまく参加でき

友だち2人の膝の上に座って授業に参加する北村さん

ない？）。

　また、いつも大きな袋を持っていることが気になっていましたが、ようやく自分から中身を見せてくれるまで信頼ができてきました。中にはカードゲームやプラスチックのカードなどが大量にあり、それを何回も手に取ってみたり、入れ替えたりして、いつも手元にあることで自分を落ち着かせていることがわかりました。このころ、教室から離れないことが評価され始めました。

　ある時、「情報コミュニケーション」という授業に興味が出たようで、少しずつ授業に参加するようになってきました。しかし、自分の席に着くわけではなく、ある学生の膝の上に座って授業に参加することから始まりました。滑稽な姿でしたが、膝の上にいても嫌がらない学生のおかげで、友だちに依存しつつ、少しずつ自分らしさをだしていく、そんな努力をする姿が見えてきました。

　参加を強制されない環境と、自分の好きなことができる環境が、2年目の半年を過ぎると、自分から授業に参加し始め、同時に自傷行為はなくなりました。なんと1年半をかけて、北村さんは主体的に授業に参加する意思をもち、わかるから楽しいという時間を仲間と共有するようになり、自傷行為がなくなったのです。

　現在、一般就労に就き、毎月の給料を楽しみに毎日6時間労働をこなしています。最近北村さんに「人や自分の髪の毛を抜いたりしないのですか？」と質問すると、「もうしません！」と強い意思表示が返ってきてとても感動しました。

確かな成長・発達に確信

　今回の実践報告で４人の卒業生の成長の様子について報告しましたが、自閉スペクトラム症の方やADHDの方にとって、ジョイアススクールつなぎが「安心できる環境」と認めるまで時間がかかった事例を載せています。同時にノンストレスな環境で、時間をかければ自分から成長し始めるということに確信がもてる実践だったと言えると思います。

　東山さんは、豊かな人間関係の中で人を許せる感覚を身につけました。同時に自分を許せる人となりました。こだわりが減り、頼もしい成長をみせてくれました。

　西岡さんはあまり感情を見せない人でしたが、自分に対して当たり散らす南さんが学校を休んだ時、正直に笑顔で「うれしい」と話してくれたことがありました。複雑な思いもありますが、西岡さんが自分の感情を素直に語ってくれたことから、人との関わり方に大きな成長を感じたことでした。

　南さんの成長は、高等部時代には見つけにくかったADHDに対する気づきと、保護者との信頼関係がかみ合ったことがよかったと思います。知的の支援学校では、知的障害の範疇に重複で自閉スペクトラム症は認められても発達障害のADHDの重複は、あまり意識されない現状が危惧されます。保護者もその意識がもてなかったことなどからすると、支援学校の相談機能の充実が求められると感じます。

　最後に、北村さんの成長は画期的と言えるものでした。小学生の時から北村さんを知る教員が、その成長に驚きの声を寄せてくれたこともありました。私自身も支援学校で長く勤務しましたが、自傷行為がなくなる事例は見たことがありません。自閉スペクトラム症の人にとって、学校や社会がストレスだらけで、自傷行為が簡単になくならない環境であることはとても残念です。今後とも変えていきたい大きな課題です。

　ところで恒例の絵画展「絵のうまみ展」を今年も開催したところ、卒業生がたくさん鑑賞に来てくれました（写真）。彼らはそれぞれの進路先で充実した職業生活を送っていますが、時々つなぎのグループホームに泊まって会話やゲームを楽しんでいます。働くようになっても友人関係が続いていることをうれしく思います。時々訪ねてくれる卒業生から近況を聞くことも楽しみです。

　以上、３事例を紹介しましたが、『自分づくり』というキーワードをとても大事にしています。その実践は一人ひとりに合わせて展開していますが、基本的に学生が徹底的に主体的になれる環境づくりと、ゆっくりした成長を待てる支援者の総合的支援につきると思っています。

　今後とも奈良らしい運動の進め方で、２校目３校目と専攻科を広げていきたいと思います。

（阪東俊忠）

就職してもつながる卒業生たち

学校・事業所名	ジョイアススクールつなぎ
所在地住所	〒630-8141　奈良県奈良市南京終町7丁目540-5（2F）
設置主体（法人名）	一般社団法人みやこいち福祉会
設置年月日	2013年4月1日
定員数（2020年度）	40人（自立訓練・就労移行支援の多機能型・それぞれ20人定員）
ホームページ	https://joyous-tsunagi.com
利用制度	☐ 学校教育法「一条校」　☑ 自立訓練（生活訓練）事業　☐ 生活介護事業 ☑ 就労移行支援事業　　　☐ 地域活動支援事業 ☐ その他

沿革（主だったもの）
・2012年11月21日　一般社団法人みやこいち福祉会設立 ・2013年 4月 1日　自立訓練（生活訓練）事業指定、「ジョイアススクールつなぎ」第1回入学式挙行 ・2015年 3月27日　第1回専攻科修了式挙行 ・2015年 4月 1日　自立訓練事業の3年目延長利用 ・2016年 4月 1日　就労移行支援事業指定「かち創造科」の整備、「相談支援事業所とびら」開所 ・2017年 3月 1日　グループホーム（定員4名）事業開始 ・2019年 4月 1日　就労定着支援事業開始 ・2019年 9月 3日　「つながりかふぇ」（駅前喫茶）営業開始：3～4回生の実習に利用

趣旨・目的
①青春を謳歌し、人格的な成長を促し、アイデンティティの確立を支援する。 ②障害のために高等部で教育年限を修了する青年に、高等部の上級課程、高等教育を提供する。 ③人間発達理論における青年期の成長・発達の事実を臨床的に明らかにする。 ④実践を通じて、高等部卒業時に就労し、数年後にリタイアするケースを防ぐことにつなげる。

特　徴
・専攻科の2年間は、青春を思い切り楽しむ。いわゆる作業学習はしない。 ・専攻科の特徴：①怒られない、②成績がない、③授業に出るか出ないかは自分で決める ・自己決定、自己選択の機会を徹底的に大切にする。 ・基本的な方法として、テーマを投げて、なかまで解決するまで、あきれるほど待つ。 　討論したり、意見を出しあったり、調べたり、投票で決めたりしながら、人と協力することを通して解決にあたる「問題解決能力」を高める。 ・職員は、一人ひとりの人格的成長・発達を見逃さずに共通理解し、常に支援者全員の「総合力」で支援することを考え方の基本とする。 ・各授業を大切にし、学生のニーズや情勢に合う内容を工夫・新規開拓していく。 ・2回生の終了時に、個人別テーマ研究発表会を経て、修了証書を授与する。 ・3回生から社会への移行期間と位置づけ、就労準備教育を行い、4年目もしくは4年終了時に、就労目的実習等により、自分の進路を切り開き決定する。 ・現在、1～4期生まで卒業した。進路状況は以下の通り 　・1期生：3名（就労継続B：1、一般就労：1）、1名は2回生修了時に、就Bに進路変更 　・2期生：4名（就B：2、就A：1、一般就労：1） 　・3期生：5名（就B：1、一般就労2、生活介護：1、進学1） 　・4期生：8名（就A：1、一般就労3、就労移行延長・別事業所：2、進学：1、進路変更：1）

社会福祉法人いずみ野福祉会
シュレオーテ

障害の重い人でも通える学びの場を目指して

シュレオーテの開所当初、私たちは学びの場という新しい分野で、どうプログラムをつくっていけばいいのかわかりませんでした。なので、まずは同じ福祉型専攻科として先立って行っていた和歌山県のシャインやフォレスクール、大阪府のぽぽろスクエアの実践を見学し、それをそのままコピーするように実践をしてきました。

しかし、2年目、3年目…今はもう7年目になり、障害の重い人でも通える学びの場として、シュレオーテなりの実践が出来上がってきました。シュレオーテに通う青年たちと一緒に「あーでもない、こーでもない」とこれまでに創り上げてきた実践の報告をさせてもらいます。

2年制から4年制へ、集団の構成をどう考えるか
"あーでもない、こーでもない"と基礎集団のあり方を考えた

1年目は雑居ビルの一部屋で8名の集団でのスタートでした。2年目には11名の新入生を迎え大所帯となり、部屋が手狭になったために新しい建物に引越しをしました。

2年目の春が終わろうとするころには、支援学校から見学や実習の連絡が来るようになりました。その時にふと「そうか。もう1期生は卒業のことを考えないといけないのか?」と思いました。1年かけてやっと学生たちもシュレオーテで、自分の思いを出してくれるようになり、それに私たちも応えることのできる形ができてきたところでした。なのに「もう卒業? 早すぎる!」というのがその時の職員の率直な気持ちでした。また、家族からも「2年間では短すぎる。延長できないか?」という声も上がっていました。

そこでヒントをいただいたのが全国専攻科(特別ニーズ教育)研究会の夏期講座で

どっちにしようかな

した。専攻科では「高等部３年」＋「専攻科２年」＝合計５年間という見通しでプログラムを構成していました。高等部でゆっくりと青年期らしい活動を行い、専攻科で働くことや将来についてじっくりと考えるというものでした。それにくらべてシュレオーテの場合は、支援学校高等部から環境の変化があまりにも大きく、連続性がありません。そのためシュレオーテでは「自由度が高く、みんなが参加できる、青年期らしい活動」と「生活面を中心とした学び」を２年間＋「働く大人への準備」を２年間＝４年間が必要と考えました。

　３年目を迎えるにあたって、基礎集団をどのようにするかの問題が出てきました。３期生になる新入生が２名でこれまでの学年別の基礎集団では、人数のバランスがよくないことや、障害の程度の違いも大きく、プログラムの設定の難しさがありました。職員間の議論でも「生活年齢の重みは無視できない」「課題別に分けてしまうと親から異論がでないか？」「集団が10人以上になると騒がしく落ち着かない」などさまざまな意見が出ました。そこで、集団の分け方としては、学生同士の関係性の面と集団の人数の面、そして、一人ひとりの課題という面を優先して考えることにしました。

　自閉症の人の中には、どうしてもあの人の声が苦手など、感覚過敏への配慮が欠かせません。学生同士の関係性の配慮は「安心して過ごす」という点でとても重要でした。そして、集団の人数としては、10人を超えるとどうしてもザワザワと騒がしくなってしまい落ち着かない、何かを話し合って決めるときには意見を言い出しにくい、話がまとまりにくいなど問題がありました。そ

のため、基礎集団は、学生同士の関係性に配慮した１グループ７人前後という結論になりました。また、基礎集団とは別に活動によっては、学生たち一人ひとりの課題に合わせてグループを分けるようにしました。例えば、「体操」の場合は、車いすの人や身体が硬くなりやすい人が、ストレッチなどで身体をほぐしたり、伸ばしたりすることを中心としたグループと身体を思いっきり動かして有り余るエネルギーを発散させるグループに分かれます。他には「将来ミーティング」という進路選択に向けてのプログラムは３年目・４年目で“働く”ということに興味や関心が出てきた人たちが、基礎集団とは別に分かれて行います。このように学生たちの課題に合わせた教育要求に沿った対応を臨機応変に考える必要がありました。

　現在のシュレオーテは、基礎集団とは別に集団が分かれる活動がいくつもあるため、環境や生活の流れに見通しをもつことがとても大事な人にとっては、毎日が目まぐるしく変わる生活になじむのが難しい部分があります。どのように見通しをもってもらうのか？　その人にあった集団やプログラムをどう考えていくのかが今後の課題です。

自由度の高さを求めて！
“ソーシャルサーカス”でダンスへの参加が増えた！

　シュレオーテ開所当初の学生たちは、踊ることが大好きな人たちがたくさんいました。彼らはいろんな振り付けにも挑戦し、踊れることで達成感を感じていました。それと曲のリクエストに合わせて振り付けを講師の方がつくり、それに学生たちがそれぞ

れのアレンジを加えながら2年、3年と取り組んでいきました。それから毎年、学生たちが卒業していき、春には新しい学生たちが入学してきました。

　新入生が入っても今までと変わらずダンスの活動を取り組んでいると「ん？ソファに座っている学生がたくさんいるな〜」と感じることが多くなり、その学生たちの様子を見ているとダンスの前に行う体操には参加するけど、いざ曲が流れダンスを始めると気難しい表情で参加する学生や振り付けが難しく立ち止まる、振りはできてもテンポに追いつくことができない学生が、ソファに座り込んでいたのでした。ダンスの講師と相談し、どうすれば楽しんで参加できるだろうと…、ここからアレンジ開始！！

　まず、第一のアレンジとして"フリーダンスのチャンスを増やそう"と考えました。新しく曲を決めダンスに取り組む際に十数秒のフリーダンスの場所をつくり、そこでは決められた振り付けをつくらず、学生それぞれが考えたダンスで楽しんでもらえるようにしました。

　フリーダンスの場面を作ったことで、いろんな振りをする学生が増え、参加する学生も増えました。また、フリーになるとどう踊ればいいのかわからない学生には、講師が前で振り付けを披露することで、それに合わせて踊ったりと楽しんでいました。

　でもフリーダンスの時間が終わり、いつもの簡単な振り付けありのダンスに戻ると追いつくことができず、結局すぐにソファに座ってしまう学生もいました。

　第二のアレンジとして"好きな曲を選んで、その曲に合わせて楽しく自由に歌って、踊ろう"と考えました。今度は振り付けをす

べて決めず、1〜10まで全部自由に踊ってもらいます。そして、マイクを出して歌をうたうだけで、ダンスが踊れなくても一緒に参加できる楽しみをもてるようにとアレンジの工夫もしました。

　でもどのアレンジもみんなが参加できる内容に至らず、また次の年に新しく入ってくる学生が、あまりダンスに積極的ではありませんでした。そこで改めてみんなで少しでも多く参加できる方法はないかと悩み、みつけたものこそが「ソーシャルサーカス」でした。

※ソーシャルサーカスとは、ヨーロッパで25年以上前に始まり、貧困・障害など社会的（ソーシャル）な問題を解決するサーカスです。サーカスで使用する道具や表現などを用いて障害の有無や程度、種別関係なく行うことができ、協調性、問題解決能力、自尊心、コミュニケーション力などを総合的に育むことを目的にしています。有名なサーカスでは「シルク・ドゥ・ソレイユ」があげられます。また「スローレーベル」という団体は、世界各地のサーカス団と連携し、リサーチを重ね、シルク・ドゥ・ソレイユのサポートを受けながら、全国に広めるプログラムに取り組んでいます。その「スローレーベル」のパフォーミングディレクターである金井ケイスケさんのサポート（講習）を受けたシュレオーテの講師の下で取り組んでいます。

　シュレオーテでは、リングやスカーフを用いてソーシャルサーカスに取り組んでいます。音楽に合わせながら道具を使いリングをハンドルのように回してみたり、上に投げたり、腕に通してグルグル回したりしています。一つの動きを長く、一回ずつ区切りながら変化を少なくすることで、次の動きに遅れても挑戦することができるようにしました。すると「これならできるかも」「やってみたい」という気持ちになり参加する学生が増えました。その中で「こんなことできるよ」とみんなとは違う得意技を披

露する学生も出てきて、またそれを見て「自分もしたい」と挑戦する学生も出てきました。他にも二人ペアでリングをキャッチボールしたり、一人の学生の頭にたくさんスカーフを乗せたりと個人だけでなく他の学生同士でも関わるきっかけにもなりました。

ソーシャルサーカスをした後は、いつものダンス！　でも今までと違うのはここからです。普段から振り付けに縛られて参加することを嫌がっていた学生たちが、ソーシャルサーカスをすることによって「リング使ってみよ」など道具を引き続き使用したり、自分のアレンジを加えたダンスを披露してくれるようになりました。

ソーシャルサーカスを取り入れることで振り付けの縛りを解き放ち「自由に踊っていいんだ」「こんなダンスをやってみたいから見て！」という個人の表現と「誰かと一緒に踊りたいな」という他者との関係性が生まれました。

ネットなどに書かれているソーシャルサーカスとは違うと思いますが、シュレオーテのアレンジ版で取り組み、みんなが楽しめるダンスとなりました。今後も新しく通う学生たちを見ながら、活動の内容をアレンジしていきたいです。

大声を出して、踊って、スカッと気分爽快。よさこいで青年らしく躍動

青年期の彼らにとって体を動かし、気持ちを発散させることはとても大切なことです。シュレオーテが開所して活動プログラムを考えていた時に、職員によさこいの経験者がおり、「やってみよう」と活動をはじめました。シュレオーテでの「よさこい」は、各地のよさこいの踊り、イベントの総踊り（よさこい祭りで踊られる、全員参加の踊り）として踊られている曲を使っています。「南中ソーラン」や「くるくる丼」「うらじゃ音頭」「よさこい鳴子踊り」などです。総踊りの振り付けは簡単で繰り返しが多く、曲調も親しみやすいため、すぐに踊りを覚えることができたり、踊りが苦手な学生でも参加がしやすく、楽しんでいる様子が見られています。

シュレオーテではもちろん、踊りの振り付けの練習は行いますが、必ずしもその通りにしなければならないことはなく、曲に合わせて体を揺らすだけでも、手を振るだけでもいいのです。踊りを通して自由に自分を表現することを大切にしています。失敗も成功もありません。特に「うらじゃ音頭」は、振り付けが簡単なことに加え、みんなで手をつないで輪になる場面があるので、普段、集団になかなか入りにくい学生でも自然と輪の中に入り、一体感を感じることができます。大きなかけ声と全身運動、そこにみんなで成し遂げる達成感や一体感が加わり、曲が終わった時には、「やったな！」「僕、上手にできた」「楽しい！」と喜びをみんなで共感することができます。

年に数回、みんなが頑張って練習したよさこいを発表する場があります。舞台に立って、たくさんの観客の前で発表するこの機会は貴重な経験であり、シュレオーテでは大切にしています。中には緊張してしまい、いつもの踊りを踊れなくなってしまう人もいますが、それでもよいのです。「緊張したけど、最後まで舞台に立てた！」といった少しの自信は、次の発表の場に向けて期待へと変化していきます。発表の場という目

指す舞台があるからこそ、日ごろの練習にも自然と力が入ります。

「やってみよう」で始めたよさこいですが、失敗も成功もなく自分を表現できる、楽しく体を動かせる、大きなかけ声で気持ちを発散させ、仲間と共に達成感を感じることができる、「みんなとだから頑張りたい」と思える等、シュレオーテの中でもとても意義のある活動として位置付いています。

仲間がいるから行きたい、楽しい、伝えたい

入学してから3年目の学生である山口さんは、ダウン症の障害があり、発音が不明瞭であるために言葉が伝わりにくい困難さを抱えています。しかしシュレオーテの学生生活の中で、自分のことを伝えたい気持ちが高まってきている様子があります。

例えば支援学校から来る実習生への自己紹介では、自分の好きなことを「1番、ややこしや（NHKのにほんごであそぼ）。2番AKB。3番おかあさんといっしょ」と自信たっぷりに語ります。帰りの会でも相手に聞こえる声の大きさで「朝、カラオケしました。昼ダンスしました」などと、今日取り組んだことを話しています。

入学時からこのような様子が見られたわけではなく、例えば帰りの会では、すぐ隣に座っている職員にも聞こえないほど声が小さく、聞き取りにくいことが多くありました。印象としては静かでおとなしい新入生でした。また、好きな活動であるカラオケの準備は主体的に進めますが、そうでもない活動はソファに座ってゆっくりしていて、声かけをすると手を横に振り、「しない」とジェスチャーで伝えていました。

そんな山口さんは、これまでの学生生活の中で、どのように変化していったのでしょうか。エピソードで紹介します。

スポーツのスロープボール（ボールをスロープで転がし、ポケットに入ると得点というゲーム）では、山口さんの出番になり、気合い十分でボールを転がしました。持ち球3球の内、3球ともポケットに入るまで、もうちょっと！のところで止まってしまい、

肩を組んで仲良くカラオケ

パーティを盛上げる司会　　　　　　　　ケーキ係が今年のケーキを紹介します

悔しそうな表情をしていました。すると、あまりにポケットまでもう少しの距離だったので、仲間がちょんとボールを小突いてくれて、ポケットに入りました。山口さんはうれしくて仲間のところに向かい、喜びと感謝のハイタッチを交わしていました。山口さんは悔しい気持ちを言葉では出していませんでしたが、その気持ちを受けとめてもらえたことで仲間の存在を感じていました。仲間関係が豊かになってくると、主体的に参加する活動も増えてきました。

シュレオーテ名物の一つ、クリスマスパーティーは学生同士で作り上げる手作りパーティーです。山口さんはケーキ係、食事係などの中から「歌を披露したい」という気持ちで舞台発表係を選びました。発表内容も学生同士で意見を出し合います。他の学生からはダンスも披露したいという意見が出て、話し合いの結果、「歌とダンス」が披露演目になりました。

練習が始まった当初、ダンスは自分の意見ではなかったためなのか山口さんは歌のみ練習を行い、ダンスはソファで休憩していました。練習を重ねる中で、仲間が楽しそうに踊るDA PAMPのUSAを見ていると一緒に踊りたい気持ちが芽生え、前日のリハーサルからダンス練習にも参加していました。クリスマスパーティー当日は、仲間と一緒にノリノリでダンスを披露していました。

山口さんの主体的な気持ちは、仲間と楽しみたいという気持ちから育まれていきました。同時に仲間の役に立ちたいという気持ちからも育まれています。シュレオーテでは毎日、交代の当番で行う朝の会の進行や週替わりの給食当番があります。

給食当番はご飯や味噌汁を器に入れる役割があり、準備が終わると、「給食できました！」と仲間に報告します。山口さんは口パクで「できました」と伝えることが多くありましたが、毎日繰り返す役割の中で、仲間の役にたっている自分に出会い、自信に繋がってきて、「できました」のかけ声もどんどん大きくなってきました。

山口さんの相手に伝えたい気持ちは、仲間の存在、仲間から頼りにされる人間関係とともに広がってきています。

週の初めには「話し合い」という活動があり、休みに何をしたか、今週の予定の確認などを行います。山口さんは土日の過ごし方を言葉で発表してくれたのですが、なかなか聞き取れないことがありました。その時、ホワイトボードに「おすし」と書いて、家族で寿司を食べにいったことを発表してくれました。思いが相手に伝わったとわかった時、山口さんは満面の笑みがこぼれていました。

また、カラオケ活動で1曲しか歌えないことが嫌だった時は、帰りの送迎車に乗ろうとしない様子がありました。職員が「どうしたの」と聞くと、つらそうな表情をして「カラオケ」と職員に言いました。職員が「もっと歌いたかった?」と聞くと「そう」とうなずき、「明日もカラオケあるよ」と伝えると気持ちが切り替わり、笑みがこぼれ、送迎車に向かうことがありました。初めは言葉で伝えることが少ない山口さんでしたが、伝えたいことが伝わったときの喜びの経験を積み重ねることで、伝えたい気持ちが育まれたのだと思います。

シュレオーテの学生は、大切な仲間という存在から集団を意識し、仲間のために役割を頑張るという、将来は労働につながっていく力を育みます。そして自分はどんなことが好きなのか、あるいは苦手なのか、じっくりと自分と向きあいながら、自分の気持ちを出す経験を積み重ねています。支援学校を卒業してすぐ働くこととは違う、重要な学生としての時間がシュレオーテでは流れています。

山口さんはシュレオーテの学生生活の中で、大切な仲間ができました。大切な仲間とともに、役割やさまざまな活動を楽しんでいます。

残りの学生生活の中でも仲間と青春を楽しみながら、自分の気持ちをしっかりと伝えることができる大人へとなっていってほしいと願っています。

"安心"の保障と集団や環境、プログラムを学生にあわせて

シュレオーテでは「自由度が高く、みんなが参加できる青年期らしいプログラム」を大切にしています。これは具体的には安心して"参加"できること、安心して"自分を表現"できること、安心して"チャレンジ"できることなどです。集団・環境を整えることで"参加"できるという安心感。逆に参加を前提とせずに周辺参加が認められるという安心感。上手か下手か、成功か失敗か、早いか遅いか、といった評価の目から解放される安心感。このように仲間の中で自分の気持ちを出せる、それを受けとめてもらえる、ありのままの自分でいいんだと思える、だから「やってみたい」というチャレンジする気持ちが生まれるのです。

"安心"をいかに保障して、集団や環境、プログラムを学生に合わせて考えることができているかが、重い障害がある学生たちへの支援のポイントであり、私たちは「あーでもない。こーでもない」と常にそこに向き合ってきました。その結果、シュレオーテの実践の基礎ができたと言えるかもしれません。これからも作り上げてきた基礎を忘れることなく、学生たちの青春に一緒に向き合っていきたいと思います。

（小泉仁志・福島光樹・新家知美・雑喉谷薫平）

学校・事業所名	シュレオーテ
所在地住所	〒596-0102　大阪府岸和田市山直中町841
設置主体(法人名)	社会福祉法人いずみ野福祉会
設置年月日	2014年4月1日
定員数(2020年度)	20人
ホームページ	http://s-izumino.jp/
利用制度	☐ 学校教育法「一条校」　　☐ 自立訓練（生活訓練）事業　☑ 生活介護事業 ☐ 就労移行支援事業　　　　☐ 地域活動支援事業 ☐ その他

沿革 (主だったもの)

2014年4月　岸和田障害者共同作業所の生活介護事業の1グループ（8人）として開設。
2015年4月　新築移転して新入生11人を迎え入れ。2年目は合計19人になる。
　　　　　　以降は生活介護事業（定員20人）の福祉事業型専攻科として運営。
2016年4月　2年制から4年制に変更。
2018年4月　3月に第1期生が卒業して5年目を迎える。5周年記念誌作成
2019年4月　自立訓練（定員6人）生活介護（定員14人）に変更。
2020年4月　生活介護（定員20人）に変更。

趣旨・目的

　「生きる力をなかまとともに」というスローガンを掲げ、重い障害がある青年も通うことのできる学びの場として開設。開設当初は2年制の設定だったが、もう少しゆっくりじっくりと「働く大人」への準備をしていくために4年制に変更した。生活面の学びを中心課題としながら3年目と4年目には「働く大人」への準備としてのプログラムを設定している。現在は、佐野支援・岸和田支援・泉南支援・泉北高等支援・和泉支援等、支援学校の高等部卒業生の進路の新たな選択肢の一つとして注目されている。

特　　徴

　学生の多くは、特別支援学校高等部卒業後入学している。知的障害の重い人が多い。18名中、送迎利用者が17名。話し言葉、書き言葉でのコミュニケーションが困難な状況の人や基本的生活習慣の確立が課題となっている人もいる。全員で活動するプログラムは、自由度の高い活動を中心にして、主体的、能動的に参加できるように工夫している。知的と身体の重複障害の人もいるので食事、排泄、移動などの介護度が高い。その中でも、働く大人への具体的な準備として、3年目からは、「働く（アルバイト）」、4年目に「将来ミーティング」という卒業プログラムに取り組んでいる。卒後の進路は福祉事業所が中心であり、これまでの実績としては生活介護、就労継続支援B型の事業所へ進んでいる。
●基本学習プログラム
　生活学習、調理、課外活動、選択活動、シュレ農園、話し合い、よさこい、シュレ太鼓など
●特別講師によるプログラム
　スポーツ、ダンス、音楽、体操、陶芸、健康教室、こころとからだの学習（性教育）、特別講座（身だしなみ講座、おしゃれ講座、手洗い講座など）
●卒業プログラム
　将来ミーティング（進路指導）、働く（アルバイト）
●行事
　シュレ旅行、活動発表会、クリスマスパーティー、ハロウィンパーティー、成人を祝う会等

青年期集団の中で育まれる自制心

はじめに

　まなびキャンパスひろしまが開所して6年目になります。青年期という共通点をもちながらも発達の姿はさまざまであり、集団で学習や活動をする良さを感じるとともに、難しさも実感しています。今回取りあげる「自制心の形成」は、青年期教育の場においても課題としてかかえる学生は少なくありません。自制心は集団のなかで形成されます。

　郁さんの姿を通して、青年期集団のなかで学生が、どのように自制心を形成してきたか、報告します。

入学当初（4月〜6月）の様子

（1）やりたくない！　ほめられることはうれしくない!?

　郁さんは、私がまなびキャンパスの支援員1年目に入学してきた学生です。入学直後からさまざまな場面で「やりたくない！」と怒りや拒否をみせる郁さんの姿に、最初は戸惑いました。授業プリントを配布されただけで「書きたくない！」、読む順番がまわってくると「やりたくない！」とプリントを払いのけて泣く姿が続きました。郁さんの文字の読み書きの状況（ひらがなは1文字ずつならゆっくり読み、書くことができる。書くときは誤字、脱字があることも多い）から、読み書き場面が多いまなびキャンパスの授業は、本人にとってストレスが高くなることは当然と思われました。ただ、怒りと拒否の表出が激し

テーマ研究発表会前日にみんなで円陣を組みました！

いため対応方法に悩みました。

　授業準備等のちょっとした仕事に「やりたくない！」と泣いて怒り、生活面で自分でできることもやろうとしませんでした。スタッフや他の1年生から「郁さん、すごいやん」とほめられても、最初は「もうやめて！」と怒って言い返すことが多くありました。ほめられることが嫌というよりも、注目されることが苦手なようでした。授業で前に出ることや当番で号令をかけることも激しく拒否し、緊張しやすく不安が強い、自信のなさからくる姿だとも思われました。このような郁さんをどう支援したらよいのか、試行錯誤が始まりました。

（2）郁さんをとりまく1年生集団の様子

　郁さんの言動は周りの学生たちにも影響を与えました。1年生は郁さんを含めて6人（女性4人、男性2人）いましたが、その中には大声や泣声が苦手な人が少なからずおり、不調や不満を訴えるようになりました。クラスに元気がないことは感じていましたが、担任の私は一人ひとりの対応に追われ、「集団の中で学生たちが成長する」「仲間との関係で、どのような力をつけていくか」という視点を欠いていました。担任は他のスタッフに相談し、①郁さんの困った行動の背景と発達課題、②郁さんや他の学生が困っていること、日々起こる問題を1年生全員で共有することの大切さ、③郁さんが集団のなかで役割をもつことの大切さを確認し、対応を検討しました。

本人への対応──発達をふまえて

　郁さんは発達的には自制心を形成していく2次元可逆操作獲得期（田中昌人「可逆操作の高次化における階層─段階理論」）で、自分の感情を誇りをもって制御する力をつけることが発達課題の一つでした。難しいと簡単、はずかしいとはずかしくないなど、対の評価や対の感情を自覚して捉えられるようになると、「はずかしい」「むずかしい」といったんは引っ込み思案になる時期があります。それが徐々に、「はずかしいけれど発表する」「不安だけれど挑戦してみよう」など、単なる嫌なことを我慢するのではなく、マイナスの気持ちを折り込んで「〜ダケレドモ…スル」とプラスの気持ちや行動につなげていけるようになります。

　不安が強く、スタッフや仲間と安心した関係ができていない郁さんが自制心を形成するためには、信頼できる集団とそこにおける本人の役割・位置づけが必要でした。また、郁さんが泣いたり怒ったりして葛藤しながら頑張ったことは、結果を評価するのではなく、葛藤した気持ちに共感し、「○○だけれど、〜したね。だから□□だったよ」と葛藤した気持ちを折り込んで頑張った経過を言葉で本人に伝えることを大切にしました。

　文字の読み書きについては、郁さんは話し言葉が豊かなので、授業や一日の振り返りの時に、自分の思いを話し言葉でしっかり表現できるよう、郁さんから丁寧に聴き取ることをしました。郁さんの話をスタッフが書き留め、郁さんも徐々にキーになる単語や短文は嫌がらずに書くようになりました。また、お母さんにも本人が嫌がらず毎日書いていたスケジュール帳の文字をほめてもらうようにお願いしました。郁さんはほめられることを素直に喜び、以後、スタッフに

も「見て！　びっくりした!?」「私、字書けるようになったん？」と笑顔でスケジュール帳を見せるようになりました。

集団への対応

（1）学生の困っていること、日々起こる問題を１年生全員で共有する

郁さんや他の学生が困っていることについて、個別対応が中心になり、１年生全員で共有することができていませんでした。そのため、郁さんの言動を１年生が正しく捉えられず、困った人とみていたと思います。担任の対応も「困った人」への対応になっていました。それではいけないと思い、郁さんの言動の背景にある、郁さんの思いや困っていることをできるだけ学生に伝えるようにしました。

優しくて、どちらかというと自分の気持ちを引っ込めて譲ってしまう学生３人が、郁さんにきつく言われるトラブルが続きました。学生から訴えがあった時には担任は「いやだと言っていいよ」と仲間から言い返すことを促しました。しかし、郁さんは言い返されるとさらにきつく、しつこく言い返してしまい、間にスタッフが介入しても話し合いはうまくできませんでした。

ある日、誕生月で一つ年上になった学生が、郁さんの言動をのみこんだ様子を見せると、スタッフが目くばせしながら「さすがお姉さんやね」とほめました。するとその学生は笑顔になってうなずきました。以後、その学生は困って泣いている郁さんに「大丈夫だよ」と励ましたり、「郁さん、すごいね」と郁さんの頑張りを認める発言が多くなり、郁さんに対する優しい言葉かけは少しずつ

他の学生にもひろがっていきました。

（2）仲間と楽しい経験をたくさんする

郁さんは高等部時代、クラスに話す人がいなくて、友だち関係があまりなかったとのことでした。友だちとの楽しい経験が少ない学生は他の１年生にもいました。仲間と一緒に楽しい経験を積み重ねてはじめて、「仲間と一緒だからやってみよう」「仲間が困っているから助けてあげよう」と気持ちが揺れ動き、仲間関係のなかで自分の気持ちを誇りをもって制御できるようになります。１年生には歌やダンスが好きな学生が多かったため、誕生会やホームルームなどの時間にできるだけ歌やダンスの機会を設けました。

夏のある日、モニタリングを行いました。郁さんは「やりたくない！」と紙を机から飛ばしてしまいました。その２日後、ホームルームで歌とダンスをして「前期の打ち上げ」をしました。いつもは見ているだけの郁さんも、この日は仲間を誘ってダンスを楽しみました。郁さんは踊りながら「楽しい〜」と言い、自分から「あの紙（モニタリング）に書くのはいつするん？」と担任に聞き、「私、まなびやめんよ〜」と言いました。

まなびキャンパスでは楽しい行事や活動がたくさんあります。役割をすることに拒否感が強い郁さんに、仲間の姿を通してさまざまな役割があることを知ってもらい、仲間が頑張っていることをみんなで認め合うことを大切にしました。郁さんが「私もやってみたい」と思うようになるまでゆっくり待つことにしました。

（3）「まんざらでもない自分」を感じる

夏ごろより「ほめられるとうれしい！」と

いう姿が、少しずつ見られるようになりました。それまで不安が強かったバス通所も一人で挑戦するようになり、自力通所をしていない学生から「すごい！」と感心され、顔を赤くして照れるようになりました。泣いて怒っていたトイレ掃除も頑張れる日が少しずつ増えました。そのつど「一人は不安だったけど、バスに一人で乗ったんだね」「トイレ掃除、しゃがんでするのはしんどいけど、丁寧に最後まで拭いたね。みんなが気持ちよく使えるね」などの言葉かけを意識的にしました。

郁さんは「私、一人で来られるようになったん？　すごいん？」、「みんなもうれしいん？」と聞き返すようになりました。これらのことは、帰りの会でもみんなに報告しました。他の学生からも「郁さん、すごいやん」「郁さん、ありがとう」と言われ、郁さんは怒らずうれしそうにするようになりました。そして郁さんは、他の学生のことも「○○さん、すごいじゃん！」と認める発言をし、休みの仲間の掃除を「代わりにしてあげる」と急いで掃除に向かう姿も見られるようになりました。

保護者参観が近づき、郁さんは最初「何で土曜日に来んとあかんの！」と泣いて不満を訴えていました。しかし、他の学生が司会や挨拶の練習をする姿を見ていた郁さんは、参観2日前に歌詞の模造紙をホワイトボードに貼る係を自分からやり始め、いつもはスタッフがする歌詞を指す役を前に出てやり、手拍子もしました。

参観翌日の振り返りでは、仲間が自分の頑張ったことを言い出せないでいると「○○さん、司会頑張ってたじゃん！」と言い、別の仲間が「緊張したけど発表頑張りました」と発言すると「○○君、緊張したけど逃げずに立派だった！」と言葉をかけていました。

青年期教育の取り組みのなかで

以下では、まなびキャンパスでの授業に即して郁さんの変化をたどります。

〈テーマ研究〉好きなことに取り組む

テーマ研究では自分の好きなことをテーマにして調べ、まとめ、発表しています。郁さんは最初、調べた内容をパソコン入力することを嫌がっていました。少しずつ取り

テーマ研究の授業風景

組みを進めていくなかで、8月末に、自分が入力したプリントを印刷し、「パソコンいやじゃなくなった」「すごーい、ちょっと見てみよう」と言ってプリントをしばらく眺めていました。

その日の授業の振り返りは初めて一人で書き出し（"いんさつがよかったです　う（れ）しかったです　じがうてるよ（う）になったです"）、「今日は森さんに手伝ってもらわんくっても振り返り書けた」とうれしそうでした。このころから、いろいろな場面で字を書いて「早いじゃろ」「びっくりするじゃろ」と言ったり、自分の名前を漢字で書いて「漢字書けるようになるかな？」「漢字もひらがなも、私、逃げんようになった？　強くなった？」と言う場面が見られるようになりました。

11月には2年生のテーマ研究の体験研究（犬との付き合い方）に参加し、「2年生のテーマ研究決めた！　私、犬にする！」と一番早くテーマを決めました。実際、2年生になると犬の散歩を体験したり、犬の写真でコラージュを作ったり、インターネットで犬の画像をたくさん見たりと意欲的に取り組み、この授業の振り返りは、毎回書くようになりました。そして、この書き言葉は、仲間に伝えたい気持ちを綴ることにもつながりました。

〈こころと体の学習〉　仲間と成長を認め合う

2年生最後の「こころと体の学習」では、一人ずつみんなの良い所や難しい所を出し合います。自分のことや仲間のことを振り返り、お互いの良い点も少し苦手な点も認め合う機会になります。郁さんも、仲間やスタッフの言葉を手掛かりに、「前は書きた

くないって泣いてたけど一人で書けるようになった。うれしい」「1年の時は1階（2年教室）に行くのがはずかしかったけど、○○さんが声をかけてくれたけど、やっぱり泣いたけど、今は大丈夫になった」と自分を振り返り、前と比べ、良い自分を捉えることができました。

仲間からも「前は泣いてたね」「そうそう、フライングディスクみたいに紙を飛ばしてたね」などの発言があり、郁さんも含めて郁さんの苦手なことや以前の姿を笑い合い、変化した姿を認め合えるようになりました。さらに、「パソコンができるようになって、もっと頑張りたい」「（1年の）テーマ研究発表の時、泣いていた。今年も不安だけどみんなと発表したい」と、今後こうありたいという希望も語ってくれました。

〈将来の生活〉　自分の進路を自分で決めた

郁さんは、1年の秋にした職場見学の事前学習で「第二もみじ作業所（生活介護事業所）」をとても気に入りました。その気持ちは別の事業所の学習や見学をしても変わりませんでした。最初の頃は「行事やクラブが楽しそうだから」が理由でしたが、「働くこと」について学習をすすめ、仲間からやりたい仕事の話を聞くなかで、「私は第二もみじ作業所でさをり織りがしたい」と言うようになりました。

1年生の終わりに担任から郁さんに「何で第二もみじ作業所に行きたいの？」と聞くと、「仲間がいっぱいおるから」と返事が返ってきました。仲間のなかで自分の持ち味を発揮してきた郁さんだからこその言葉でした。

まなびキャンパスの進路指導では、進路

先を決める時、仕事内容、余暇、職場集団の3つの視点から考えるようにしています。郁さんが第二もみじ作業所を選んだ理由はこの3点が自分の思いとあっていたからでした。郁さんは職場実習に行く数日前から、「作業所の実習、一人で行くん？」と言いながらポロポロと涙が出ることが何回かありました。でも、決して「行きたくない！」とは言わず、実習に行くために自分の気持ちを制御しているようでした。誇りをもった自制心です。

その後、第二もみじ作業所の所長さんから通所決定の電話をもらい、最初は笑顔で電話を聞いていた郁さんの目から涙がこぼれました。以前、仲間のうれし泣きを見て、「何でうれしいのに泣いてるん？」と不思議そうにしていた郁さんですが、この日はじめて担任は、郁さんのうれし涙を見ました。

青年期集団に必要な視点

郁さんは1年の秋以降、そして2年目も仲間との関係でさまざまなことに挑戦し、仲間と楽しむ姿を見せてくれました。「やりたくない！」と泣いてしまうことも時々ありましたが、入学当初のように人を寄せ付けない怒り方は激減し、「はずかしい」「一人じゃ不安」などやりたくない背景を言葉にして訴えられることも多くなりました。郁さんのその時の涙は、「○○だけど、しないといけないな」「○○だけど、やってみようか…でも」といった、葛藤している涙に変わりました。泣いては考え、泣いては頑張る姿をたくさん見せてくれました。

仲間と学習や活動の機会を重ね、お互いの頑張りと困っていることや不安を認め合

注：「将来の生活」の授業で、進路先が決まった後に郁さんが一人で書きました。
下記は書き終えた直後に郁さんに読んでもらったものです。
　　しごとをがんばりたい。
　　みんなと なかよくなりたい。みんな なかまが いっぱい。
　　みんなが やさしかったです。よかったです。
　　みんなが えがおで おしえてくれました。
　　じっしゅうは みっかかん ふあんだったけど
　　ないてできないときもあったけど がんばったです。
　　なかまに しごとをおしえてもらって　がんばりたい。
　　しごとがうまくできるようになりたい。こうちんを もらったら
　　ヘルパーさんについてきてもらって かいものがしたい。
　　ごはんも たべにいきたい。

う関係ができてきたからこそ、「仲間と楽しみたいから」「仲間が励ましてくれたから」という気持ちが芽生えてきます。そして、仲間の思いを受けとめ、仲間と一緒に、または仲間のために頑張ろうと、自分の気持ちを制御する心の働きがみられるようになります。

青年期になると、つらいこと、自信がもてなくなる経験を誰もがしてきており、相手の困っていること、しんどいことを想像し、共感することができます。これまでの自分をみつめ、これまでとは少し違う自分に出会うためには、①自分の思いや困っていることを仲間に伝えて何とかなったという経験、②仲間との楽しい活動、③周りからの期待・役割のなかで、いつもの自分より少しだけ頑張る活動で、本人が手応えを感じることが大切だと考えています。

（森　周）

学校・事業所名	まなびキャンパスひろしま
所在地住所	〒730-0051　広島県広島市中区大手町五丁目8-7　やしきビル
設置主体（法人名）	特定非営利活動法人　まなびや
設置年月日	2015年4月1日
定員数（2020年度）	20人（21人）
ホームページ	http://www.npo-manabiya.com/
利用制度	☐ 学校教育法「一条校」　　☑ 自立訓練（生活訓練）事業　　☐ 生活介護事業 ☐ 就労移行支援事業　　　　☐ 地域活動支援事業 ☐ その他

沿革（主だったもの）
2013年度　保護者が中心となり18歳以降の教育延長を求め、講演会の開催等を行いながら準備を進めた。
2014年度　保護者が中心となる特定非営利活動法人を立ち上げた。
2015年度　4月1日　まなびキャンパスひろしま　開校 　　　　　市役所から南西へ200メートル、平和公園から南へ1キロの市内中心部に近い場所にあり、会議室・調理実習室・体育館・図書館などの施設が利用しやすい。
2019年度　利用延長を要求して役所と交渉（1年延長6人・半年延長1人）
2020年度　福祉型4年制大学への移行へ向けて準備中

趣旨・目的
1．目的　障害者の教育権の行使と拡大
2．基本方針（1）集団のもつ力を使って個人の内面を育てる。 　　　　　　（2）活動を通して学ぶことを重視し、体験を多く取り入れた活動を大切にする。

特　　徴

1．障害者の教育を受ける権利の保障と拡大の取り組み
（1）2019年度は、利用期間1年間延長を3期生11人中7人要求。
　　「申請者が多すぎる。利用期間延長を前提として運営するのはいかがなものか」と言って、認めようとしない広島市と、保護者も巻き込んでねばり強く交渉した。結果は、6人は1年延長できたが、1人は半年（9月まで）しか延長できなかった。この学生には残りの半年は無報酬で通所してもらった。
（2）現在、2021年度から福祉型4年制大学（自立訓練を2年間・就労移行を2年間）を目指して準備中。
2．体験を重視
（1）チャレンジ企画
　　班で計画を立てて外出し楽しむ。ねらいは、主体的に余暇活動ができるようになる、コミュニケーションの力を高める、見通しをもって行動できるようになるためなど。
（2）日常的に買い物体験
　　計算はできなくても買い物はでき、いろんな方法があることを伝え、経済などの時間にキャンパスで使う日用品を、3〜4人のグループで買いに行く。自分の服を買い、ファッションショーを開催するなど。
（3）積極的に電話を使用
　　欠席や遅刻連絡、職場見学や実習の申し込みなどを本人が電話を使って行う。
3．多様な集団の編成
　　通常は学年単位の集団を基礎集団として活動。活動に応じて多様な集団を編成して取り組んでいる。
（1）課題別グループに分けての支援
　　表現（言葉）や経済（数）などの概念形成が中心になる科目や活動は2学年合同で行い、学力や理解力に応じて課題別グループに分けて支援している。グループの数は表現も経済も4つずつ。
（2）2学年合同で行う行事や自治活動、チャレンジ企画などの活動も、4グループで取り組んでいる。

特定非営利活動法人
茨城の専攻科を考える会
福祉型専攻科シャンティつくば

海を渡った日韓専攻科同士の交流

海を渡った学生たち

　暑い夏、私たちは仁川（インチョン）空港に降り立ちました。知っているようで知らないお隣の国、韓国の特殊教育を調べるために。私たちは、日本と韓国の「あたりまえ」の違いに驚くことになります。訪問先のミラル学校（特殊学校）で、緊張の中、シャンティつくばの学生代表の太一さんが挨拶しました。

　私たちは、日本から来ました。シャンティつくばのものです。日本には、私たちが行く専攻科がありません。韓国には、「たくさんの専攻科がある」と聞いています。うらやましいです。シャンティつくばは、私たちが福祉事業所としてつくった専攻科です。私は、一度社会に出てから、福祉型専攻科に入りました。「入ってよかった」と思っています。社会に出て働いていた時は、あまり楽しくなかったですが、今は楽しくて、人間らしく生きていると感じています。韓国の専攻科は、どんなことをやっているのか、非常に楽しみです。みなさんと短い時間ですが、楽しい時間を過ごしたいです。

挨拶する学生、文面とは異なる学生です

挨拶を終えてほっとする太一さん、日本の学生の発表が始まりました！

「アンニョーハセヨ、チョヌン　フミコ　イムニダ」（こんにちは、私はフミコです）。文子さんは、重度の知的障がいがあり、文字を読んだり、書いたりすることが難しいため、絵本『かおかお　どんなかお』（柳原良平作、こぐま社）を使い、笑った顔、泣いた顔、びっくりした顔など、さまざまな表情をしました。シャンティに入る前は「人前で、言葉をあまり話さない」と言われていましたが、空港では会う人に、自ら「アンニョーハセヨ」と話しかけ、今、自信をもって堂々と楽しそうに発表しています。日本の発表の最後に、韓国語版の妖怪体操をＣＤで流し、「ヨーデルヨーデル…」と韓国の学生も交えて、みんなで踊り、笑顔で発表を終えました。

妖怪体操を踊る学生たち

韓国の学生たちは、自分の所属する作業班の内容を発表しました。驚いたことに、よく聞くと日本語で紹介しています。作業班の製品をプレゼントされて「カムサハムニダ（ありがとう）！」と返しました。

交流の後、施設見学をしました。スポーツジムのようなトレーニングルームがありま

した。ある学校では、映画を視聴するシアタールーム、おしゃれをする美容室、歯科診療室、そしてゲーム室までありました。それは身体づくりやレクリエーション活動も大切にしている表れです。

歯科診療室は、卒業してからも自分で通院できるようにと、歯科医が来ているとのことです。作業学習では、キムチに使うモヤシ栽培をしていましたが、ゆるい雰囲気でした。「黙って働く」（態度の育成）のは、日本的な作業観なのかもしれません。

韓国の教員向け研修として、日本の訪問教育（重症心身障害児）の実践を、映像で報告しました。近隣の肢体不自由特殊学校の先生も参加し、ベッドサイドでの教育実践に感激していました。

せっかくの韓国への旅、食べて、見て、体験することも大事な「学び」です。自由行動時間に、韓国の世界遺産巡りや明洞（ミョンドン）での韓国のファッション体験をしました。古い宮殿をめぐり、韓国の歴史を肌で感じることができました。明洞では、お化粧してチマチョゴリを着て記念写真を母と娘で撮りました。

身も心も韓国気分の母娘

韓国での交流は、自信だけでなく、視野をも広げました。保護者にとっても、自分の子育てを振り返る機会となりました。そして何より楽しい韓国訪問でした！

日韓交流の経過

日韓交流の始まりは、2010年の第7回全国専攻科研究集会（滋賀大会）の記念講演で、「韓国における障害児の教育年限延長を図る教育改革——幼児期から高校まで・義務教育無償化」（講師・金參燮氏、国立公州大学特殊教育科教授）を聞いたことに始まります。

韓国の専攻科を調べたいと2013年夏、全国障害者問題研究会茨城支部主催で、韓国への研修ツアーを実施しました。それが日韓交流の始まりです。これまでの視察先は、専攻科では、私立ウンピョンデョン学校（2013年）、私立ミラル学校（2014、2015、2016、2017年）、国立耕進学校（2016年）です。

ミラル学校との交流は5回を数え、シャンティつくばを開所してからは、学生も参加しています。専攻科の他、高校内特殊学級、知的障がい者のための大学（ナザレ大学リ

ハロウイン「なりたいもの」に変身！

ハビリテーション自立学科、ホサンナ大学）、障がい者福祉館、そして社会的企業などを見学しました。2020年は、ホサンナ大学とナザレ大学との交流を予定していましたが、新型コロナウイルス感染症の流行のために中止としました。

「専攻科進学があたりまえ！」の韓国に驚く!!

韓国では、障がいがある人は、3歳から18歳（高校・高等部）まで義務教育で、さらに専攻科（1～2年間）も無償教育でした。専攻科の設置目的も、「職業リハビリ訓練だけでなく、自立生活訓練を実施するため」と、幅広く変更されました。すでに知的障害特殊学校の8割に専攻科が設置（2014年現在）され、高等部からの進学率は55％にもなっていました。

韓国の親の会の会長は「わが子も専攻科に通わせたいとの願いが強く、専攻科が増えました。高校まででは足りません。その考え方が普通です」と話されました。親の願いが主導して韓国の教育改革は進んでいます。

韓国の専攻科生は、就職を目指す「軽度」生ばかりではなく「重い」生徒たちも学んでいました。多様な生徒が入学し、対応する教育課程づくりが現在の課題のように思えました。その課題に、私たちが追求してきた日本の青年期教育との考え方（子どもから大人へ、学校から社会への自分づくり）を知らせたいと思いました。

さらに、驚いたことがあります。通常の高校にも特殊学級があり、そこにも専攻科が設置され始めていました。高校内特殊学

級を見学すると、日本の高等部生と同じような生徒が学んでいました。そして、知的障がい者のための大学や学科もありました。ナザレ大学では、ダウン症の学生がピアスをして授業を受けていて、私たちにダンスを披露してくれました。そして、日本の福祉型専攻科と同様の取り組みを、障がい者福祉館（忠<ruby>峴<rt>チョンヒョン</rt></ruby>福祉館・2019年）がしていることも知りました。韓国の「あたりまえ」（教育制度の充実）に驚き感動しました。

　韓国の親の会のお母さん（会長）の「親の願いが専攻科を増やした」との話に、日本から参加した親御さんの心が動き、「親の願いは、日本でも韓国でも同じ。韓国で頑張っているなら日本でも！」と、帰国後、障害児の教育年限の延長と豊かな青年期教育の充実を目指した、茨城の専攻科を考える会を立ち上げました（2013年11月）。この会は、地域で学習会や日曜専攻科の取り組みを進め、2016年4月に福祉型専攻科シャンティつくば（自立訓練事業）を開所させました。

学生が見た韓国と学校

　隆夫さんは2回韓国に行き、1回目は親同伴で2回目は一人で参加しました。その隆夫さんが、韓国で撮った写真を整理して「観光して学んだ韓国」を報告しました。

□**ソウルタワーの写真**：明洞（ミョンドン）市場からソウルタワーまで歩いて行った。タクシーで行こうとしたら「近くてお金にならない」と断られた。ソウル市街の夜景がきれいだった。高く明るく輝いていることに感動した。

サイクリングへ出発！

□**普通教室や特別教室を見て**：シャンティつくばより何十倍も広く、生徒もスタッフも人数が多かった。リラックスルームもあった。運動、調理、工作をする部屋があって障害者教育が充実していた。

□**市場食べ歩き**：たい焼きアイスクリームは、たい焼きの中に蜂の巣のかけらが入って蜂蜜がかけてあった。それは韓国で初めて食べた。

□**料理**：夕食は冷麺を食べた。鉄の器で酸味のあるスープで黒く、細い麺だった。麺ははさみで切って食べた。

□**韓国語の発音**：バスの中で、あいさつと自己紹介等を韓国語で発音した。発音の間違いを、ガイドさんから聞いて直した。事前に調べたことと、少し発音が違っていたことがわかった。

□**居酒屋**：ビールとマッコリを飲んだ。マッコリは酸味があって思ったよりにがくなかった。キムチが日本のスーパーに売っているものより2倍も辛かった。

　隆夫さんは、ソウルタワーまでチャレンジしたことがすごい。タクシーに断られて見た夜景の美しさ、たい焼きアイスクリームを食べた驚き、はさみで切って食べた麺、

にがくなかったマッコリ、2倍も辛かったキムチなど、初めての体験や発見が、隆夫さんの世界を広げました。隆夫さんをチューターに事前に勉強していた韓国語、その発音が「少し違っていることがわかった」。学校の設備を見て「韓国の障害児教育が充実」していると感じました。新しい体験や発見がたくさんありました。

隆夫さんが、卒業研究で選んだテーマは、「自然について」で、自宅で耕作する野菜の成長について報告しました。隆夫さんは「家庭菜園をやって気づいたことは、同じ日に種まきをし、定植しても発芽や苗が大きくなる早さがちがうことがわかりました」「それを見て、人の成長もそれぞれの植物のように大きくなる早さが違うと思いました」と、自然の多様性に気づくとともに、人の成長の多様性に気づきました。それは、「できなさ」の許容を内に含んだ人のあり方の多様性を認める捉え方につながります。

そんな隆夫さんが卒業時に、自分が成長したこととして3点をあげました。

①調理実習で肉や野菜が上手に切れるようになり、調味料の配合ができるようになりました。
②人生で100％がないことをわかりました。
③家族と離れて泊りがけの旅行にいけるようになりました。

韓国への旅行は、「家族と離れて泊りがけの旅行に行けるようになった」との成長に貢献しているのはもちろんですが、それだけではありません。特に、「人生で100％がないこ

とがわかった」に注目したいと思います。

「子どものころは、勉強を頑張りすぎていました」と振り返る彼が、人生の新しい価値をつかんだと言えます。これまで抱いていた「できる・できない」の価値意識から、自然や人の成長の多様性に気づく中で、「100％でない生き方」を認める価値意識をつかんでいます。この人生の価値意識の転換こそ、シャンティでつかんだものであり、そのことに、いろいろな体験や発見をした韓国旅行も、世界の多様なあり方を感じとった点で貢献しています。

最後に心に残ったことを記します。昼食にサツマイモの葉を食べました。そんな田舎の施設を訪問した時のことです。80歳を過ぎた施設長が、「コンニチハ、ヨクイラッシャイマシタ」と流暢な日本語で迎えたので、「日本語が上手ですね」と返すと、「ニホンジン、キビシカッタ」と応えました。その〝流暢さ〟の中に、日本の植民地支配の過ち─母国語を禁じ、日本語の使用を強いた同化政策の歴史─を見ました。それから私たちは、事前学習でDVD「15のときは戻らない─ナヌムの家のハルモニたちの証言」や絵本「終わらない冬」(カン・ジュンスク文　イ・ダム絵)から、戦争被害について学ぶこととしました。

末尾に、韓国の金容漢先生、丁俊栄氏に、毎年訪問先との調整をしていただくとともに、韓国の特殊教育の調査にご協力いただいています。日韓交流は、お二人がいて継続できました。ここに記して感謝の意を表します。

（船橋秀彦・萩原君江）

学校・事業所名	福祉型専攻科シャンティつくば
所在地住所	〒305-0005　茨城県つくば市天久保1-8-1　筑波第3ビル2階
設置主体（法人名）	特定非営利活動法人 茨城の専攻科を考える会
設置年月日	2016年4月1日
定員数（2020年度）	20人
ホームページ	https://shanti-tsukuba.amebaownd.com
利用制度	☐ 学校教育法「一条校」　☑ 自立訓練（生活訓練）事業　☐ 生活介護事業 ☐ 就労移行支援事業　☑ 地域活動支援事業（注 日中一時） ☐ その他

沿革（主だったもの）
2013年　8月　全国障害者問題研究会茨城支部主催「2013年・韓国の特殊教育（専攻科、社会的企業）から学ぶツアー」に有志が参加
2013年11月　茨城の専攻科を考える会設立（代表　飯塚忠） 　　　　　　　毎月、オープンキャンパス（於：守谷市・もりや学びの里）を開催
2014年12月　第11回全国専攻科（特別ニーズ教育）研究集会茨城大会を開催
2016年　2月　考える会がNPO法人格を取得
2016年　4月　福祉型専攻科シャンティつくばをつくば市に開所
2017年　7月　『実践報告集　第1号』刊行
2018年　5月　理事長職を船橋秀彦が引き継ぐ
2018年12月　『実践報告集　第2号』刊行

趣旨・目的
「もっとゆっくり学びたい」「兄や姉のように大学に行って、青春を楽しみたい」「もっと自信をつけてから社会に出たい」との障がい青年や親の願いに応えて、高校・高等部を卒業した方に、豊かな青年期教育を保障します。不登校で家に引きこもっていた方や就職したけれどもうまく適応できずに家で過ごしていた方に、人間恢復（かいふく）の場を保障します。就労事業所に通っているけれど、週に一度ぐらいは文化的な活動をしたい方に、文化的な体験の場を保障します。

特　　徴
・毎月の活動内容は、学生（利用者）たちの「やりたいこと」を可能な限り取り入れています。 ・学生（利用者）が自分を表現する美術や国語などを重視しています。地域活動を重視して、学生（利用者）主体に計画を企画しています。 ・作業はしていませんが、進路学習・進路相談・就労体験の下、自分の進路を決めています。 ・自分で通所できない方や必要に応じて日中一時預かりをしています。

茨城県／シャンティつくば

特定非営利活動法人
障害者の豊かな青年期を考える会
愛称"なまか"

専攻科卒業後の青年たち

青年と母親の生涯教育の場

2001年に、支援学校に在籍するわが子のために高等部卒業後に「和歌山にも専攻科が欲しい」という思いで「和歌山・専攻科を考える会」を保護者で立ち上げて活動をはじめました。

公立の専攻科設置がかなわない中、会の青年たちは大阪府堺市のやしま学園高等専修学校の専攻科へ進学。そして2006年から、専攻科を修了した青年たちが次のステージへと踏み出し始めました。そんな状況の中、豊かな青年期全体を視野に入れた活動の必要性を感じて2007年に「特定非営利活動法人 障害者の豊かな青年期を考える会」愛称"なまか"を設立しました。

2020年現在、21～35歳の知的障害のある青年とその母親10組20名で、和歌山を中心に活動しています。青年の内訳は一般就労2名、就労継続支援事業所A型4名、同B型3名、自立訓練事業所1名で、男性9名女性1名です。

□ 主な活動の内容

・**全専研集会**…青年は主に「青年たちが語り合う分科会」や青年講座で自分の好きなこと、得意なことを発表したり、各自が興味のある講座に参加。また一般の分科会で"なまか"の活動報告をしたこともあります。そして親は「保護者と語り合う分科会」に参加して、司会を受け持っています。

2018年の和歌山大会では、会場設営、資料のセットと配布などをお手伝いしました。

・**"なまか"ツアー**…年1回1泊2日程度でLCCやバスをチャーターして旅行。

研究集会と"なまか"ツアーは毎回、親と青年がパソコンや携帯メールを使って感想文を出し合い、思い出の写真とともに感想集にまとめています。

・**青年講座の企画**…クッキング、行政の出前講座を使って防災、消費生活、健康と食事について学ぶなど。

・**青年の自主企画**…野球観戦、大相撲観戦、天満繁盛亭落語鑑賞。青年企画の初詣、飲み会、工場見学など。

青年講座クッキング、カレー鍋
調理中

・母親がひらく月例会…活動開始当時から生活支援センターの一室で継続して開催しています。

阪神タイガースファンだけではない

2008年発行のブックレット『もっと勉強したい！ 障がい青年の生活を豊かにする学びと「専攻科」』（クリエイツかもがわ）では、当時やしま学園高等専修学校の専攻科に通っていた会の青年たちが、思い思いの阪神グッズを身につけた「やしま専攻科での阪神タイガース祝勝会」のスナップ写真を掲載してもらいました。

全専研の交流レセプションなどで、熱烈阪神ファンのやっ君を中心に「六甲おろし」を大合唱し、会を盛り上げることが恒例行事となり、LINEで声をかけ合ってユニフォームを用意して毎回楽しみにしています。しかし、数年前に「実は、巨人ファンです」といつも物静かなまさし君が声をあげて、巨人軍の法被を着てニコニコ顔で「六甲おろし」に合流、次にはマスコット人形も持参するようになりました。

また、あゆみちゃんは「阪神ファンだけれどソフトバンクも好き！」とブルーのかわいいソフトバンクユニフォームを着ることもあります。長い活動の中で、徐々に自分を出せるようになって、今では"なまか"の「六甲おろし」にもダイバーシティ（多様性）が感じられます。

やっ君は小学生のころからずっと阪神ファンで、書初めに大筆で「星」と書いたのを見て、私は夢があって素敵な字だなあと思いましたが、「星野監督の一字をとって

全専研集会 in 奈良

星なんよ」とお母さんから聞いたことがありました。試合結果を携帯のメールでお知らせすることから彼は、他者とつながりをもつようになり、世界を広げていきました。「たかしにも甲子園球場で、風船がいっぱい上がってきれいなのを見せたい」と、野球観戦を誘いかけてくれたものです。

そして彼は、やしま学園の専攻科を修了、和歌山県の職業訓練校を経て、高齢者介護施設に就労しました。のちに就労先の業務形態変更のため辞めることになりましたが、「僕は戦力外通告を受けたってことやな」と納得しました。その後転職し、現在はクリーニング業を主とするA型事業所で勤務しています。"なまか"の活動や阪神タイガース応援、家族のサポートなどが、移行期間を乗り切る力になったと思います。

丸ちゃんは妖怪ウォッチやアニメのゆるキャラの大ファンで、パソコンを使って静岡から九州まで日帰りで行けるイベントを検索して参加しています。"なまか"に入った頃は写真を撮ろうとすると姿を隠していましたが、徐々に集合写真に入るようになり、今ではカメラを向けるとポーズをとってくれるようになりました。

彼は自分1人で楽しんでいたことを"なまか"で一緒に楽しみたいと思うようにな

した。イベントに行ってお土産を買ってきたり、法人総会後の懇親会では、妖怪体操を紹介してくれます。クッキングや鍋会の時にもCDプレーヤーを持参することが多くあります。みんなで踊れるようにラジオ体操のように、振りを解説しながら教えてくれます。新メンバーのかずひろ君に踊る曲を選ぶクジを引いてもらうなど選曲を工夫して、音響、パフォーマンスを1人でこなしています。きっと構想を練る時間も楽しんでいると思います。親たちもとてもよい運動になり、青年たちと共に楽しく踊っています。

2019年12月の全専研全国集会in奈良の交流レセプションでは、ステージでの発表団体が多く、終盤の"なまか"の発表の頃には、時間が押していました。丸ちゃんを中心に妖怪体操。そして、やっ君を中心にしての六甲おろし。「時間がないので、短めにしてください」と担当のスタッフからの要望にやっ君が応えました。「延長戦でお願いします！」

年1回の集会で開催地の方々や他県の知り合いに会い、やしま専攻科の後輩や和歌山のシャインのメンバーとも交流して、とても有意義な時間を過ごしています。

青年企画の初詣

青年たちが企画して自分たちだけで出かける行事に初詣、飲み会、工場見学（主にビール工場）などがあります。初詣では伊勢神宮、伏見稲荷、神戸三社詣、和歌山三社詣、阪急沿線三社詣などに行っています。親は後日の月例会でわが子から聞いた内容を総合して概要を知ることになりますが、「無事に帰宅できればすべて良し」と思っています。

2020年1月2日の初詣は、阪急沿線三社詣（中山寺、清荒神、門戸厄神）に決まりました。今回は8名の参加。毎回やっ君が中心になって携帯で待ち合わせ場所などを連絡してくれます。"なまか"の青年はグループLINEをもっていますが、有志だけで、その内容について親は知りません。

当日JR組が4名。乗る駅はそれぞれあらかじめ決めた紀州路快速に乗車。携帯で連絡を取り合って合流。南海組は4名。南海本線利用3名と南海高野線利用1名が、まず難波で待ち合わせてから地下鉄乗車。そして大阪駅でJR組と合流の段取りです。前年はある程度土地勘のある和歌山市内の三社詣でしたが、久しぶりの大阪でしかも人数が増えて8名での行動です。

南海組は和歌山市駅でお互いの連絡がうまく取れず早速トラブルになりましたが、発車時刻までに3名とも乗車できたそうです。そして、難波駅で高野線利用の1名との合流に時間がかかり、JR組に大阪駅で待ってもらうことになりました。無事8名合流して、阪急電車に乗車してまずは中山寺に。参詣後に昼食。食事に時間がかかる青年を待っている間に、LINEを利用していないとも君にやっ君がアプリを入れて使えるようにしました。その後、朱印をもらう場所を人に尋ねたり、屋台の出店でいろいろ買い食いして破魔矢など記念品三種をそれぞれの社寺でゲットしました。

夕飯を食べる予定でしたが、参詣途中にいろいろ買い食いしてお腹がすいてなかったので、食べずに帰ることに変更しました。その後すぐに全員が、母親に「家で晩御飯を食べる」と連絡をいれているのを知り、ほほえましく思いました。

当日、並行して親のLINEでもトークが続

全専研集会夕食交流会で"六甲おろし"

全専研集会参加後のオプショナルツアー

きました。初詣のあらかたの様子がわかったのもこのトークと帰宅後の青年たちの話からです。"なまか"の活動に参加を始めた時期がまちまちで、それぞれの障害特性や生育歴、家での様子など会の活動時間では共有できていないことも多いので、一つの行事をきっかけにLINEトークで親同士のつながりを深めて、それぞれの親子の距離の取り方や対応から学ぶことも多いです。

親のLINEから

⇒（無事に三段階の合流成功して以後）ぱったり報告が途絶えたので、どう？　順調？　とLINEを入れてみました。そしたら、「順調」と一言返事ありました。まあ順調ならいいかー。

⇒順調にいけてるならいいね。様子を聞きたいので携帯に電話したいのをぐっと我慢してます。

⇒そうなんです。我慢して待つのも大変です。

⇒（親の）LINEを見て安心して見守ってやれました。

⇒みんなと一緒なら、怖くないって感じですね。

帰宅後の会話には、

⇒「たいへんだったけど楽しかったよ！　清三宝荒神で、ともひでさんが荷物を入れるのを待っていて、みんな先に行って歩くの早くて、二人で一緒に歩いて、みんなが見えなくなっ

て、二人で迷子になったよ。僕も後ろ向いたらともひでさんがいなくて。たかしさんに電話して駅にいるからと言ったんです。ともひでさんも駅に来てほっとしたんだ！」と一気に話してくれました。

いっぱいいい経験したことでしょう。

⇒第一声は、「疲れたー」でした。和歌山市駅となんばと大阪駅で、トリプル合流トラブルパンチが効いたようです。以前の伏見稲荷でのトラブル再びかなーと心配しました。

あの時は、来年はもう初詣やめとく！と言ってましたが、今回は時間がたつにつれて元気が出てきたのか、来年は大阪までぐらいのところにしようかな、なんて言ってます。

読んでいて、その様子が目に浮かびます。"なまか"での活動があればこそ、気心知れた仲間で、それも8名で外出できたと思います。"なまか"がなかったら、親子でか、もしあったとしても1人か2人の友人との外出になり、親同士で不安やドキドキ、ワクワクな気持ちを共感することもないでしょう。

麦の郷　ゆめ・やりたいこと実現センターとの交流

2018年に文部科学省の「障害者の多様な学習活動を総合的に支援するための実践研究」を社会福祉法人一麦会が受託して「麦

の郷　ゆめ・やりたいこと実現センター」（実現センター）を設立しました。当事者として、たかしが連携協議会（15名、内２名当事者）の一員となり、２か月ごとの会議に出席、また、他の"なまか"の青年たちと共にいろいろな講座や毎週水曜に開かれる「夕刻のたまり場」に参加しています。

実現センターと"なまか"の共同企画で、青年講座（栄養バランスを考えた食事について、新聞紙やビニール袋で作る防災グッズ、ゆる体操の３回）を行いました。「活動報告＆トークリレー」には、"なまか"の青年と母親の９名で参加して、実現センターの取り組みへの感想や親の思いをそれぞれが発言しました。加えて、まさし君はセンターの講座で習って練習したマジックをみんなの前で披露しました。

2019年の実現センターの活動では、私がポリ袋クッキングの講師として、あゆみちゃん・のぶこさん母子が、チェンバリーハープの紹介と演奏をしました。

2020年２月の「カフェと講演会とトークセッション」では、おいしいコーヒーの淹れ方講座を受講したやっ君が、講師をしてくれた創カフェのスタッフと他の受講生と一緒に「ゆめ・やりカフェ」を開店しておいしいコーヒーを出しました。

トークセッションでは息子のたかしが作

ゆめ・やり実現センターと共同企画、防災グッズづくり

業所に通所する当事者として、ちはるさんが当事者を支える家族として登壇しました。

終了後の打ち上げ会は、講演者の大学院教授、コーディネーター役の大学名誉教授、文部科学省の障害者学習支援推進室の職員、麦の郷の理事と実現センターのスタッフとそうそうたる面々でした。たかしは打ち上げ会も登壇者としての役割と思ったのか出席の返事をしました。彼にとっては難しい話題も多かったと思いますが、スタッフのサポートもありとてもいい経験になったと思います。

私は、専攻科を修了して"なまか"の活動や実現センターの活動を通して、まさに多様な学習活動を体験している一青年の姿を見ていただけるのもよいことだと思いました。料理も格別美味しかったようです。

実現センターの企画行事には、"なまか"の青年以外に専攻科（やしま学園、聖母の家学園、きのかわ福祉会自立訓練事業「シャイン」）の学びを経験した人が多く参加しています。彼らは楽しみ方を知っていて、フットワークが軽いように感じました。

青年たちの多くが、スペシャルオリンピックス和歌山の活動に参加、しゅうへい君は冬季ナショナルゲーム／北海道の地区選手団の一員になりました（コロナ禍で大会中止）。またつとむ君は（公財）日本障がい者スポーツ協会の初級指導員の資格を取得するなど、それぞれの趣味や余暇を楽しむ場を多くもっています。18歳から２～４年間、専攻科での学びを体験することで、人格形成や人間関係を豊かにし、生活を楽しむ力をつけてきて今があります。彼らの姿を見て、障害児の子育てを支えていただいた上

杉文代先生の言葉が心に沁みます。

「社会的自立を支えるものは、単に職業の技術だけではない。生活を豊かにする人間の器をつくることである」

これからも"なまか"の絆を大切に

2018年8月下旬に、まさし君のお父さんが逝去されました。療養されていることを聞いていましたが、この知らせは本当に悲しかったです。次々と通夜へ駆け付けた"なまか"の母親と青年が参列席の一角を占めました。喪服を着た青年たちを初めて見て「みんな一人前の社会人やなあ」と思いました。

グループLINEに並んだお悔みと励ましの言葉から。

⇒ここ数日、目まぐるしく過ごされたことと思います。気丈に振る舞うお母さんと、まさし君とお兄さんの二人が頼もしく見えました。お通夜、告別式と参列して私自身、"なまか"の深い絆とあたたかさを感じました。これからも共に歩もうね。"なまか"と一緒だと哀しみは半分に喜びは倍にだよね。

⇒よくお世話してあげたね。お疲れさまでした。ほんとうに安らかなお顔でした。寂しくなるね。でも松下さんが言うように"なまか"の絆は心強いよ。みんなで支えあって頑張ろう！ みなさん、よろしくお願いします。

⇒本当に、親にとっても子どもにとっても"なまか"の存在は大きいです！ この絆を大事に支えあっていきましょうね。

⇒まだ実感がないのが正直なところです。青年も次の日、仕事があるのに来ていただいて嬉しかったです。

"なまか"の絆は何物にもかえがたいです。お通夜、告別式にみんなの顔を見たら涙が出

"なまか"総会、青年が役割分担して進行

てきました。お父さんもまさしのことが一番気がかりやと思うので、みなさんにお参りいただいて安心して安らかにやすんでくれると思います。"なまか"の存在を思うとこれからの不安も軽減です。これからもよろしくお願いします。

青年たちは就労や自立訓練事業所に通所していて、"なまか"の活動で会えるのは年間延べ日数で15日足らずです。特に最近はコロナ禍の影響で主な行事が中止になり残念ですが、長く活動を続けてきたことで、お互いに気心が知れていて強い仲間意識をもっています。

10家族の会員は、和歌山県紀北の4市、大阪府河内長野市と広範囲にわたり、移動手段は主に親の自動車です。公共の移動手段が無理な地域なので、青年だけで話し合いの場をもつのは難しい状況です。先のことを考えると会の活動のあり方を考えていかなければならない時期になってきました。

親にとっても、青年にとっても"なまか"の絆はとても大切なものです。まずは拠点づくり、そして、できればグループホームへと少しずつつなげていきたいと話し合っています。

（松下喜美代）

和歌山県／なまか

学校・事業所名	特定非営利法人障害者の豊かな青年期を考える会　愛称"なまか"
所在地住所	〒649-6405　和歌山県紀の川市東大井313
設置年月日	2007年5月10日
定員数（2020年度）	20人
ホームページ	―
利用制度	☐ 学校教育法「一条校」　　☐ 自立訓練（生活訓練）事業　　☐ 生活介護事業 ☐ 就労移行支援事業　　☐ 地域活動支援事業 ☑ その他（利用する制度なし）

沿革 (主だったもの)
2001年　聖母の家学園の専攻科公開授業と全障研青年期教育全国研究集会に和歌山から当時養護学校高等部在籍の青年、保護者10名で参加したことをきっかけに、「我が子もあんな青年に育ってほしい。和歌山にも専攻科がほしい」と思い紀北地区4校の支援学校保護者で「和歌山・専攻科を考える会」を作り活動（行政への働きかけ・講演会の主催・機関誌の発行・親子参加のリクリエーション・施設見学など）を始める。 2003年　会のメンバー2名がやしま学園高等専修学校専攻科に一期生として進学 2004年　和歌山からやしま学園・聖母の家学園専攻科に8名進学 2007年　母親が中心となっていた「専攻科を考える会」を母体にして、専攻科を修了し自立をめざし新しく一歩を踏み出した青年たちとさまざまな活動を行う基盤を整えるためにNPO法人格を取得し、青年も会員として共に活動を始めることとし、法人設立に至った。

趣旨・目的
障害を持つ青年に対して、学校卒業後の自主活動や学びの場の保障、就労、自立に向けての様々な支援に関する事業を行い、生き生きとした豊かな青年期の実現に寄与することを目的とする。

特　徴
「専攻科を考える会」発足当時から、専攻科に在籍する2年間を考えるだけでなく、それまでの育ち、専攻科修了後のそれからもずっと続く青年期を見通しながら、青年本人と親が、共に学び育ちあえる活動を続けることを目標としてきた。専攻科から社会人へと青年たちのライフステージが変化し、"なまか"の活動は青年と母親にとっての生涯教育の場となっている。 　2018年からは文部科学省の「障害者の多様な学習活動を総合的に支援するための実践研究」を受託した「麦の郷　ゆめ・やりたいこと実現センター」の企画に参加し、活動をひろげることができた。 　年間の活動は延べ日数15日間程度であるが、特に宿泊を伴う余暇活動支援事業としての親睦旅行、生涯学習の機会の提供事業として全専研集会へ参加することで"なまか"の絆を深めて、何よりも自分たちが仲間と共に楽しむことを大事にしている。

Part 2

〈まとめ〉「福祉事業型」専攻科の学びが示すもの

小畑耕作（大和大学教授）

はじめに

私たちの全国専攻科（特別ニーズ教育）研究会が結成される以前の専攻科実践研究は、見晴台学園の青年たちの卒論研究報告と実践報告がされているのみでした。17年前に全国専攻科研究会が結成されてからは毎年、全国専攻科研究集会の青年当事者分科会と専攻科実践分科会に分かれて実践報告会が開催されてきました。それと同時に、福祉型専攻科開設が全国に広がりを見せてきました。

各事業所の開所当初は、どんな実践をしたらよいのかと悩んでいた職員が全国の実践から学び、それぞれの地域で発展させ豊かな実践が生まれ、今、さらに広がりを見せています。そこには、青年たちの育ちのエピソードが綴られ、ベテランの職員はもとより若い職員の青年を見る目（とらえる目）と心の育ちに感動します。

以下、各福祉型専攻科実践報告の特徴と感想を述べたいと思います。なお、その文中では福祉用語として学生を利用者、職員を支援員との表記は執筆者の記述のままにしました。

フォレスクール

14年前に、障害児のお父さんが、「きょうだいの中で一番幼いダウン症の娘がなぜ一番先に働かなければならないのか」の矛盾を感じ、「自分の大学時代がこれまでの人生の中で一番楽しかった」と回顧し、「娘もきょうだいと同じように大学に行かせたい」という思いから始まった全国初の福祉型専攻科です。

福祉制度（障害者自立支援法の自立訓練〔生活訓練〕事業）を活用して、学校卒業後の社会への移行期の学びを実現させたものです。この全国初の「学ぶ作業所フォレスクール」の創設に大いに学ぶ必要があります。

また、実践するにあたり初代フォレスクール所長の榎本理恵さんは、学校専攻科（特別支援学校聖母の家学園、やしま学園高等専修学校）を視察して訓練プログラム（カリキュラム）を立ち上げたのです。そこで、やしま学園高等専修学校の安達俊昭先生の学生への対応を見て「あきれるほど待つ」と榎本さんが語っています。

同じねがいをもつ保護者や関係者が、全国各地からフォレスクールの視察に訪れました。以後、福祉型専攻科の立ち上げ方が容易になり、全国各地に広がり、訓練プログラムもフォレスクールを参考にされた事業所が多く見られています。さらに、フォレスクールのプログラムを創っていくうえで榎本さんは、教育大学出身で自分の学生時代を振り返り、「障害のある仲間にも青春を味合わせたい」との思いから「仲間とともに、ゆっくり、じっくり」を大切に取り組み始めました。そして、「つけたい力」3つの柱を考え実践が始まります。実践をすすめるうえで「何を決めるのも自分たちで」をテーマにし、支援員は見守りに徹することでクタクタ、仲間が達成感を感じることができるという2時間かかった調理実習の買い物活動のエピソードから学びます。ここに、フォレスクールの実践の原点があります。

　開設以来、プログラムの特色には、13年間ずっとインストラクターから教えてもらう仲間全員でのダンスなどがあります。みんながいるので不安をもちながらもステージに上がれます。卒業旅行では、一人ひとりの修了後の生活と余暇の充実を視野に入れながら、旅行先を決めるのも「自分たちで」をテーマに話し合いを進めています。ここにも福祉型専攻科の実践の原点が学べます。

　あれから、13年、当時のフォレスクールの職員は福祉法人施設内異動で変わりましたが、実践の柱が引き継がれています。また、利用者の障がいの実態の幅が大きくなり、プログラムの試行錯誤をしながら自立訓練と生活介護事業を利用し、希望者には4年間のフォレスクールの学びの延長も始まりました。11期生が修了し111名の卒業生を出し、今では、近隣支援学校の高等部卒業後の重要な進路選択肢の一つになっています。

シャイン

　特別支援学校で長年勤務していた池田普子さんが早期退職をして「シャイン」のプログラムを立ち上げました。また、シャインの開設11年間のなかでは、多機能事業所から単独事業への移行や、移転の引越し等のほかに支援員も異動でさまざまな苦労がうかがえます。公立学校教員時は、新しい行事を企画してもなかなか実現できなかったが、ここでは利用者（学生）の心が動いたときに即実行できる利点があり、利用者の発想を実現することが可能になると語っています。

　プログラムの作成にあたってはフォレスクールの実践を参考にし、青年たちの実態と地域性を考えてきました。内容によっては外部講師からの学び、テーマ研究は利用者一人ひとりの希望を聞き、やりたいことを実現するプログラムを組むことを重要視しています。そのためには、やりたいことが言えるように、心を開放させていくことを大切にしています。大切なことは、青年の要求がどんなに小さなことでも、できるだけ実現できるよう支援員は知恵を出し合っています。1人の発想を実現するためにみんなで考えることで、それぞれの気持ちに気づき、できること、できないことを認め合い、でき

ないことは人に頼り、頼られる。そんな集団になっていく成長過程が職員としての喜びと語っています。

多くの事業所でも取り組まれている「テーマ研究」では、自分の住んでいる町を調べ、実際にクラスのみんなに紹介する企画です。発表する本人は、ハラハラ、ドキドキで前夜は眠れないことも。当日はツアーコンダクターをしますが、ハプニングが生じたりもするなかで、みんなに相談することで乗り切ります。ここでの支援員の対応には、口出しせずに見守るという興味深いものがあります。また、2年次は、自分の調べたいことを1年間かけて取り組み、その成果をホテルの会議室で保護者、学校、福祉関係者に発表します。

シャインの開所当時は、同施設内の事業所職員から「あんなに自由にしていたら、2年後に就職できるのか、自由にさせていて進路先で苦労するんじゃないか」などの批判も少なくありませんでした。しかし、その答えは修了生が出してくれたと池田さんが語ります。同法人の就労事業所職員から「仕事に向かう主体的な力、余暇を自分で決めて楽しむ、困ったときにヘルプを出せるなど、意欲や目的意識をもっていることや自分の思いを表現できる力」がついてきているとの評価が返ってきます。

シャイン10年誌「輝」もお読みください。ご希望の方はシャインに連絡ください。

エコールKOBE

「エコールKOBE」では、開所10周年を迎え、当初より「主体的に学ぶ」「豊かな体験」「仲間とともに」の3つの目標を挙げて実践に取り組んでいます。特に、「えこーる新喜劇」の実践は、青年の育ちに大きな役割を果たしています。

実践報告「コロナ感染禍における学園の対応と学生の見せた成長」は、2月13日に国内で初めて感染による死亡者が出たときの対応を座談会で振り返っています。1年かけて準備してきた卒業旅行、2020年2月18～20日に東京ディズニーランドに行く詳細を学生たちで話し合っていました。感染状況の広まりを受けて、出発の前日に東京ディズニーランドの卒業旅行を中止して替わりにネスタリゾート神戸の1泊旅行の提案でした。コロナ感染による死者が始めて出たぐらいのころで、1年かけて話し合って楽しみにしていた卒業旅行先の急な変更を学生たちが、受け入れてくれたのです。学生たちが社会現象にも目を向けている青年の姿を見ることができました。エコールの卒業旅行は、開所当時から多様な経験を積んでもらうためにグァム島に行くことが、重要な取り組みとして位置づけられ長く続いていました。

その後も予定していた行事がなくなり、卒業式は卒業生と職員のみとなりましたが、職員の工夫で1年生と保護者にインスタライブをするなど、早くからwebを活用して取り組まれています。新年度からもグループLINEをつくり、web授業も定着してきているようです。

また、LINEで個別課題にも応えていま

す。送ってはいけない写真を送るなどの失敗しながら学んでいます。学校や福祉事業所がwebやSNSの活用は夏ぐらいにやっと取り組み始めたにもかかわらず、エコールでは春から取り組んでいたのには驚きです。リモート講義に職員の方や学生も対応でき、コロナ禍の中でもこれまでエコールで身に

つけてきた「主体的に学ぶ」理念を受け継ぎ、明るく日常生活を送っていることや、学生が情報機器を工夫して使っているエピソードが語られ、職員の学生に対しての新たな気づきが生まれています。

書籍『エコールKOBEの挑戦』(クリエイツかもがわ)もぜひお読みください。

チャレンジキャンパスさっぽろ

「チャレンジキャンパスさっぽろ」は、開設10周年になります。13年前に特別支援学校の教員でもあり、障がい児の父親でもある現所長の小澤昌人さんと石黒龍也さんが「私も大学生になりたい」という2人のイクさん(偶然にも2人の娘さんは同じ名前)の願いを実現するために、2泊3日で遠い和歌山の福祉型専攻科を視察し、札幌に帰りこの福祉型専攻科の立ち上げに奮闘されました。そして10年、新しい生活介護事業の立ち上げや実践、幾多の困難を乗り越えて現在に至っています。

「チャレンジキャンパスさっぽろ」では、主体的な活動を引き出し、仲間づくり、自己を知ることをねらいとして演劇に取り組んでいます。また、放課後の取り組みとして「メンズクラブ」「女子会」が始まりました。この取り組みは、同性の気の合う仲間と群れるギャングエイジを思い出させるもので

した。同性の仲間で自分たちのルールを決めて、みんなが楽しめるトランプゲームを進めるゲームマスターを位置づけたユニークな取り組みです。障がいがあると大人に頼らず自分たちで進めていく経験がほとんどないなかで、集団の中で人との付き合い方や仲間意識が育っていくと感じました。

また、女子会は、スキンケアやヘアアレンジ、1人ではできないけれどみんなでなら行ける(服を買いに行く、美味しいものを食べに行く)活動です。ワクワク、ドキドキの学生の気持ちがうかがえます。さらには、学生からこんなことをしてみたいとの新たなねがいが生まれることでしょう。ユニークな取り組みや演劇の公演で、学生の失敗を臨機応変にカバーしあえる力が育っていることに気づける、若い支援員たちの目と心に感動しました。

ぽぽろスクエア

「もっと学んで成長したい! 青春したい!」という青年たちの願い、「もう少し力

をつけてから社会に送り出したい」という家族や関係者の「夢の場所」として、ぽぽろ

スクエアは誕生から8年間が過ぎ、大阪の福祉型専攻科のリーダー的存在です。「卒後の学びの場・専攻科を実現する会」の事務局として、大阪府内に「福祉型専攻科」を8か所へ広げるとともに、開所当初より障害のある青年たちの内面をしっかりととらえて実践をしている様子が伝わってきます。

「ぽぽろスクエア」では、「青年期にふさわしい集団・仲間の中でさまざまな経験をする」ことを柱にして、学生にとって安心できる場所であり、そのなかで自分の気持ちを表現すること、仲間同士の話し合いや関わり合いを大切に取り組んでいます。これまでの経験やステージで「ふがいない自分」を感じてきた学生が多く、何を言ってもどんな姿であっても受けとめられることを「ぽぽろスクエア」でも強調されています。

これまで過ごしてきた学校や家庭では、自分を出せずに受け身的だった青年一人ひとりが、自分の思いを安心して語れることが学びの土台として、スタッフの共通理解のもとで丁寧に実践が進められていることが読み取れます。進路学習「グッドライフ」（自分の「将来の素敵な人生、素敵な暮らし」）の名称はとてもステキで、青年自らが将来の夢を語りやすい雰囲気だと思います。二年間の学習内容の中で「仲間の話を聞く」「自分の話を聞いてもらう」ことで、青年一人ひとりが自己解放していく様子が目に浮かびます。

仲間の中で、自分で選んだり、自分で決めたりする力がついていく様子が読み取れ、「自分の人生の主人公」になっていくのだと思います。私も親に話したくないことを友だちに相談するなどして、青年期をくぐってきたことを思い出しました。仲間が見守ってくれて頑張ってきたことも。

この実践報告を読むと「しごと探しは、自分探し」のことばが浮かびます。

「開設5年誌」『障がいのある青年たちとつくる学びの場』（かもがわ出版）もお読みください。

ジョイアススクールつなぎ

ジョイアススクールつなぎは、奈良県では唯一の福祉型専攻科です。8年目を迎え、実践を通しての学生の成長の姿から「学生にノンストレスな環境」「自己決定をとことん待つ」ことは、学生が自己変革をすることに確信をもたらす報告です。支援員は、学生の中に入って学生の気持ちを和らげるために「バカげたこと」を仕掛けています。

学生から、「杉本さん、今そんなばかなことをやってはダメですよ！」の声が聞こえてきます。そんな中で4人の事例では、こだわりの強い2人と支援員の杉本圭さんとの休日夜の飲み会の様子で、本人たちが矛盾と葛藤を乗り越え、しなやかになっていくエピソードがとても愉快です。

「ジョイアススクールつなぎ」では、「学生にストレスのない環境」「自己決定をとことん待つ」「安心して自分が出せる」ことを大切に、青春を謳歌できるよう学生時代の「バカげたことを大真面目に」やることで笑顔の絶えないような仕掛けをしています。また、自己決定、自己選択の機会を大切にしていま

す。元担任の先生が驚くほどの成長を見せた南さんや北村さんのケースからジョイアススクールつなぎの実践の確かさを学びました。

ジョイアススクールつなぎの代表の元特別支援学校教員であった阪東俊忠さんは、「参加を強制されない環境」「自分の好きなことができる環境」「ゆっくりした成長を待てる支援者」をあげています。そのために、自立訓練の2年と就労移行の2年（かち創造科を設置）にして専攻科4年制にしました。2019年には、次のステージの働くことをイメージした「つながりカフェ」も設立しました。また、2021年春には奈良県下に2校目の福祉型専攻科の開所を予定しています。

シュレオーテ

所長の清時忠吉さんは福祉型専攻科を立ち上げる前に、福祉法人の職員向けに専攻科の学習会を開催しました。しかし、開所した当時は、同福祉法人職員からは「あんなに遊んでばかりでは」などの批判もありました。しかし、卒業生が同法人就労継続支援B型事業所での働く姿から答えを出してくれました。仕事に向かう主体的な力、余暇を自分で決めて楽しむ、困ったときにヘルプを出せるなど、意欲や目的意識をもっていることや自分の思いを表現できる力を進路先で発揮していました。

シュレオーテの専攻科は、福祉制度の自立訓練ではなく生活介護事業の制度を使っています。この発想も全国初の生活介護事業の福祉型専攻科です。

シュレオーテでは、職員が「あーでもない、こーでもない」と仲間の青年たちと実践を創ってきました。フリーダンスから学生の実態に合わせてソーシャルサーカスへの実践、自由に自分を表現するよさこい踊りなどに変えていく職員の柔軟性に学びたいと思います。

山口さんのエピソードから、障がいが重くても仲間の存在や集団の大切さを教えてくれています。「自由度が高くみんなが参加できる青年期らしいプログラム」を大切にしているなかで、学生には参加を前提にせずに周辺参加を認め、できばえやスピートを評価の目から解放し、安心感を与えることの大切さや、集団や環境を学生に合わせて考えることができるかが、重い障がいがある青年への支援のポイントであることを教えられました。ファッションショーをめざして自分の服を自分で選ぶ取り組みでは、本人の心の動きにとても興味深いものがあります。

開所5周年の実践記念誌『学青時代』もお読みください。ご希望の方はシュレオーテに連絡ください。

まなびキャンパスひろしま

開所6年目の「まなびキャンパスひろしま」では、一人ひとりの発達・障がい・生

活に視点をおき、集団を大切にしながら個人の内面の育ちを深く捉えています。若い支援職員の多いなかで、元教員の山口俊三所長の存在が大きいのでしょう。

支援員の森周さんは、てごわい郁さんの発達を分析し、試行錯誤のなかで仲間の力を信じ、郁さんに働きかけ、郁さんの内面の変化に気づくエピソードに感動します。郁さんの家での変化を保護者の方も感じていたことでしょう。支援員のみなさんは集団の力に確信をもったことでしょう。また、青年期集団に必要な視点が実践を通して学ばれています。ここに私たちもおおいに学びたいと思います。

「まなびキャンパスひろしま」は、実践を通して障がいのある青年に専攻科の必要性を理解し、さらに教育年限延長の必要性を感じ、春から「4年制福祉型大学」への移行を目指しています。

シャンティつくば

シャンティつくばの支援員の船橋秀彦さんと萩原君江さんは、元特別支援学校の教員です。高等部での青年期教育では知らない人はいないくらいの実践家です。2016年退職と同時に福祉型専攻科を開所しました。

韓国では特別支援学校に専攻科設置されているという情報を聞くと同時に、韓国に毎年、現地調査、研究をし、さらに韓国の親の会との交流を通して、日本の青年期教育を知らせる運動、シャンティつくばの学生の韓国体験の旅での実践を繰り返してきました。企画・手配・費用等大変なエネルギーがいる中、とても立派に思います。

シャンティつくばの学生も毎年、一緒に韓国の特別支援学校専攻科の学生と交流をしてきました。異国のことばのハンディもありながらの交流は、どこの支援学校も事業所も真似はできません。また、学生が実際に韓国で体験したことの感想を支援員は聞き漏らすことなくしっかり聞き取られています。隆夫さんの感想から、「実際に見て体験した韓国が隆夫さんの世界を広げた」ことや、「自然や人の成長の多様性」に気づく学生のことばから、学生の確かな横への発達をとらえる支援員の目と心の確かなまなざしを感じ、とても参考になりました。

これまでのシャンティつくばの実践集もお読みください。ご希望の方はシャンティつくばに連絡ください。

専攻科卒業後の青年と母親の生涯教育の場「なまか」

2001年、わが子も養護学校高等部卒業後「もっと学ばせたい」と願うお母さんたちが「和歌山・専攻科を考える会」を立ち上げました。「和歌山・専攻科を考える会」は、わが子に一度しかない豊かな青年期を送らせたいという思いで、愛知県内の見晴台学園

の専攻科、三重県の養護学校聖母の家学園高等部専攻科、やしま学園高等専修学校専攻科と合同して実践研究会を開催しました（この研究会が契機になり全国専攻科［特別ニーズ教育］研究会の結成になる）。自分たちの子どもたちのためには、独自の専攻科の実現はできませんでしたが、やしま学園高等専修学校専攻科に進学して学びました。

「和歌山・専攻科を考える会」は、子どもたちが専攻科を卒業したため、2007年にNPO法人「豊かな青年期を考える会（愛称なまか）」に変更しました。「豊かな青年期を考える会」は新たに会員も増え、お母さんたちは、毎月例会を通して学習会、年1回の1泊旅行計画、旅行感想文や写真を出し合って報告集の作成発行などをしています。

そこではわが子だけではなく、会員の青年の変化を伝え合いが行われ、青年たちは、親とは別に青年主体の活動がずっと続いています。お母さんたちから、「自分たちで居酒屋に行き、割り勘して帰ってきた」「自分たちで試飲のあるビール工場見学にいった」「トラブル連続の初詣」などの楽しいエピソードも聞こえてきます。お母さんたちは、例会でわが子から聞いた内容を総合して概要を知ることになりますが、「無事に帰宅できれば全て良し」と思っています。

私は、「なまか」の年1回総会に理事として参加していますが、感動したことに総会に青年たちが議長、1年間の行事の総括、次年次の行事提案など（会計報告と予算案以外）をすべて行っています。青年講座として、クッキング、防災、消費生活、健康と食事などで外部講師も招いたりして、自主運営の生涯学習を行っています。仲間の絆を大切にしながらの自主的主体的な活動には、ハプニングがつきものです。しかし、「なまか」の仲間には、「なんとか解決する力」がついているようです。

この「なまか」の実践で学ぶことは、専攻科時代の「仲間と共にすることは楽しい」「主体的活動の手応えと達成感」の積み重ねが基盤にあると思われます。もちろん、自分で調べ、「わかった、できた」喜び（学びの自己肯定感）が専攻科の学びの場に位置づいていることが、生涯学習につながっているものと思います。

障がい青年の生涯学習は、これまで障がい者青年学級のみで、一般の社会教育や生涯学習の対象にされていませんでした。文部科学省が、今、モデル事業として始めたばかりです。「なまか」は、20年前より手作りの障害者の生涯学習を始めたのです。そこでは、保護者集団の支援のもとで、大きく育っていく姿がみられます。ここから、障がい者の生涯学習は大いに学ぶ必要があります。「なまか」のメンバーは、青年期から成人期への移行期を見通す中で、絆をもとに、親亡き後を仲間と暮らす「グループホーム」への取り組みも青年たちと一緒に考える時がきていると思います。

おわりに

ここに報告していただいた各福祉型専攻科の実践はとても素晴らしく参考になるものばかりです。紙面の都合上、ほんの少しの実践しか載せられなかったことと思います。実践の書き手は若い支援員の方が多

くありました。冒頭にも書きましたが、どの実践も青年を深くとらえ、青年一人ひとりの気持ちに寄り添い青春を謳歌している様子が描かれています。

また、どの実践にも集団の大切さが語られています。支援員のみなさんは、共通して「あきれるほど待つ」ことができています。学生は「ありのままの自分でいいよ」と受けとめられる安心のなかで、「ふがいない自分」から自分で脱皮していく様子がうかがえ、本人が自信をもち、仲間の中で自分を見つめ、他者を思いやることができていると実践報告を通して学ばせていただきました。

実践研究は、全専研の研究会だけではなく、大阪「卒後の学びの場・専攻科を実現する会」、和歌山作業所問題研究会、東日本専攻科実践交流会（シャンティつくば主催）

など、各地で専攻科実践交流研究会も生まれています。そこには、教育年限をさらに進め、専攻科を3年制に4年制に、福祉型大学へと延長する報告もあります。今後、これまで実践研究で積み上げてきた青年期に相応しい「自分づくり」の実践をさらに進めることが求められます。

また、福祉型専攻科の立ち上げや実践の要の多くは、特別支援学校経験者がリードしてきましたが、その人たちの多くは遠くない時期に退職となります。どの福祉型専攻科でも若い支援職員を迎え、フレッシュなアイデアで青年期教育を創造されていますので、今後、青年期教育の大切な理念や実践の蓄積と教訓などスムーズなバトンタッチが求められます。

障害者差別解消法と
教育年限延長

障害者権利条約の批准を受けて、国内の法律を整備するためにつくられたものの一つが障害者差別解消法で、2013年6月に発布、2016年4月に施行されました。この法律では、国・地方公共団体・民間事業者が、「障害を理由とする差別」を禁止することを定めています。また、障害のある人から何らかの配慮を求める意思の表明があった場合には、（負担になり過ぎない範囲で）必要な合理的な配慮を行うことが求められることとなりました。この「合理的配慮」については、障害者権利条約第2条でも書かれています。障害者差別解消法では、「合理的配慮」を提供しないことも差別であると規定されており、この法律のポイントとなるところです。

合理的配慮は、国の行政機関・地方公共団体においては法的義務、民間事業者においては努力義務であるとされています。ただし、「負担になり過ぎない範囲で」ということなので、結局はお金次第ということにもなりかねません。名実ともに差別を解消するためにも、私たちが声を上げ続けることが大切です。

また、合理的配慮は、「配慮を求める意思の表明がある場合に」提供されるとされています。ここでは、本人が要求の主体者として育つことも大切です。そのためには、乳幼児期にはやりたい気持ちを膨らませ、自我を拡大する機会が保障されること、学童期には発達に応じたわかる授業や対等な仲間との活動を通して、生活の主人公になることが大切です。こうした育ちを土台にした専攻科などでの学びは、自己理解を深め、社会的にも主体性が広がります。

日本では戦後、障害のある子どもたちが就学猶予・免除されていた時代が長く続きました。私たちは日本国憲法などに立脚した運動によって、養護学校をつくり、作業所をつくり、学校教育や社会福祉制度を充実させていきました。高等部ができたときに、中学部の実践が変わったと言われました。次のステージがあると、子どもたちを就職や自立に向けて追い詰めないでよくなり、ゆっくり自己実現を目指す取り組みができるようになりました。そして今、専攻科など教育年限延長や福祉制度を使った学びの場、高等教育をも視野に入れた運動へと、時代は進んできました。障害青年の教育年限延長がもっとメジャーになると、もっとゆっくりじっくりと人格を発達させて、大人になっていくことができることと思います。

条約や法律も追いついてきました。文部科学省も、障害青年の学校から社会への移行期の学びに着目した施策を進めるようになりました。誰もが自分らしく豊かに生きられる、真のインクルーシブな社会の実現に向けて、私たちの研究・運動は続きます。

（高橋翔吾）

豊かな青年期と学びの場を創る

安達俊昭（やしま学園高等専修学校専攻科）

　2020年、未知のウイルスによって困難に直面し、人々は感染拡大を食い止めるために対策に追われ、教育、福祉や医療その他のあらゆる営みが混乱しました。切羽詰まった人類は新たな方策をとらざるを得なくなり、多くの人が画面越しの関わりを選択せざるを得なくなりました。必要に迫られてのことですが、便利さの追求と相まって社会構造が変わったのです。学校での学びまでもが画面越しになって、学び方、暮らし方は大きく変化しています。

1　「教育の質的転換期」

　青年期における生活をベースとした学びの中では、「学び直し」「作り直し」ができるリソース環境が必要です。しかし、そもそもリソースの概念を取り払うくらいのチャレンジングな取り組みが思春期、青年期を迎えてスタートできるように、生きていくための土台づくりが義務教育段階の学びの場でいるのです。青年期がマイナスからの取り戻し期間であってはならない。それだけに、幼少期からの発達をどう保障するべきかという命題がまずあって、少子化の進む今、生徒たちに合わせた学びの空間、ゆとりのある時間軸と自由な発言空間が確保できるカリキュラムづくりが必要です。

　青年期からの学びも、じっくり取り組み、とことん学ぶという研究型の集団教育が、関わりと発見をもたらし、学ぶプロセスを活性化すると考えます。たまたま私たちの幼少期は、少ないがゆえに見立てて遊ぶ、とか、一つの遊びをとことん遊び込むことができた時代で、関わりを豊かにする方法を放課後の土の上で身につけました。それにかわって現在は、見立てる、遊び込むということはできにくくなり、屋内でコンテンツ先行の遊びが同じように展開する構造となっています。

　五感を使ってじっくり遊ぶことができなくなってきている今、学校側に必要なことは幼少期からの分刻みと一斉授業からの脱却を試みて、「ゆったりとことん学ぶことが面白いんだぞ」と転換してもいいのではないかと思うくらいです。そして、校外へ進んで出て仲間と見聞を広げていくことも必要でしょう。そういった学びの場の質的な転換をすることが実学の場を広げ、深めていくことができるはずです。情報がどんどん視覚から入ってくる時代、教える側が何を到達点と見るのか、また、それに伴う評価の中で重んじる点をどこに置くか、それによって何を身につけて大人に近づいて欲しいかということを、大人が見失ってしまってはいけません。

40年ぶりに小学校の学級定数が変わり35人学級になりましたが、質的な転換の必要性はずいぶん前から議論が進んでいました。教師の私が言うのもなんですが、学校の成績ほどあてにならないという話も世間では耳にします。点数にて評価するシステムも必要ですが、点数に偏重している今の評価方法に対立軸をつくることが、転換の一つのきっかけにならないかと考えます。抜け落ちてはならないのは、学ぶ本人たちの発見や自己評価、また達成感を醸成できる環境づくりと、その体験から次の学びに進んでいける動機付けが必要なのです。

　成功を喜び、失敗を悔しがり、腹の底から笑い合う関係性のように、血の通った関わり合いがやはり学校の授業には必要で、教え込み、教え込まれる関係性で正答主義が強くなりすぎると、豊かさは当然失われていきます。

---

2 「学校がだめなら福祉で」

　「学校がだめなら福祉で」と、代位の学びの場をつくった福祉型専攻科は、支援学校高等部の上位にも専攻科が欲しいという親の想いからニーズが膨らみ、現在に至ったものです。支援学校高等部で学びきれなかった部分を補完し、いわば自分のものにするための「再発見期」であり、技術訓練だけでなく、人との関わりを深め、実社会で横の発達をもたらす、いわば「熟成期」のような時間と言えるでしょう。その取り組みは自立訓練事業や就労移行支援事業、または就労継続支援B型事業や生活介護事業の制度を利用し、多岐に渡って展開されています。1日の始まりにゆっくりと顔を合わせて言葉を掛け合いスタートする事業所、仲間との放課後活動をすすんで支援する事業所など、特色は各所に見えます。

　法改正以前から生産販売を中心に据えて活動をしている事業所の中でも、全人格的な発達も視野に入れ、日中活動に文化、芸術的な取り組みを行う事業所も多く存在します。ただしそれは、「就労」の一部に取り入れられた活動で、個人的な活動やイベントや福利厚生としての側面があり、事業者の方針や意向があって当事者の主体的な学びとは違いがあります。もちろん福祉制度の中での位置づけですから、学校とは前提が違ってこの形なわけで、何もおかしくはありません。

　その点を見た上で、「福祉型専攻科」という形を考えると、運営していく事業所は、対象者やプログラム自体が青年期に必要な内容に限定され、成果を求めず時間をかけて学ぶという教育の視点が入るため方針は異なってきます。そして、支援員の集団と利用者の集団がともに学び合うという意識が一致していることと、「青年期の教育」でなく、「青年期にぴったりの教育」が展開されることに意味あるので、福祉の思想と必ずしも一致しない部分が生まれ、職員の意識転換が重要になってきます。それだけに、チャレンジ

ングな学びを利用者、支援員がともに選択し、福祉の制度の中で実践することは難しさもあり、安定的に運営する難しさなどもあります。ましてや制度を利用して学びを展開している以上、再度利用希望することは原則無理であり、本当に働きたくなってからの制度利用が難しくなるという部分も理解しておかないといけません。

　しかしながら、今現在の福祉制度を利用した支援者と利用者のニーズは結びついており、背景には支援学校を卒業しても、もっと経験を積みたいという質的ニーズと、兄弟のようにもっと青年期を謳歌したいという時間的ニーズは、福祉制度の中でスムーズに理解され、必要性が広がったと言えます。だからこそ、少しずつ共感が生まれ、全国に広がりだしているのだと思います。働きたい人にはこういう道、もっと学びたい人にはこういう道、という価値観や選択肢が存在できるのが、利用者にとっての「ファースト」なのです。

3　そして日々の現場では

　学校で日々教育実践をする傍ら、背中を丸めて小さな画面の器に没入している彼らを見ていて、不意に顔を合わせて話しかけ合い、共同体として、「もっと関わりたい」と求める姿があります。おそらく、理想と現実の狭間で、孤独感や社会不安を感じる瞬間があるのでしょう。

　しかし、そんなタイミングでこそ仲間どうしが関わり出す瞬間というのはあって、見事に好奇心のスイッチが入り、彼らが手にもった小さな画面の器から飛び出して、集団の中で道具として使い始める前向きな姿に変化していく姿が見えます。外見上はただ画面を指でつらつらとなぞっているだけなのに、器として没入するか、道具として使いこなすかはとても大きな違いです。今回の休校措置で入学式に会ったきり、長い間自宅待機をしてきた仲間は、5月末に久々に会い、「生きた心地」を経験しましたから。

　極端な話ですが、「このままでは滅びる」という地点と、「こうすれば生きていける」という地点を、身をもって経験している学生たちです。それを自分の足で踏んだからこそ、本当の豊かさに近づいているのかもしれません。単なる知識の詰め込みではなく、苦労して追求し知的好奇心を高めることが、心の栄養になり、心を太らせることになるのです。

　「便利で豊かな時代になると、人はネオテニー（幼形成熟化）現象をおこす」。文化人類学者の川田順造氏はこう話しています。合理化、集積化が進み、足で稼ぐことをしなくても、ものを手に入れることが容易になり、悩み、考え、自問自答することを先送りします。この現象は、かつて物のなかった時代に協力して生きるしかなかった環境から、

経済的に豊かになり欲を追求できる環境になったことで、未成熟の部分を残したまま大人になることを可能にしているという意味です。今回のコロナ禍で社会が大きく変化する前から、日々豊かになる社会は発展し続けていた訳で、どんどん便利な世の中は加速しているのです。それにともなう形で、教育年限の延長は障がいのあるなしにかかわらず、多くの悩める青年たちにも必然性が高まっていると言えます。

4 まずは意識改革から

　障がいのある青年（特に知的障がいのある人）は高等部卒業後に学ぶ機会が極端に少なく、卒業したら仕事をするものだと言われていた時代、私立の養護学校（1969年）に、はじめて専攻科が設置され、20歳までの学びの場ができました。この教育年限の延長運動は当事者たちの長いライフステージを見据えると、もっと学びたいという要求を実現できる大きな選択肢であり「扉」です。

　そして一昨年、さらに新たな考え方として、一生涯学び続ける「生涯学習」へ国の方針が新たに打ち出され、これから選択肢は広がりをもたらすでしょう。しかしながらこの考え方は、学校、福祉や医療、地域コミュニティなど組織が連携をすることで発展するものです。当事者の周辺にいる支援者同士が、本気で組織の壁を超えて連携をめざす時代をむかえました。我々もさらなる学び合いをすすめていくことが必要で、まずは自身の意識改革からがスタートです。

5 「どこにいるか」ではなく「何をしているか」

　全国専攻科（特別ニーズ教育）研究会は、青年の居場所だけじゃない、「青年たちが大人になるために抜け落ちてはならない学びの環境」をいかに保障するかを研究・運動の柱にし、点が線に、線が面になろうとしています。一時的な流行やブームにせず10年先を見越した目線で、当事者である青年たちと研究集会を重ねながら少しずつ広げ、ここ数年は青年当事者、支援者合わせて400名を超える集会を続けています。

　2020年は残念ながら感染拡大を防ぐため研究集会を断念せざるを得ませんでしたが、2014年以来続けている夏の実践研修講座は2020年の夏も実施しようとリモートで開催し、実のある研修講座を継続することができています。そして、今年度しかないということで、過去の研修講座で報告された学校・事業所にお声かけし、実践を持ち寄って本を作ろうと計画をしました。コロナ禍の中、不十分かつ厚かましいお願いを承知の上、

原稿を寄せていただいた全国の学校、事業所の執筆者および関係各位のみなさまに、この場を借りて厚く御礼を申し上げます。

　こういった各地の実践で大切にしている所や特色をまた新たに知り、地道に活動を進めると、理念を囲みこむようにしっかりとした哲学が備わり、実践に太い脈ができます。それをまた地道に継続し、時代を見据えこつこつと結びつけていきたいと思っています。特に運動に関しては、短期間で一気に広げると想いが先行し、実際の活動がついていかず曖昧になり、しぼんで終わります。ブームというものはそういうものです。やはり日々の実践を伴いながら、地道な活動と繋がり、共感によって進んだ結果広がるものであり、ことさらにどこの領域が正しい正しくないという線引きばかりが先行すると、永きに続いていかないものです。

　全国各地で実践をすすめる学校専攻科、福祉型専攻科や非営利団体、社団法人等多岐にわたる組織が、各地の地域性に即して形こそ違えど、中身の大切さを追求しながら、今後も研究・運動をすすめ、当事者の将来を豊かなものにできると信じて、実践を進めていきましょう。

いま一度、
「主人公は青年たち」（信じて待つ）
「仲間とともに」（青年だけでなく大人も）
「互いを認め学び合う」（教えると教えられるではない）
という普遍的なキーワードを掲げたいと思います。そして、この本をお読みいただいたみなさまに宿る想いを青年たちと分かち合うことが、豊かな青年期と学びの場をつくりあげていけば、さらに次の世代につながると信じています。

　さあ、ここから新たに広がる次の時代を創っていきましょう！

全国専攻科（特別ニーズ教育）研究会　会則

第1条（名称）
　この会の名称を【全国専攻科（特別ニーズ教育）研究会】（略称・全専研）という。

第2条（目的）
　この会は特別なニーズ教育を必要とする青年達の専攻科、大学や生涯にわたる学習・教育の充実、発展をめざす。

第3条（事務局）
　この会は主たる事務局を大阪府堺市西区鳳中町四丁一三二に置く。

第4条（活動及び事業）
　①全国大会をはじめ各種の研究会などの開催や学習研究活動を行なう。
　②機関紙発行等の出版事業を行なう。
　③必要に応じて関係諸団体と連携する。
　④その他

第5条（会員の資格・権利・会費）
　①第2条の目的に賛同し、所定の会費を納める人であれば、平等の資格で入会することができる。
　②入会した人は会員としての権利及び義務を有する。
　　ただし、二年以上会費を納めないときは退会したものとみなす。
　③会員は第6条以下に定める活動及び議決に参加することができる。
　④会費の額は別に定める。

第6条（総会）
　総会は最高の議決機関であり、出席者をもって構成し、年一回開く。
　総会は次の事を決める。
　①役員及び会計監査の選出
　②規約の制定・改廃
　③事業計画及び予算・決算
　④その他

174

第7条（役員会）

役員会は総会につぐ議決機関で必要に応じて開く。

①役員は会員による互選で、会長、副会長、事務局長、幹事を選び、会計監査、事務局員は役員による推薦に基づき総会で承認を得る。

②役員は第4条の活動及び事業、予算についての企画等を行う。

③すべての役員の任期は二年とし、再選をさまたげない。

役員の選出については別に定める。

第8条（三役会）

三役会は役員会の補助機関で必要に応じて開く。

①三役会は会長、副会長、事務局長で構成する。

②会長の指名により、必要に応じて会員から三役会に参加することができる。

③三役会はこの会の運営に必要な協議及び事務を行う。

第9条（財政）

①この会の財政は、会費及び賛助寄付及び事業収入でまかなう。

②会計年度は4月1日より翌年3月31日までとする。

附　則

①この会則は2004年11月6日より施行する。

②この改正会則は2014年12月14日より施行する。

全国専攻科（特別ニーズ教育）研究会では、会員を募集しています。

「専攻科」や大学・地域での学び、そして青年期教育の充実を求めたいという青年・ご家族をはじめ、学校の先生や研究者の皆さん、福祉施設の職員さんや学生さんなど、会の趣旨にご賛同いただける方なら、どなたでも入会いただけます。

ぜひ、特別な教育的ニーズを有する青年たちの学びの場を広げる研究運動に、ともに加わっていただければ幸いです。年会費は2,000円です。会員の方には、会報をお届けします。また、全専研主催事業の参加費が割安になります。

くわしくは、以下の全専研事務局までご連絡ください。

〈事務局〉　〒593-8327　大阪府堺市西区鳳中町4-132

学校法人八洲学園　やしま学園高等専修学校

TEL：072-262-5741　　FAX：072-262-5795

メール：zensenken2004@gmail.com

あとがき

　2008年9月に、全国専攻科（特別ニーズ教育）研究会（全専研）では、『もっと勉強したい！──障がい青年の生活を豊かにする学びと「専攻科」』（クリエイツかもがわ）を発行しました。そこでは、高校から大学への進学率が高まる中、障がいのある青年の多くは18歳で社会に巣立っていく。障がいがあるからこそ、ゆっくりと教育の機会を保障したい、青年からのもっと勉強したいという思いをかなえる場として、特別支援学校高等部などに設置される「専攻科」が注目されはじめ、福祉の制度を活用した「学びの作業所（福祉型専攻科）」がはじまったことを紹介しました。

　全専研結成16年、この間に学校での専攻科においては、専攻科の設置の学校数は増えてはいませんが、教育年限がさらに延長された学校もあります。福祉型では全国に広がりを見せ、福祉型専攻科でも教育年限がさらに延長されている事業所もみられます。

　これまでの全専研全国集会や夏の講座で、各学校や各事業所から専攻科の実践を報告していただき、全国各地で青年期の教育実践が豊かに広がっていることを実感しました。全専研三役会議（会長・副会長・事務局）は、これまでは名古屋市で会議をもっていましたが、コロナ禍の中webで、毎月会議を開催してきました。そこでは、長年にわたり専攻科で実践されてきた学校、事業所の青年期教育実践の本を作ろうという提案がなされ、一年間で実現される運びとなりました。

　本書に、執筆していただいた方々には、コロナ禍の中、大変ご多忙のなかにもかかわらず、また、字数の制限や幾度の書き直しや校正、写真の送付等をしていただき、厚くお礼申し上げます。また、2008年の『もっと勉強したい！』の出版でもお世話になりましたクリエイツかもがわの田島英二さんには、本書刊行にあたって、その趣旨を全面的に受け止めていただき、今回も企画段階から多くの執筆者への連絡や編者への連絡調整等、大変お世話になりました。

　この本が多くの方々の手に渡り、障がいがあっても高等部卒業後に学校専攻科や福祉型専攻科で学ぶことは、決して特別なことではなく、当たり前のことであり青年期の実践により、自分の人生の主人公として発達していくことを実感していただく機会になっていただけたらと思います。また、紹介された実践が研究会や研修でさらに深められ、全国各地で広がり、豊かな青年期教育実践が生まれることを願ってやみません。

　「ひろげて！」「つないで！」「つくりだす！」

　2021年3月

編者を代表して　小畑耕作

■ 編著プロフィール

田中良三（たなか　りょうぞう）
1946年富山県生まれ。愛知みずほ短期大学現代幼児教育学科特任教授。愛知県立大学名誉教授。NPO法人見晴台学園大学学長。全国障がい者生涯学習支援研究会会長。愛知特別支援教育研究会会長。
主な著書に『障がい青年の大学を拓く〜インクルーシブな学びの創造』（共編著、クリエイツかもがわ）、『（パワーポイントで学ぶ）教師になるための特別支援教育』（共編著、培風館、2020年4月）他。

國本真吾（くにもと　しんご）
1977年鳥取県生まれ。鳥取短期大学幼児教育保育学科教授。専門は特別ニーズ教育学。
主な著書に『糸賀一雄研究の新展開　ひとと生まれて人間となる』（共編著、三学出版）、『障害児学習実践記録』（共著、合同出版）他。

小畑耕作（こばた　こうさく）
1951年和歌山県生まれ。長年特別支援学校勤務を経て現在、大和大学教育学部教授。専門は特別支援教育、キャリア教育。全国障がい者生涯学習支援研究会副会長。大阪卒後の学び場・専攻科を実現する会会長。
主な著書に『小・中学校の教師のための特別支援教育入門』（共編著、ミネルヴァ書房）、『ひろがれ！　学びの場』（単著、全障研出版部）他。

安達俊昭（あだち　としあき）
1973年大阪府生まれ。学校法人八洲学園　やしま学園高等専修学校教諭。
著書に『もっと勉強したい！―障がい青年の生活を豊かにする学びと「専攻科」』（分担執筆、クリエイツかもがわ）。

全国専攻科（特別ニーズ教育）研究会
2004年11月結成。会員は、教員、支援員、保護者、研究者など約130名で構成（2020年度）。
ホームページ　https://zensenken.iinaa.net
facebook　　　https://www.facebook.com/zensenken

障がい青年の学校から社会への移行期の学び
学校・福祉事業型専攻科ガイドブック

2021年3月31日　初版発行

編　著 ● ©田中良三・國本真吾・小畑耕作・安達俊昭・
　　　　　全国専攻科（特別ニーズ教育）研究会
発行者 ● 田島英二
発行所 ● 株式会社 クリエイツかもがわ
　　　　　〒601-8382　京都市南区吉祥院石原上川原町21
　　　　　電話 075(661)5741　FAX 075(693)6605
　　　　　http://www.creates-k.co.jp　info@creates-k.co.jp
　　　　　郵便振替　00990-7-150584

装丁・デザイン ● 菅田　亮
印刷所 ● モリモト印刷株式会社
ISBN978-4-86342-304-6 C0036　　　　　　　　　　printed in japan

実践、楽しんでますか？　発達保障からみた障害児者のライフステージ
全国障害者問題研究会兵庫支部・木下孝司・川地亜弥子・赤木和重・河南 勝／編著

乳幼児期、学齢期、青年・成人期、3つのライフステージでの実践報告と、3人の神戸大学の研究者の解説＆講演、座談会。実践に共通するキーワードは「楽しい」「仲間」「集団」。発達を新しい自分づくりのプロセスとしてとらえ、「今」を大切にすることが「未来」につながる。　　2000円

特別支援教育　簡単手作り教材BOOK
ちょっとしたアイデアで子どもがキラリ☆
東濃特別支援学校研究会／編著

8刷

授業や学校生活の中で、「こんな教材があるといいな」を形にした手作り教材集。せいかつ、しごと、からだ、みる・きく・さわる、ことば・かずの5つテーマにわけ、125例を紹介。　　1500円

キミヤーズの教材・教具　知的好奇心を引き出す
村上公也・赤木和重／編著

 45分授業を収録した **DVD付き** **5刷**

なによりも具体的な教材・教具づくりのヒントがいっぱい！ 子どもたちの知的好奇心を引き出し、教えたがりという教師魂を刺激する、そして研究者がその魅力と教育的な本質を分析・解説。仲間の教師や保護者が、授業で実際に使った経験・感想レビューが30本。　　2800円

ユーモア的即興から生まれる表現の創発
赤木和重、砂川一茂、岡崎香奈、村上公也、麻生 武、茂呂雄二／編著

 即興新喜劇・ライブ授業収録 **DVD付き**

「正しい」とされてきた特別支援教育の方法や、障害児の見方を覆すような授業づくりで子どもの見方を広げる。「明日から違う実践をちょっとやってみようかな」という新たな実践を進めるきっかけに！　　2400円

「合理的配慮」とは何か？　通常教育と特別支援教育の課題
清水貞夫・西村修一／著

「合理的配慮」は、特別支援教育分野のことでなく、通常教育の課題。「合理的配慮」と「サポート」を区別しないのは誤りであり、「基礎的環境整備」が十分にできてこそ、合理的配慮と言える。　　2000円

生活をゆたかにする性教育　障がいのある人たちとつくるこころとからだの学習
千住真理子／著　伊藤修毅／編

子どもたち・青年たちは自分と異性のこころとからだについて学びたいと思っています。学びの場を保障し、青春を応援しませんか。障がいのある人たちの性教育の具体的な取り組み方を、実践例と学びの意義をまじえて、テーマごとに取り上げます。　　1500円

〈しょうがい〉と〈セクシュアリティ〉の相談と支援
木全和巳／著

保護者、学校の教員、放課後等デイサービスや子どもの入所施設の職員、成人の事業や施設の職員、地域の相談員などからの、しょうがいのある子どもたちの性と生の相談事例。すぐに解決できる「手立て」だけではなく「見立て」と「共感的理解」を学びあう。　　1800円

新版・キーワードブック特別支援教育
インクルーシブ教育時代の基礎知識
玉村公二彦・黒田学・向井啓二・平沼博将・清水貞夫／編

3刷

障害児教育の基本的な原理や制度、改革の動向や歴史、子どもの発達や障害種別による支援など、基本的な知識満載。全131項目。　　2800円

http://www.creates-k.co.jp/

本体価格表示

子ども理解からはじめる感覚統合遊び
保育者と作業療法士のコラボレーション

5刷

加藤寿宏／監修　高畑脩平、萩原広道、田中佳子、大久保めぐみ／編著

保育・教育現場での子どもの気になる行動を、感覚統合のトラブルの視点から10タイプに分け。①行動の理由を理解、②支援の方向性を考え、③集団遊びや設定を紹介。

1800円

乳幼児期の感覚統合遊び　保育士と作業療法士のコラボレーション

7刷

加藤寿宏／監修　高畑脩平、田中佳子、大久保めぐみ／編著

子どもの発達を促す感覚遊びに納得感覚統合の発達をわかりやすく解説。「ボール遊び・木登り禁止」などの環境の変化で、身体を使った遊びの機会が少なくなったなかで、子どもたちに育んでほしい力をつける。0〜5歳の遊び29例。

1600円

学童期の感覚統合遊び　学童保育と作業療法士のコラボレーション

太田篤志／監修　森川芳彦×豊島真弓、松村エリ×角野いずみ、鍋倉功×山本隆／編著

「ボール遊び禁止」やスマホなど、身体を使った遊びの機会が少なくなったなかで、学童保育指導員と作業療法士の感覚統合遊びで、子どもたちに育んでほしい力をつける。

2000円

学童期の作業療法入門　学童保育と作業療法士のコラボレーション

小林隆司、森川芳彦、河本聡志、岡山県学童保育連絡協議会／編著

気になる子どもの発達を促す「作業療法」！──作業療法、感覚統合の理論をわかりやすく解説、作業療法の視点から「①感覚遊び、②学習、③生活づくり」で、子どもの発達を保障する新たな学童保育の実践を拓く！

1800円

学校に作業療法を　「届けたい教育」でつなぐ学校・家庭・地域

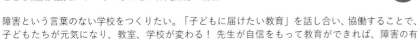

2刷

こども相談支援センターゆいまわる、仲間知穂／編著

障害という言葉のない学校をつくりたい。「子どもに届けたい教育」を話し合い、協働することで、子どもたちが元気になり、教室、学校が変わる！　先生が自信をもって教育ができれば、障害の有無にかかわらず、子どもたちは必ず元気に育つ。

2200円

行動障害が穏やかになる「心のケア」
障害の重い人、関わりの難しい人への実践

2刷

藤本真二／著

「心のケア」のノウハウと実践例！　感覚過敏や強度のこだわり、感情のコントロール困難など、さまざまな生きづらさをかかえる方たちでも心を支えれば乗り越えて普通の生活ができる──。

2000円

凸凹子どもがメキメキ伸びるついでプログラム

2刷

井川典克／監修　鹿野昭幸、野口翔、特定非営利活動法人はびりす／編著

「ついで」と運動プログラムを融合した、どんなズボラさんでも成功する、家で保育園で簡単にできる習慣化メソッド！　児童精神科医×作業療法士×理学療法士がタッグを組んだ生活習慣プログラム32例

1800円

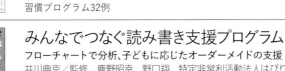

みんなでつなぐ読み書き支援プログラム
フローチャートで分析、子どもに応じたオーダーメイドの支援

3刷

井川典克／監修　鹿野昭幸、野口翔、特定非営利活動法人はびりす／編著

くり返し学習、点つなぎ、なぞり書きでいいの？　一人ひとりの支援とは？　読み書きの難しさをアセスメントし、子どもの強みを活かすオーダーメイドのプログラム。教育現場での学習支援を想定、理論を体系化、支援・指導につながる工夫が満載。

2200円

http://www.creates-k.co.jp/

障がい青年の大学を拓く　インクルーシブな学びの創造
田中良三・大竹みちよ・平子輝美・法定外見晴台学園大学／編著

発達・知的障がい青年のために開かれた大学づくりのもとで本物の学びにふれ、友だちをつくり、青春を謳歌する学生たちと直接、障がい者に関わりのなかった教授陣の類いまれな授業実践！
2000円

福祉事業型「専攻科」エコールKOBEの挑戦
岡本 正・河南 勝・渡部昭男／編著

障害のある青年も「ゆっくりじっくり学びたい、学ばせたい」願いを実現した学びの場「専攻科」、ゆたかな人格的発達をめざす先駆的な実践。高等部卒業後、就職か福祉就労の2つしかなかった世界で生まれた、新たな「学びの場」＝「進学」という第3の選択肢。その立ち上げと運営、実践内容のモデル的な取り組み。
2000円

知的障害者の高等教育保障への展望　知的障害者の大学創造への道2
長谷川正人・ゆたかカレッジ／編著

インクルーシブ社会、知的障害者の高等教育、就労について考える──就労はむずかしいといわれていた人たちが、4年間の学びの中で成長し、7割が働いている。その秘訣をゆたかカレッジのあゆみ、教育内容、学生・卒業生・保護者と支援教員の姿から明らかにする。
2200円

知的障害者の大学創造への道　ゆたか「カレッジ」グループの挑戦
長谷川正人／著　田中良三・猪狩恵美子／編　社会福祉法人鞍手ゆたか福祉会／協力

障害者にも当たり前に高等教育の保障を！　アメリカの知的障害者の大学受け入れと実情を紹介！高校卒業後、ほとんどが大学へ進学する時代……障害者も大学で学ぶ可能性と必要性を明らかにする。
2000円

知的障害の若者に大学教育を　米・欧・豪・韓国9か国20大学の海外視察から
ゆたかカレッジ・長谷川正人／編著

長年の就労支援を通じて92％の成功を収めている経験と実績の支援マニュアル！　就労支援関係者の必読、必携ハンドブック！「指導のための４つの柱」にもとづき、「就労の道具箱10」で学び、大きなイメージ評価と具体的な方法で就労に結びつける！
3200円

発達障害者の就労支援ハンドブック　付録：DVD
ゲイル・ホーキンズ／著　森由美子／訳

長年の就労支援を通じて92％の成功を収めている経験と実績の支援マニュアル！　就労支援関係者の必読、必携ハンドブック！「指導のための４つの柱」にもとづき、「就労の道具箱10」で学び、大きなイメージ評価と具体的な方法で就労に結びつける！
3200円

あたし研究　自閉症スペクトラム〜小道モコの場合　1800円
あたし研究2　自閉症スペクトラム〜小道モコの場合　2000円
小道モコ／著・絵

自閉症スペクトラムの当事者が「ありのままにその人らしく生きられる」社会を願って語りだす─知れば知るほど私の世界はおもしろいし、理解と工夫ヒトツでのびのびと自分らしく歩いていける！

http://www.creates-k.co.jp/